BURMA

terra magica®

Fotos:
Charles Babault
(Seiten 78, 164/165, 167, 168/169, 171, 172/173, 174/175, 176/177,
180 oben, 186/187, 189, 190/191, 192/193, 195: Erwin Friesenbichler)
Text: Hanne Egghardt / Erwin Friesenbichler
Gestaltung Umschlag: Wolfgang Heinzel
Lektorat: Heinrich Vonarburg / Samuel Bieri

©2004 by Reich Verlag / terra magica, Luzern/Switzerland
Alle Rechte vorbehalten. Printed in EU
ISBN 3-7243-0390-4

Terra magica ist seit 1948 eine international geschützte Handelsmarke
und ein eingetragenes Warenzeichen ® des Belser Reich Verlags AG.

BILDLEGENDEN

Vorsatz vorne
Tempelanlage in Pagan

Seite nach Vorsatz vorne
Blick vom Mandalay-Hügel

Bild rechts
Pagode des Dorfes Nampan am Inle-See

Seite vor Vorsatz hinten
Festbarke auf dem Inle-See während des Lichterfestes Phaung Daw U

Vorsatz hinten
Liegender Buddha im Kloster Nga Phe Kyaung beim Inle-See

terra magica

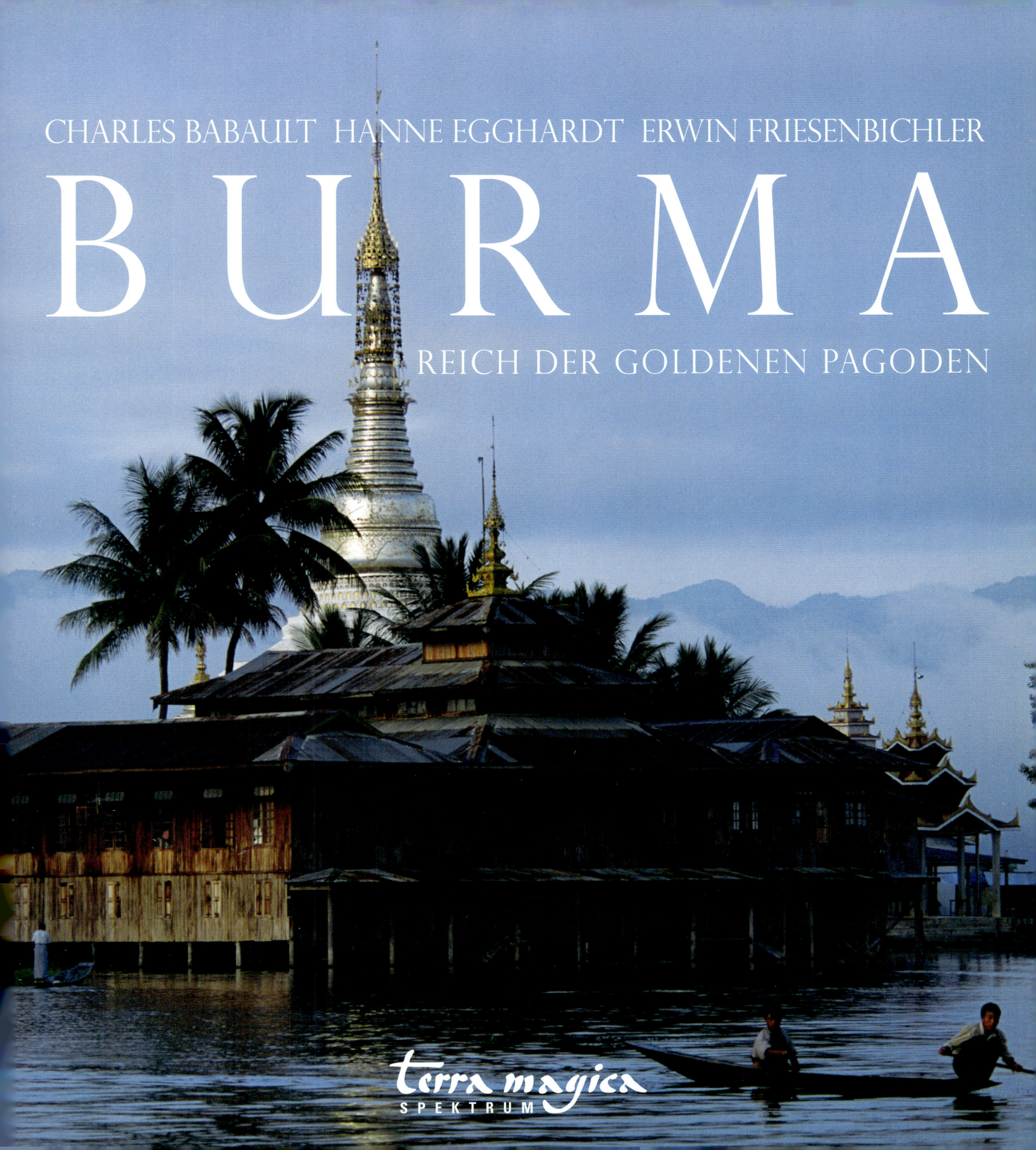

CHARLES BABAULT HANNE EGGHARDT ERWIN FRIESENBICHLER

BURMA

REICH DER GOLDENEN PAGODEN

terra magica
SPEKTRUM

Textinhalt

Dieser Bildband besteht wie alle Werke von terra magica aus zwei Büchern: Der Text schildert Burma aus der Sicht der Textautoren, die Bilder zeigen die Impressionen des Fotografen auf seinen Burma-Reisen. Die fotografische Reise beginnt – unabhängig vom Textlauf – in Burmas Norden (Staat Kachin) und endet im Süden (Staat Mon).

Turbulenzen – und das seit Tausenden von Jahren 5
    Die Pagan-Ära 10
    Die Konbaung-Dynastie 14
    Burma als britische Kolonie 16
    Brutale japanische Besatzung 20
    Mord an Unabhängigkeitsführer 24

Der «kleine» Drache Hinterindiens 34
    Wie die Brüste einer liegenden Riesin 34
    Das Klima 38
    Die Flüsse 42
    Tiere, Teak und siebzig Arten Bambus 44
    Burmas Laster: Edelsteine und Mohn 45

Die Völker Burmas – eine harte Nuss für Ethnologen 46
    Die Burmesen 46
    Die Shan 48
    Die Kachin 50
    Die Karen (Kayin) 50
    Die Chin und die Naga
    Nasenflöten und Frauen oben ohne 54

Berühmte Persönlichkeiten 56
    U Thant, der dritte Generalsekretär der Vereinten Nationen 56
    Aung San Suu Kyi 57
    Die himmlische Fürstin 58

Das Alltagsleben – im Bund mit den kosmischen Kräften 60
    Gleichberechtigte Frauen – auf Erden 64
    Schrullige, aber harmlose Aberglaubigkeiten 64

Buddhismus, Kult und Geisterglaube 69
    Auch buddhistische Mönche sind Frühaufsteher ... .70
    ... und erhalten dafür ein Frühstück mit Fleisch
    und Fisch – doch abends nichts 74
    Der Nat-Kult 76

Burma kulinarisch – feurige Currys & Reis 77
    Übelriechend, aber innen vollkommen 78

Shan-Staat – das asiatische Alpenvorland 79
    Riesenspinne mit sieben Prinzessinnen 86
    Mönche dressieren Hauskatzen 90

Mandalay – die einst märchenhafte Königsstadt 118
    Viele hauchdünne Goldplättchen machen dick 122
    Teakholzbrücken, Teakholzklöster 134
    Glocke eines Größenwahns 140

Pagan – zauberhaftes «Pagodien» 145
    Mit dem Ballon über Tempel und Pagoden 150

Herzlich Willkommen in Burma!

    Freche Bettelaffen 154

Arakan – grün, feucht und voller Rätsel 155
    Siebzig große Tempelanlagen 158
    Auf Ausgrabung wartende Königsstädte 162

Pegu – auf dem Weg zum Goldenen Felsen 163
    Kleiner Finger misst drei Meter, ein Ohr
    vier Meter fünfzig 166
    Zum goldenen Felsen nur zu Fuß
    oder mit der Sänfte 170

Rangun – die goldene Stadt 178
    Straßen im Schachbrettmuster
    und verführerische Wickelröcke 182
    Betelbissen à la carte 186

An der Andamanensee – im Herzland der Mon 188
    160-Meter-Statue im Bau – der längste
    liegende Buddha der Welt 194

Burma in der Weltliteratur 196
Die sakralen Bauwerke im Buddhismus 199
Steckbrief 201
    Die Schrift 201
    Einige burmesische Wörter und ihre Bedeutung 202
Geschichte im Überblick 203
    Namensänderungen 204
Karte 206/207

terra magica

Turbulenzen
Und das seit Tausenden von Jahren

Da tauchte ein goldenes Mysterium am Horizont auf, ein funkelndes, großartiges Wunder, das in der Sonne glänzte, das weder die Form einer muslimischen Kuppel noch eines hinduistischen Tempelturms hatte. «Das ist die alte Shwedagon-Pagode», sagte mein Gefährte zu mir. Und die goldene Kuppel sagte zu mir: «Das hier ist Burma, ein Land, das anders ist als alle anderen, die du kennst.»

Aus Rudyard Kiplings *Letters from the East*

Die Urgeschichte Burmas liegt im Dunkeln. Wie verborgen hinter einer Nebelwand, die nach einem Regenguss aus dem Urwald aufsteigt. Das alles verschlingende Grün der Dschungel und Mangrovenwälder hat die Spuren der ersten menschlichen Besiedelung verwischt. Als duldete der ewige Kreislauf, der zeitlose Wechsel von Hitze und Regen, von Dürre und Überschwemmung, keine Zeugen der Zeit.

Dass in den Dschungeln Burmas schon in der Altsteinzeit, also vor 40 000 Jahren, Menschen lebten, Negriden und Weddiden, ist eine Theorie. Über die Karen und die Mon hingegen, die in den ersten vorchristlichen Jahrhunderten in die fruchtbaren Ebenen des Südens einwanderten, weiß man schon mehr. Die Karen zogen aus der Südostecke Tibets auf den Flüssen Salween und Mekong südwärts und siedelten sich um Moulmein an. Die Mon kamen aus dem Osten Indiens in den Süden Burmas und müssen schon damals einen ausgeprägten Sinn für Schönheit und Glanz entwickelt haben. In indischen und chinesischen Schriften wird ihr Reich als *Suvannabhumi*, als «das goldene Land» bezeichnet.

Sicher ist jedenfalls, dass die Mon im dritten vorchristlichen Jahrhundert Handelsbeziehungen zu Indien unterhielten, zum Land König Ashokas. Dieser Herrscher ist ein Förderer des frühen Buddhismus, und so bringen Händler und Missionare den neuen Glauben, den Buddhismus der Theravada-Schule, nach Burma. Es heißt sogar, dass mit dem Bau der Shwedagon-Pagode in Rangun schon zu Lebzeiten Buddhas begonnen worden sein soll. Um das zweite nachchristliche Jahrhundert folgen die Pyu den glitzernden Wassern des Irrawaddy und lassen sich an seinem Oberlauf nieder. Dank ihrer Handelsbeziehungen gewinnen sie rasch an Einfluss und werden zur entscheidenden Kraft. Buddhisten wie ihre Nachbarn im Süden, entwickeln die Pyu in ihren urbanen Zentren Sri Ksetra, Beikthano und Halin eine eigene Ziegelsteinarchitektur. Um 830 aber geht ihr blühendes Reich unter. Von Norden her fallen die Tai des Nan-Chao-Königreichs im heutigen Yunnan ein, unterwerfen Oberburma und vertreiben die Pyu.

Oberburma bleibt nicht lange herrenlos. Noch im neunten Jahrhundert kommen aus dem chinesisch-tibetischen Grenzgebiet die Bamar, die Vorfahren der Burmesen. Sie siedeln sich über 500 Kilometer nördlich der Mündung des Irrawaddy an und gründen als ihr erstes Zentrum die Stadt

Bilder nächste Doppelseite und darauf folgende beiden Seiten
Staat Kachin in Burmas Norden:
• Flussszene bei Putao. Pagode von Inndawgyi. Floßhaus im Mogaung-Tal
• Dorfleben im Mogaung-Tal
• Sikh-Tempel in Myitkyina. Goldwäscherinnen bei der Stadt Hpakant am Uru-Fluss

terra magica

terra magica

terra magica

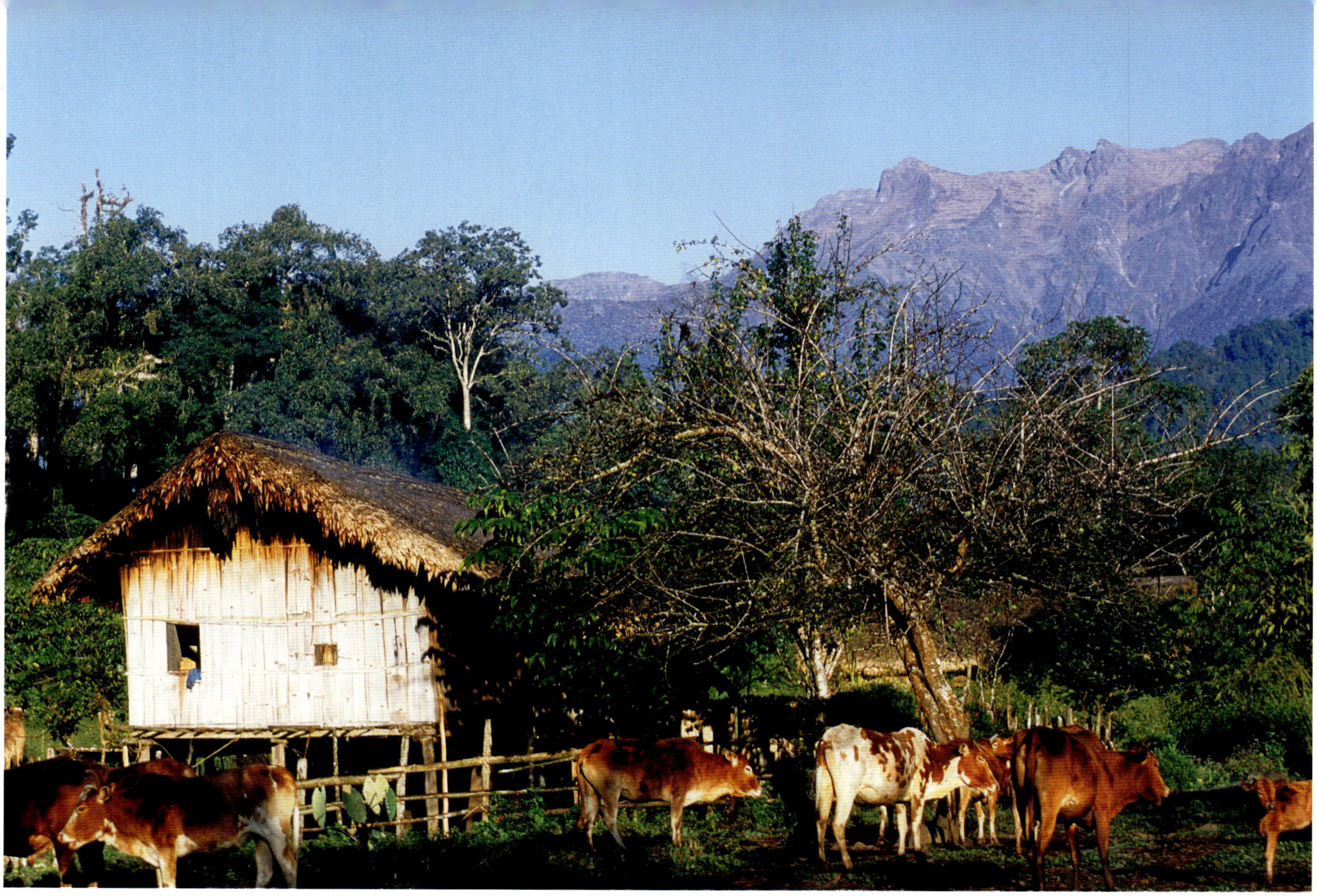

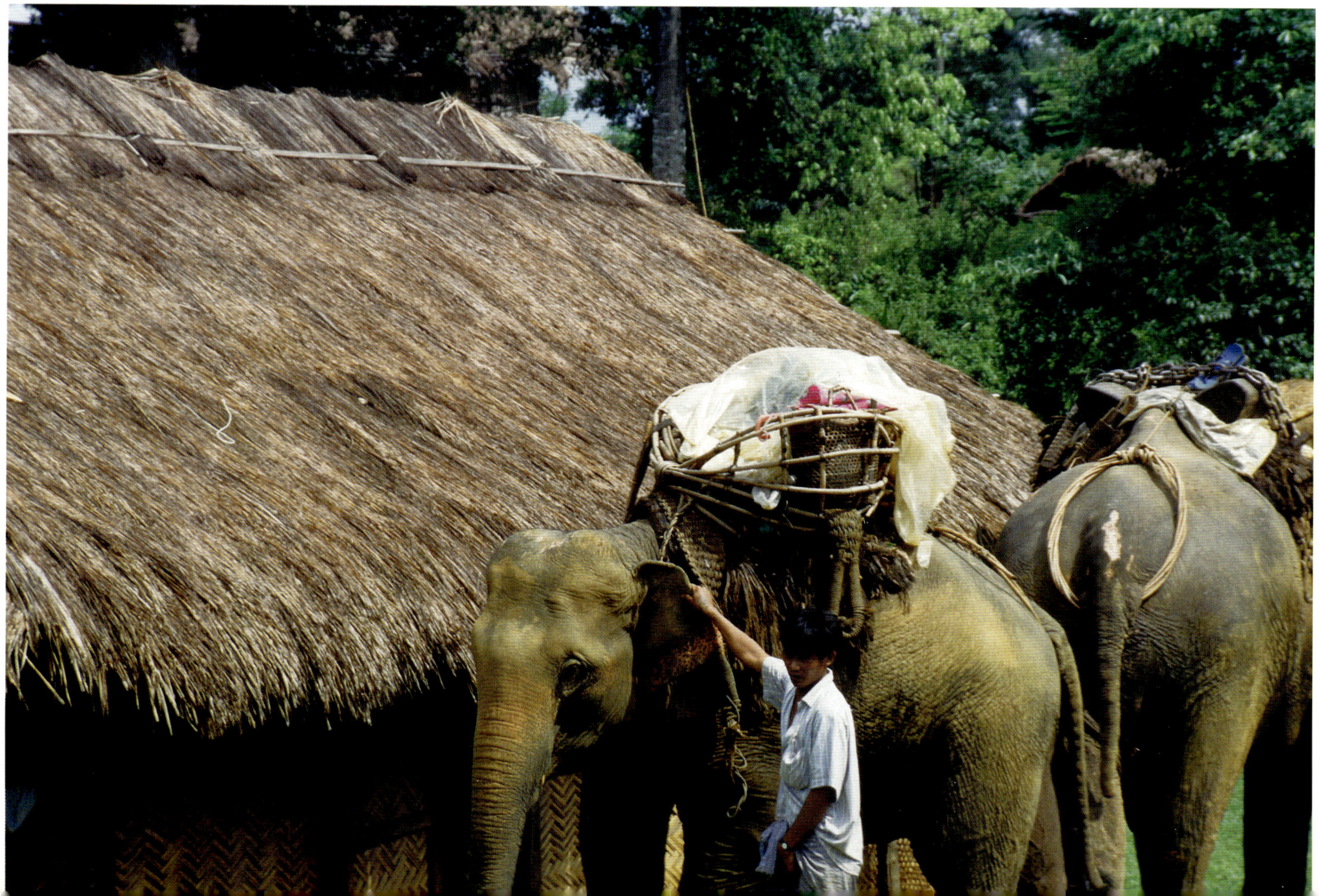

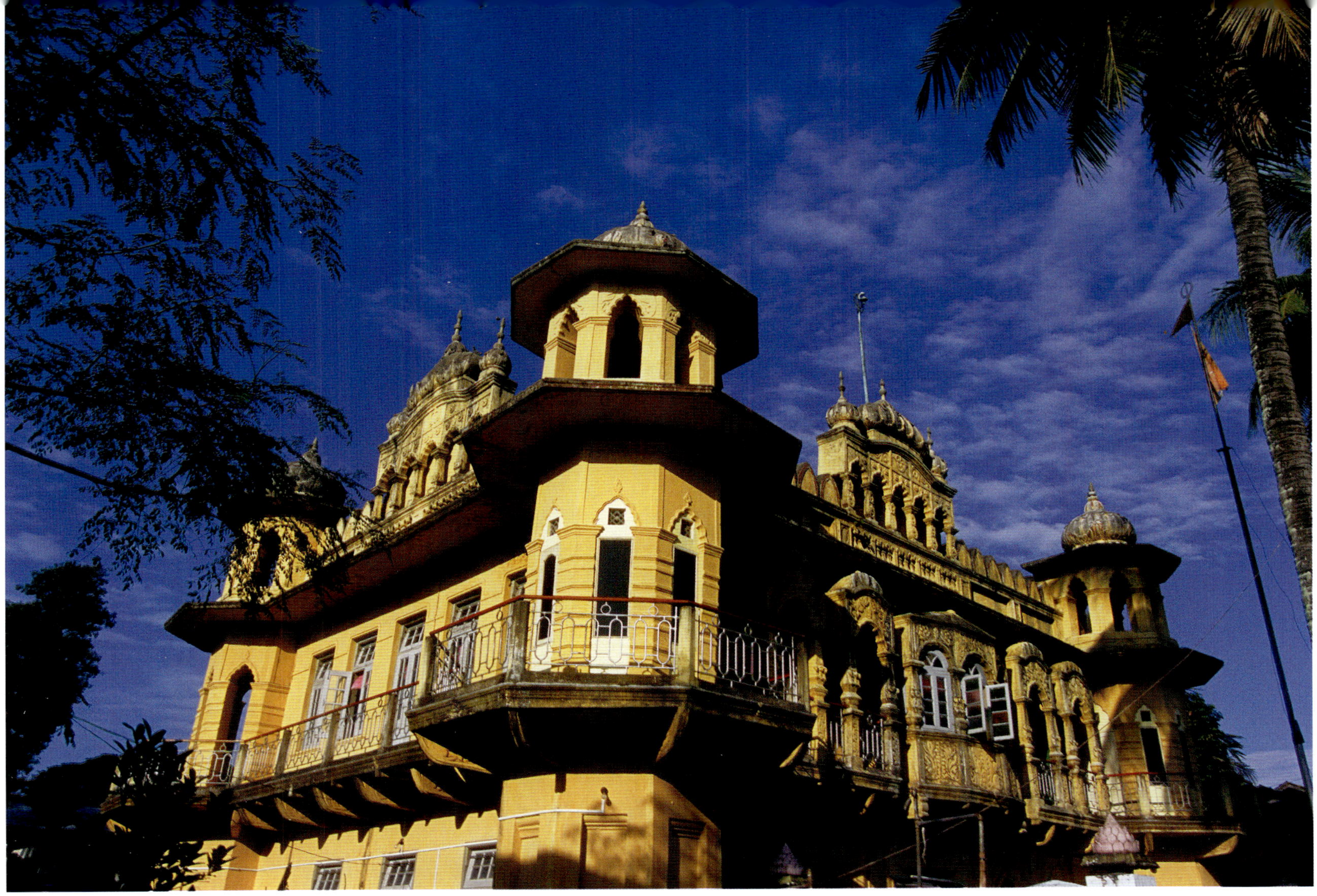

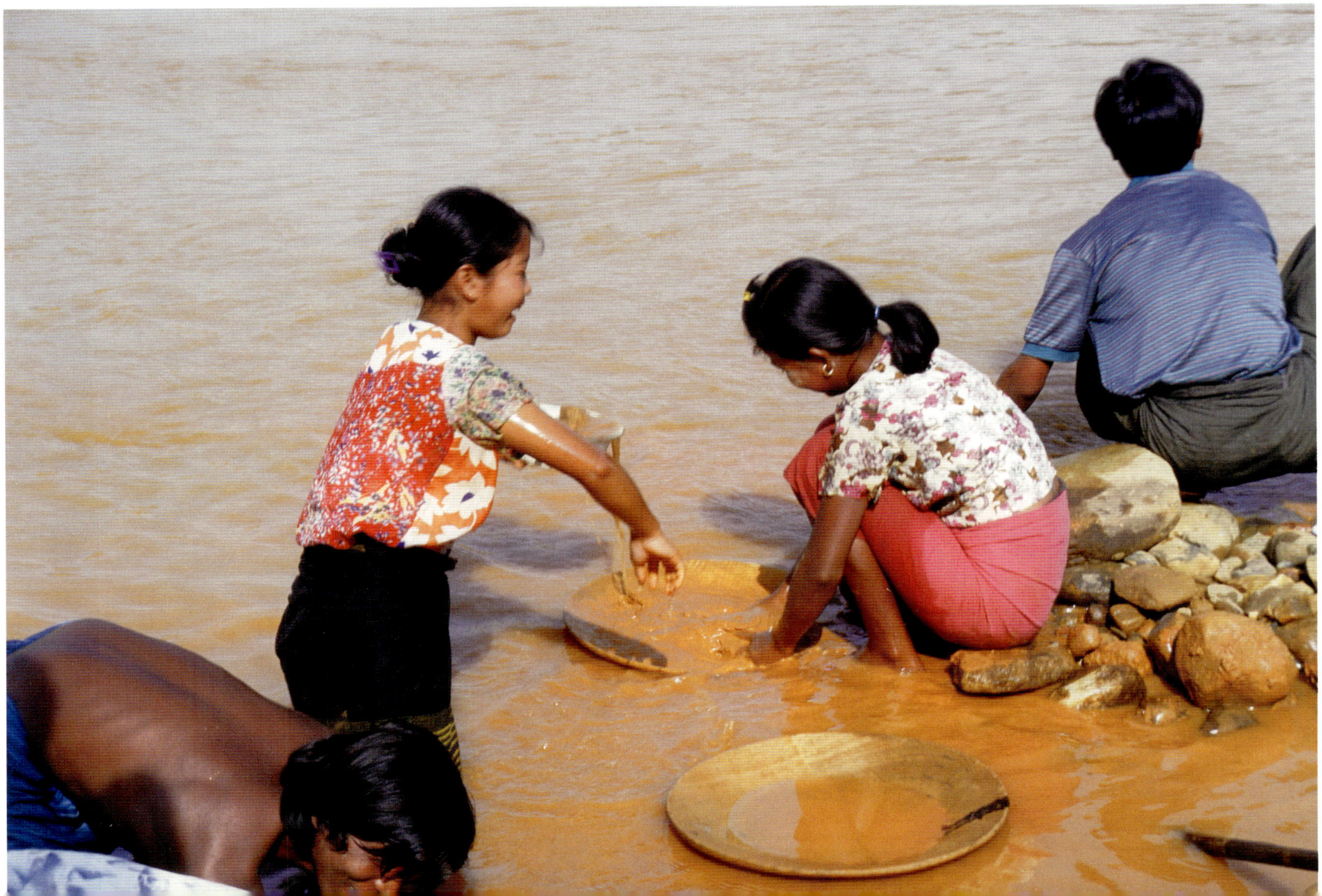

Pagan. Die kulturell hoch entwickelten Mon im Süden halten nicht viel von ihren neuen Nachbarn. Die Bamar sind auf ihrer langen Wanderung durch Osttibet zwar mit dem Mahayana- und Vajrayana-Buddhismus in Berührung gekommen, in den Augen der Mon aber sind sie Barbaren. Mit Skepsis beobachten die Mon, wie die Bamar die fruchtbarsten Reisanbaugebiete in Besitz nehmen, die Stadt Pagan befestigen und nach und nach die Kontrolle über die wichtigsten Handelsrouten erlangen.

Die Pagan-Ära

König Anawrahta besteigt 1044 den Thron und begründet damit die Pagan-Dynastie. Der burmesischen Überlieferung nach bittet er die Mon, ihm die heiligen Schriften des Theravada-Buddhismus zu übergeben, damit die Bamar die Lehren des «Erleuchteten» studieren können. Die Mon aber lehnen ab und fordern damit den Zorn König Anawrahtas heraus. Er zieht gegen sie in den Krieg, erobert 1057 ihre Hauptstadt Thaton und bringt die Familie des Königs Manuba und Mönche, Handwerker und Bauern, insgesamt 30 000 Menschen, in seine Gewalt.

Wenig später tritt ein in der Weltgeschichte seltener Fall ein: Die Bamar nehmen die Religion und die Schrift des Volkes an, das sie unterworfen haben. König Anawrahta lässt die kanonischen buddhistischen Schriften, die Tripitaka, in seine Hauptstadt Pagan bringen. Und bald bricht ein regelrechter Bauboom aus, die unterworfenen Mon errichten als billige Arbeitskräfte in der Stadt ihrer Besieger ein prachtvolles Bauwerk um das andere. Nach seinem Feldzug gegen die Mon führt König Anawrahta erfolgreiche Eroberungsfeldzüge gegen das Shan-Reich im Norden und das Arakan-Reich im Westen. In dieser Epoche, die zu den bedeutendsten des Landes zählt, entwickelt sich Pagan zu einem kulturellen und geistigen Mittelpunkt. Und der Königshof wird zu einem orientalisch-prachtvollen Zentrum der Macht mit strengem Hofzeremoniell.

Als König Anawrahta nach 33 Regierungsjahren von einem wilden Stier getötet wird, setzen seine Nachfolger die Bautätigkeit fort. In den folgenden 240 Jahren, im «goldenen Zeitalter Pagans», entstehen an die 13 000 Tempel, Klöster und Pagoden. Die wirtschaftliche Basis dafür bilden die riesigen Reisfelder bei Kyaukse, für die ein hoch entwickeltes Bewässerungssystem gebaut worden ist.

Gegen Ende des 13. Jahrhunderts zeigt das Pagan-Reich innenpolitische Verfallserscheinungen. Dabei droht gerade jetzt Gefahr aus dem Norden. Die Mongolen haben unter Kublai Khan das Tai-Reich Nan Chao unterworfen und fordern nun auch vom Pagan-Reich Tribut. Der König weigert sich, Tribut zu leisten. Um keine Missverständnisse aufkommen zu lassen, lässt er die Gesandtschaft Kublai Khans hinrichten. Daraufhin stürmen die mongolischen Horden erst recht südwärts. Marco Polo hält sich gerade in dieser Gegend auf, als sie ihre Überlegenheit in mehreren blutigen Schlachten beweisen, 1287 Pagan einnehmen und nach Herzenslust plündern. Nach dem Ende des Pagan-Reiches zerfällt Burma in viele kleinere und größere Staaten. So bleibt es fast 300 Jahre lang. Die Mon, die Shan und die Arakanesen erkennen in dem Machtvakuum ihre Chance. Die Mon errichten um ihre Hauptstadt Pegu nördlich von Rangun ein Königreich. Die Shan gründen 1364 ihre Hauptstadt Inwa auf einer künstlichen Insel im Irrawaddy nahe Mandalay, und die Arakanesen erbauen um 1430 am Golf von Bengalen die Stadt Myohaung, von der aus sie die folgenden Jahrhunderte intensiv Handel betreiben.

Die Mon und die Shan sind keine guten Nachbarn. Immer wieder zeigen sich Rivalitäten, brechen Feindseligkeiten aus. Das wissen die Burmesen zu nutzen, die sich gegen Mitte des 16. Jahrhunderts von der Niederlage gegen die Mongolen erholen und in Taunggy ein neues Königreich errichten. Ihr ehrgeiziges Ziel ist es, ihr Reich möglichst rasch auszudehnen. Sie ziehen Schritt für Schritt durch, was sie sich vorgenommen haben: 1531 erobern sie die Mon-Hauptstadt Pegu, wenige Jahre später die Shan-Hauptstadt Inwa und schließlich die Tai-Königreiche Lanna und Ayutthaya. Das burmesische Reich ist jetzt, in der zweiten Dynastie, so groß wie nie zuvor. Allerdings nicht für lang.

Mitte des 18. Jahrhunderts proben die Mon ein letztes Mal den Aufstand. Mit französischer Hilfe – die Franzosen sind seit längerem im benachbarten Indochina – gelingt es ihnen, die burmesische Hauptstadt Inwa zu erobern und die zweite Dynastie zu stürzen. Das bittere Ende aber kommt bald: Die Burmesen schlagen zurück. Ein burmesischer Beamter, Alaungpaya, aus der etwa 100 Kilometer nördlich von Inwa liegenden Kleinstadt Shwebo, beginnt im Jahre 1753 eine Revolte gegen die Herrschaft der Mon in Inwa. 1757 zerstört Alaungpaya die Mon-Hauptstadt Pegu und nimmt das fruchtbare Tiefland in Besitz. Der Widerstand der Mon ist damit gebrochen, viele von ihnen flüchten.

Alaungpaya ist der große Sieger. Er wird zum Begründer der dritten burmesischen Dynastie, der Konbaung-Dynastie, die bis 1885 an der Macht bleibt. Wenn auch unter größten Schwierigkeiten, denn bei jedem Machtwechsel erreichen Intrigen, Mord und Massaker oft Shakespeare'sche Ausmaße. Die wilden Hofintrigen der Konbaung-Dynastie hindern die Burmesen in dieser Epoche nicht daran, ihr Reich immer weiter auszudehnen. Schon in dieser Zeit erreicht es ungefähr die Größe des heutigen Burma. Nach 14-monatiger Belagerung gelingt es der burmesischen Armee 1767, die siamesische Hauptstadt Ayutthaya zu erobern. Sie zerstören die Stadt so gründlich, dass die Siamesen gar nicht

Bilder links und nächste Doppelseite
Staat Kachin:
• **Buddha in Putao**
• **Landschaftsvielfalt mit Blick zum ewigen Schnee des Himalaya**

terra magica

terra magica

mehr versuchen, sie wieder aufzubauen, sondern später Bangkok zu ihrer neuen Hauptstadt machen.

Die Konbaung-Dynastie

Im Arakan allerdings beißen die Burmesen auf Granit. Sie erobern das Gebiet zwar 1784 und werden dadurch zu Nachbarn der Briten, die zu dieser Zeit den indischen Subkontinent schon fest unter Kontrolle haben, die Arakanesen aber lassen sich nicht unterkriegen. Sie setzen sich heftig zur Wehr, führen in dem schwer zugänglichen Grenzgebiet zu Britisch-Indien jahrzehntelang einen zermürbenden Kleinkrieg. Das führt zu ernsthaften Problemen mit den Briten, denn die Burmesen verfolgen die Rebellen oft bis tief in indisches Gebiet hinein. Und als die Burmesen noch dazu Assam besetzen, erkennen die Briten in ihnen plötzlich einen ernsthaften Gegner. 1819 erscheint der Radscha von Manipur, der bisher dem burmesischen Königshaus tributpflichtig war, nicht zur Krönung von König Bagyidaws. Diesem Affront folgt eine Strafexpedition der Burmesen nach Indien. Jetzt ist es mit der Geduld der Briten aber zu Ende. Sie greifen 1824 Burma an, der erste anglo-burmesische Krieg bricht aus. Die Burmesen haben gegen die Briten und ihre Übermacht der Waffen keine Chance. Sie unterliegen und müssen 1826 nach dem Vertrag von Yandabo den Arakan und Tenasserim an die Briten abtreten und aus Assam und Manipur in Indien abziehen.

Die internen Machtkämpfe im burmesischen Königshaus kommen den Briten wie gerufen. Als sich 1852 zwei britische Kapitäne wegen überhöhter Hafengebühren beschweren, daraufhin von den Burmesen inhaftiert und erst gegen Lösegeld wieder freigelassen werden, nimmt das Empire dies freudig zum Vorwand, eine Verletzung des Friedensvertrags von 1826 zu konstruieren und Truppen in den Süden Burmas zu entsenden. In diesem zweiten anglo-burmesischen Krieg erobern die Briten Niederburma bis zu der Höhe von Taunggyi und schließen es an Britisch-Indien an. Das burmesische Königshaus kann seine Souveränität zwar bewahren, es sieht sich in der Hauptstadt Amarapura aber mit einer Rebellion konfrontiert. Angesichts der militärischen Bedrohung durch die Briten verlangt das Volk die Absetzung des für seine Grausamkeiten berüchtigten, sonst aber unentschlossenen Königs Pagan. Es kommt damit durch, Pagans Halbbruder Mindon wird König. Damit beginnt eine neue Zeit.

Mindon erweist sich als weltoffener Herrscher mit Visionen. Unter seiner Herrschaft erlebt Burma eine kulturelle und wirtschaftliche Blüte. Er reformiert die Verwaltung, leitet eine erste, bescheidene Industrialisierung ein, erkennt die Bedeutung der Schulbildung und gestattet Missionaren, ein Schulsystem aufzubauen.

Angesichts der britischen Bedrohung sieht Mindon im Buddhismus ein starkes identitätsstiftendes Element für Burma. Also nimmt er den 2400. Todestag Buddhas zum Anlass, eine neue Hauptstadt zu gründen, Mandalay. In dieser märchenhaften Stadt beruft Mindon 1871 die Fünfte Buddhistische Synode ein. Um die Burmesen in ihrem Glauben zu stärken und zu einigen, rezitieren 2400 Mönche fünf Monate lang die gesamte Tipitaka. Der Text wird in der Kuthodwa-Pagode in 729 Marmortafeln gemeißelt.

Als König Mindon 1878 stirbt, geht mit ihm das goldene Zeitalter Burmas zu Ende. Aus der berechtigten Angst vor einem Attentat hat er keinen Nachfolger ernannt. Prompt brechen unter seinen 48 Söhnen Machtkämpfe um die Thronfolge aus. Thibaw, einem der jüngeren Söhne, gelingt es zwar, sich durch eine Palastintrige seiner künftigen Schwie-

Bilder rechts
**Mogok, im Norden der Provinz Mandalay,
Stadt der Rubine: Edelsteine suchen,
waschen, sortieren und anbieten**

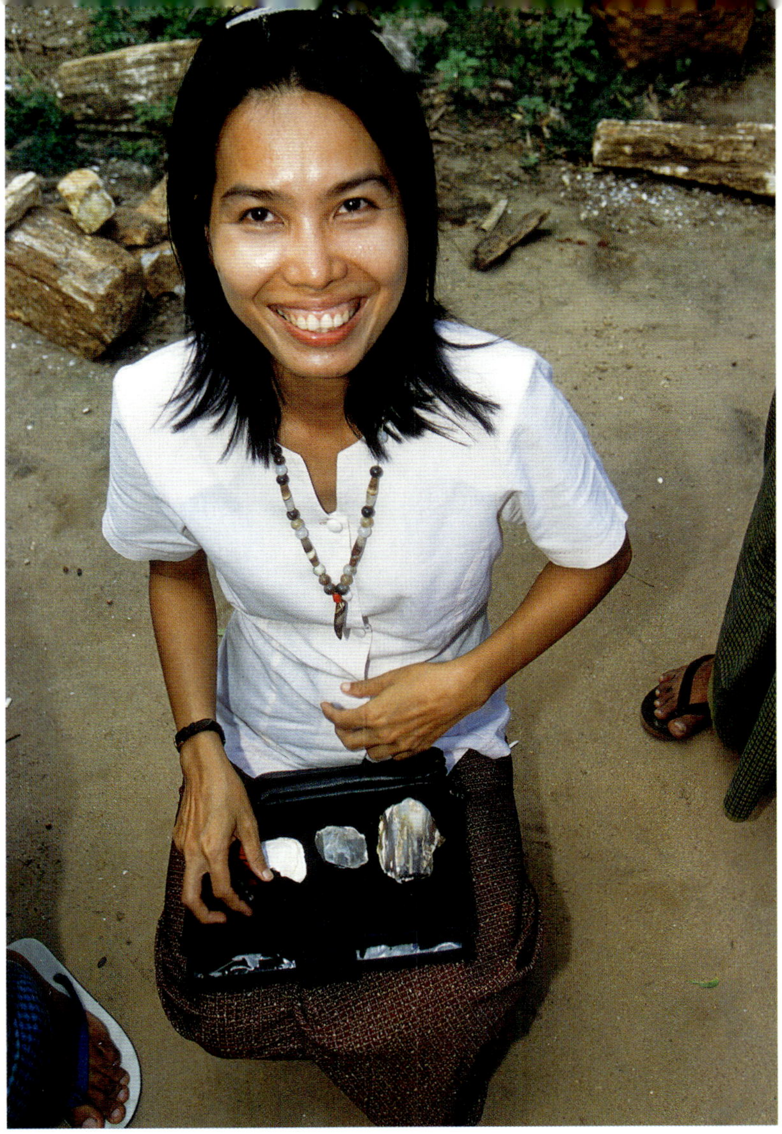
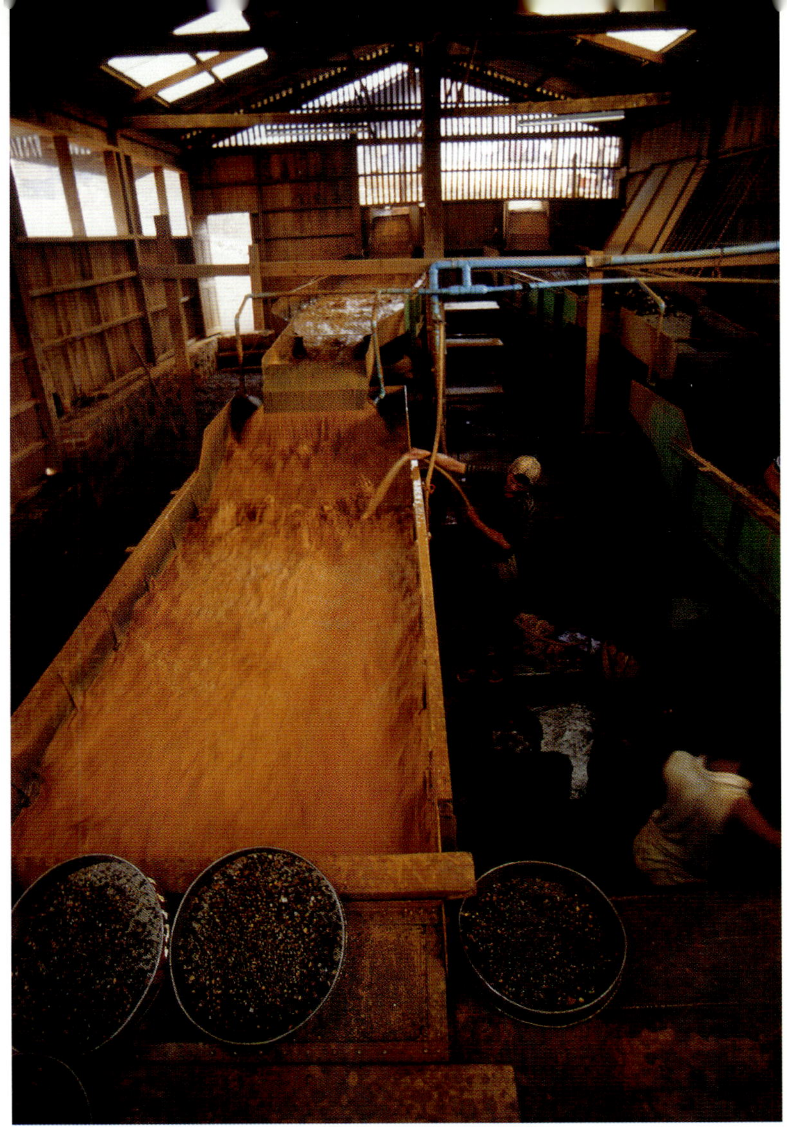
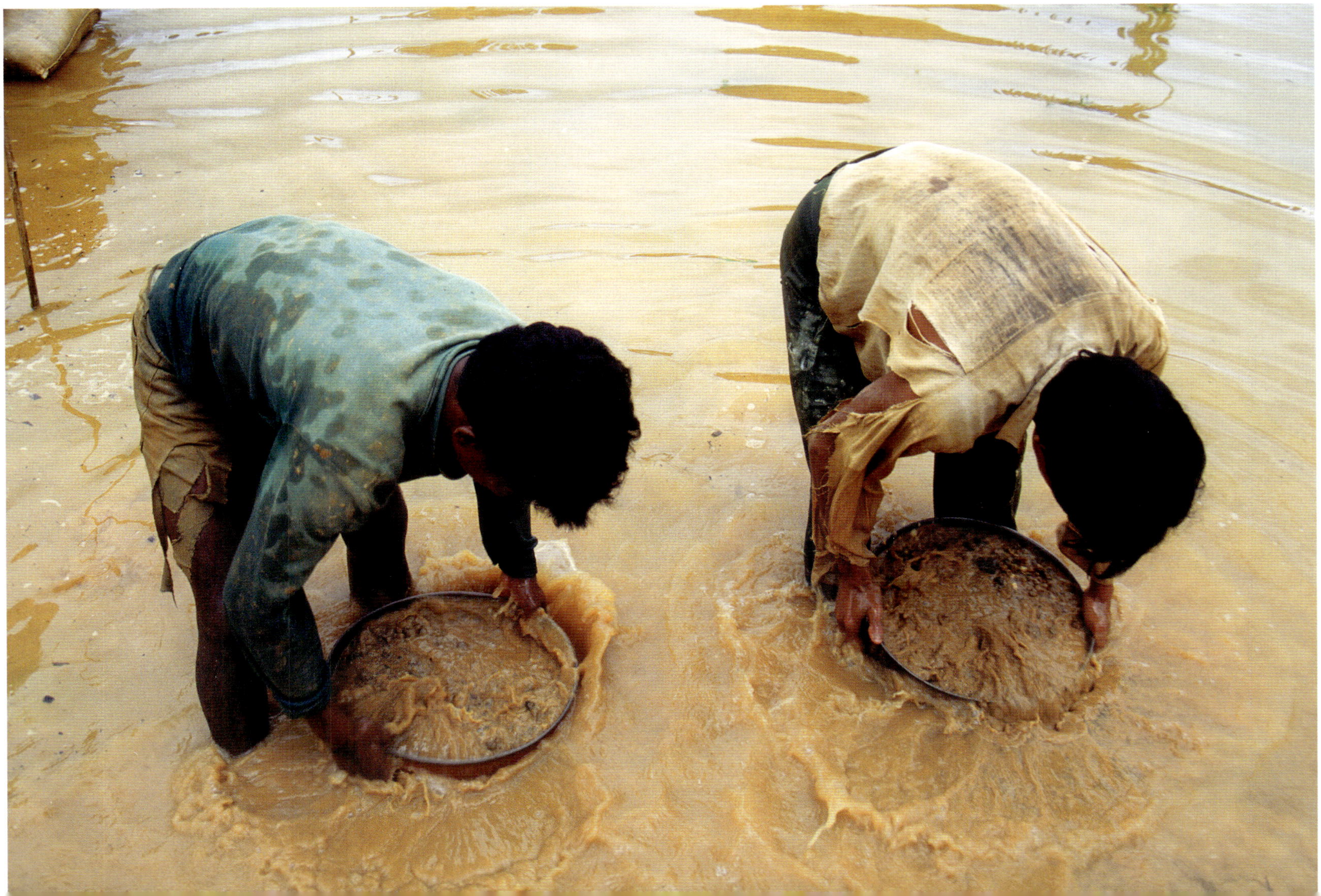

germutter auf den Thron durchzuboxen, ihm fehlt jedoch das Format seines Vaters. Und überdies sind er und seine Ratgeber in erster Linie damit beschäftigt, ihre Herrschaft abzusichern. Das schwächt das Land.

Die Briten beobachten die Situation aus einer gewissen Entfernung. Es stört sie nicht besonders, dass Thibaw 80 seiner Rivalen, darunter acht seiner Brüder, hinrichten lässt. Als der neue König aber beginnt, mit ihrem Erzrivalen Frankreich Verhandlungen über Handelskonzessionen zu führen, werden sie nervös. Dass Frankreich dadurch außer in Vietnam auch noch in Burma an Einfluss gewinnen könnte, ist ungefähr das Letzte, was sie sich wünschen. Also warten sie geduldig auf ihre Gelegenheit. Sie kommt schneller als erwartet: Im Herbst 1885 gibt es wieder einmal Streit um Abgaben. Eine britische Holzfirma fühlt sich von Burma übervorteilt. Die Briten stellen ein Ultimatum. Burma reagiert nicht. Im November marschieren britische Truppen ein und besetzen Oberburma nahezu kampflos. Die Briten schicken Thibaw ins Exil nach Bombay. Am 1. Januar 1886 erklären sie Burma zur Provinz der britischen Kronkolonie Indien.

Burma als britische Kolonie

Die Briten finden in Burma alles andere als eine freundliche, kooperative Bevölkerung vor. Die Atmosphäre ist aufgeheizt. Immer wieder brechen Aufstände aus. Die Briten stationieren meist aus Indern und Angehörigen der Minderheiten rekrutierte Polizei- und Militäreinheiten mit über 40 000 Mann und kontrollieren die gesamte Verwaltung. Sie errichten im ganzen Land «Stations», deren zentraler Punkt der «Club» mit seinen Alkoholreserven darstellt. Die Briten leiden unter dem Klima, den Moskitos und den Durchfallerkrankungen. Sie kapseln sich ab, verkehren gesellschaftlich ausschließlich untereinander und kultivieren die Ansicht, dass es sich bei der Bevölkerung um Halbwilde handelt. Von diesen lassen sie sich, wenn überhaupt, dann als *thakin*, als «Herr», anreden.

Politisch greifen die Briten auf das schon von den Römern erprobte Prinzip *divite et impera* zurück, «Teile und herrsche». Sie teilen Burma in das burmesische Zentralland «Burma Proper» und die Randstaaten der Minderheiten, die «Frontier Areas» ein. Die Rechnung geht prompt auf, das Land ist gespalten. Auf der einen Seite stehen die Burmesen im Zentralland, die weder in der Verwaltung noch im Bildungsbereich oder beim Heer Zugang finden. Und auf der anderen die loyalen Minderheiten wie Chin, Kachin und Shan, die niedrige Ämter bekleiden und als Soldaten zur Army dürfen.

Wirtschaftlich erlebt Burma einen raschen Aufschwung. Eiligst werden Straßen, Eisenbahnlinien und der Schiffsverkehr ausgebaut, auf dem Irrawaddy transportieren tausend Schiffe die wichtigsten Handelsgüter. Innerhalb kürzester Zeit werden die königlichen Monopole auf Holz, Edelsteine und Öl zu Monopolen britischer Handelskompanien. Das bringt den Briten fette Gewinne. Ebenso wie die Urbarmachung des Irrawaddy-Deltas. Dort werden die Ernteerträge verzehnfacht. Der Reisexport boomt, Burma wird zu einem der wichtigsten Reisexportländer der Welt. Zahlreiche burmesische Bauern aber stürzt diese Entwicklung in den finanziellen Ruin, denn sie gehen Geldverleihern in die Falle, die bis zu 100 Prozent Zinsen verlangen. Viele verlieren ihr gesamtes Hab und Gut und müssen in die Städte abwandern. Und dort den Existenzkampf mit indischen Migranten auf-

Bilder rechts und nächste Doppelseite
Bei Monywa, Stadt im Süden der Provinz
Sagaing, Pagode Moe Nyin Thanboddhay:
* **Hauptstupa**
* **Südeingang zu Pagode. Dazugehörendes**
Kloster. Pagodenansicht

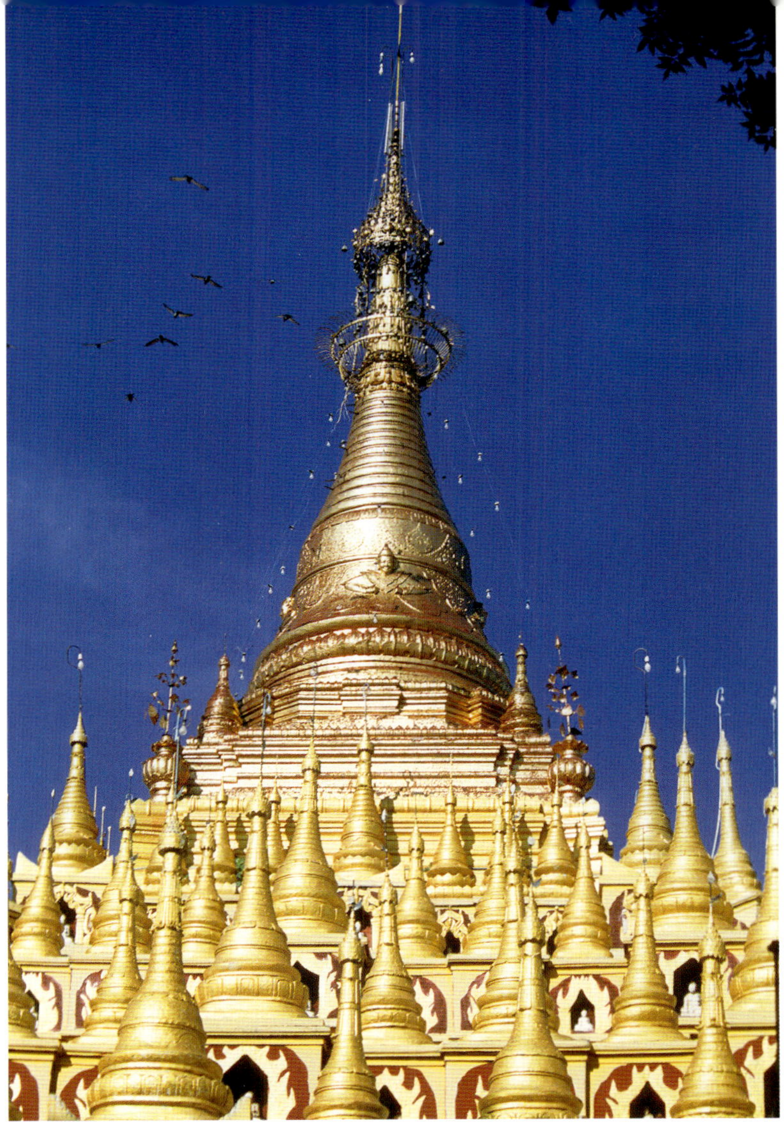
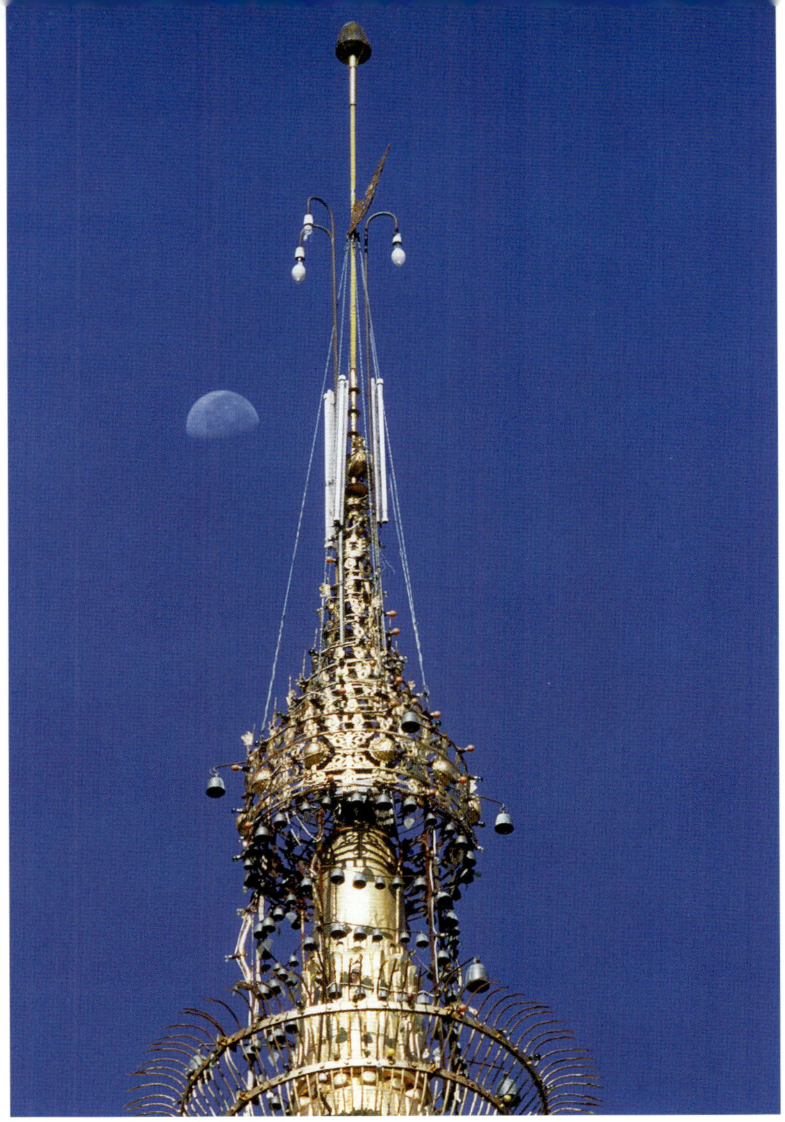
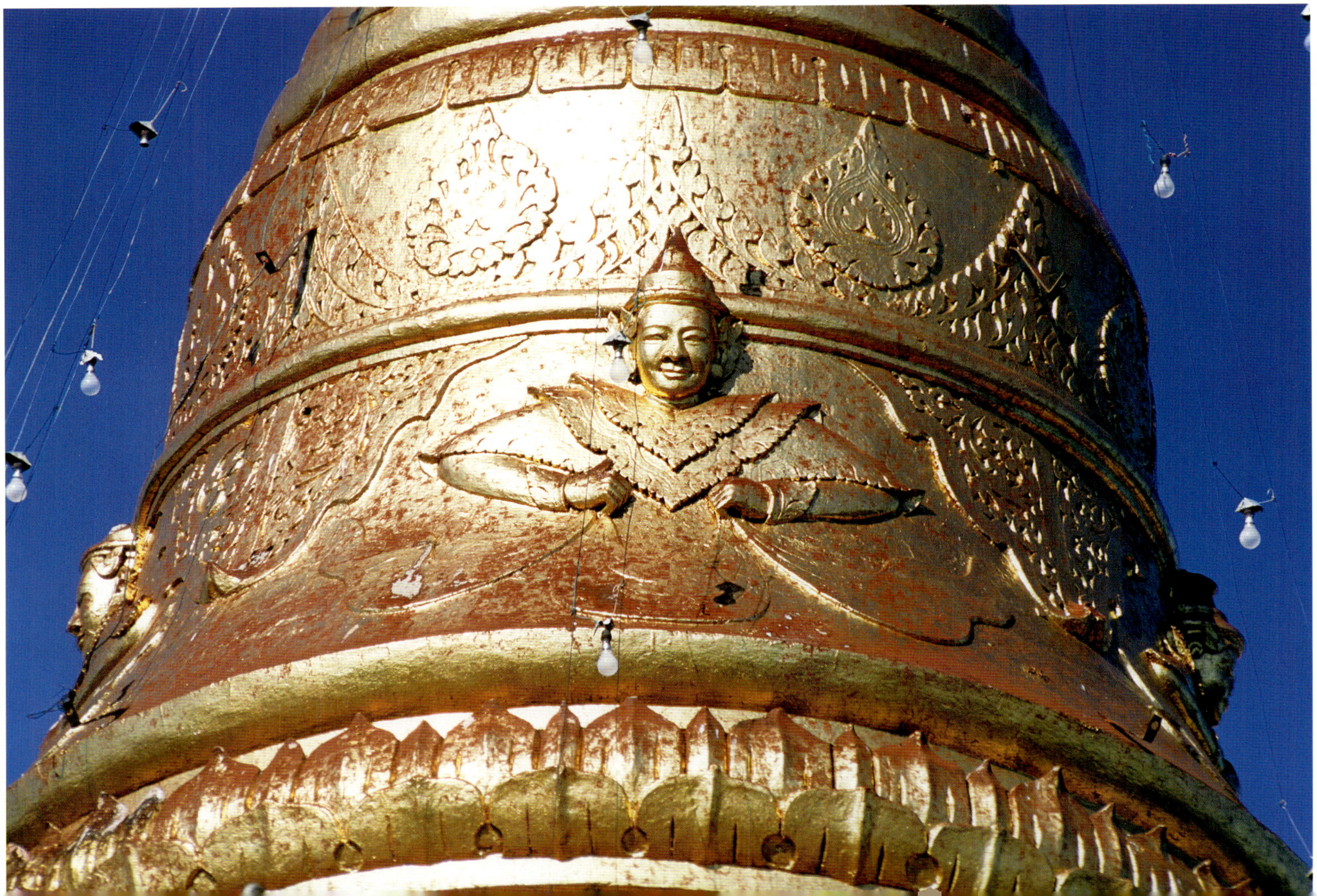

terra magica

terra magica

nehmen, die in immer größeren Mengen ins Land kommen, weil die Briten sie als billige Artbeitskräfte schätzen.

Für die junge Generation werden die Missstände Anfang des 20. Jahrhunderts unerträglich. 1906 formiert sich erstmals eine einheitliche nationale Gruppe, der «Verein buddhistischer junger Männer» (YMBA), die sich durch den Buddhismus von der Fremdherrschaft abgrenzt und die eigene Identität herausstreicht. Bis zu einer Radikalisierung der Unabhängigkeitsbewegung müssen aber noch Jahre vergehen. Erst im Ersten Weltkrieg formiert sich nach dem Vorbild der indischen Unabhängigkeitsbewegung ein massiver Widerstand, an dem vor allem Studenten und Mönche beteiligt sind. Die militante Wunthanu-Bewegung organisiert landesweit Aktionen zivilen Ungehorsams und Demonstrationen gegen die Kolonialherren. 1920 nimmt ein Studentenstreik bedrohliche Formen an. Der Anlass ist, dass die Briten Burmesen beim Aufbau der Universität in Rangun ausschließen und ihnen politische Aktivitäten, zu denen sogar das Zeitungslesen zählt, verbieten.

Die Weltwirtschaftskrise von 1929 hat auch für die Bauern Burmas verheerende Auswirkungen. Immer mehr Menschen leben in bitterster Armut. In den 1930er-Jahren strömen zudem rund 400 000 Inder pro Jahr nach Rangun und verrichten niedrigstbezahlte Arbeit wie das Verladen von Reis auf Schiffe. Die Burmesen beobachten das mit Empörung. 1930 kommen in Rangun bei einer zwei Tage dauernden regelrechten Schlacht Hunderte von Menschen ums Leben. Den Briten gelingt es immer weniger, die Kontrolle zu behalten. Als ein Aufstand im Bezirk Tharrawaddy ausbricht, holen sie zwei Kampfdivisionen aus Indien und schicken Karen-Soldaten gegen die Rebellen um den Mönch Saya San vor. Es gelingt zwar, Saya San zu fassen, ihn wegen Hochverrates zu verurteilen und zu hängen, bei den Burmesen aber tritt der Hass auf die Briten und die in ihren Augen verräterischen Karen aber immer offener zu Tage. Burma ist als Teil der Kronkolonie Indien nicht mehr zu halten. 1937 erklären die Briten das Land zu einer eigenständigen Kolonie im Britischen Empire, mit eigener Verfassung und eigenem Parlament.

Die Unabhängigkeitsbewegung Burmas ist dadurch im Aufwind. Im Oktober 1939 schließt sich die Studentenbewegung Thakin – der Name ist eine Anspielung an die von den Briten geforderte Anrede «Herr» – mit der Sinyetha, der Proletarierpartei, zum Freedom Bloc zusammen. Der geistige Vater dieses Zusammenschlusses ist Aung San. Zu seinen Mitkämpfern zählen U Nu und U Thant, der spätere Generalsekretär der Uno. Das erklärte Ziel ist die Unabhängigkeit Burmas.

Brutale japanische Besatzung

Japan ist zu dieser Zeit auf Expansionskurs. 1937 überfällt es China und besetzt weite Teile des Landes. Das benachbarte Burma rückt für die Japaner in greifbare Nähe. Besonders, als 1938 die neue Burma Road fertig gestellt wird, über die der Nachschub für die nationalistischen Truppen Chinas nach Yunnan rollt. Die Japaner nehmen mit der Thakin-Bewegung Kontakt auf. 1940 wird Aung San von den Briten verhaftet. Es gelingt ihm aber, in das von den Japanern besetzte Amoy in China zu flüchten. Dort trifft er mit den Japanern ein Abkommen: Er kollaboriert mit ihnen, sein Ziel ist aber die nationale Unabhängigkeit Burmas. 1941 geht er heimlich nach Rangun, wählt dort seine Mitstreiter, die «30 Kameraden», darunter Ne Win und U Nu. Sie werden von den Japanern in Guerillataktik ausgebildet.

Bilder rechts und nächste Doppelseite
* **Stupa der Pagode Bodhi Tahtaung bei Monywa**
* **Vier weitere Ansichten der Pagode Moe Nyin Thanboddhay bei Monywa**

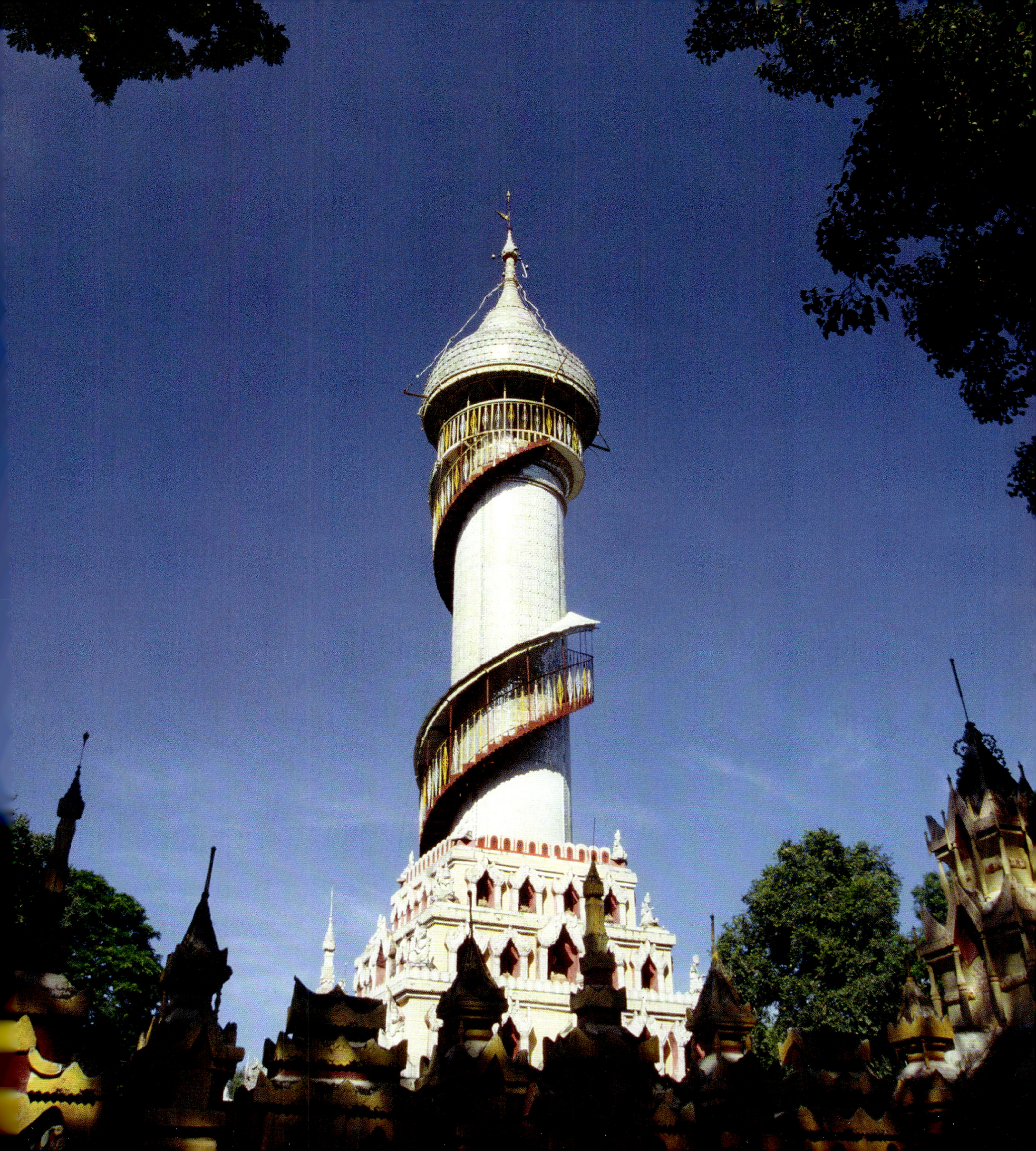

terra magica

terra magica

Der Zweite Weltkrieg ändert vieles. 1941 bombardiert Japan Pearl Harbor. Viele asiatische Völker jubeln. Nach Jahrhunderten der Fremdbestimmung, Ausbeutung und Demütigung bewundern sie den Mut Japans, die USA und die Alliierten herauszufordern. Der Jubel hält auch noch an, als 1942 die ersten japanischen Truppen mit der von Aung San gegründeten Burma Independence Army in Niederburma landen. Im März fällt Rangun, es folgt eine britische und amerikanische Stellung nach der anderen. Ein blutiger Dschungelkrieg entbrennt. Zehntausende Soldaten und Hunderttausende Zivilisten kommen ums Leben. Die Briten verlassen das Land.

Die Japaner bauen zusammen mit den burmesischen Nationalisten eine neue Verwaltung auf, in der Mitglieder der Thakin-Bewegung wichtige Positionen übernehmen. Aung San wird Kriegsminister, Ne Win Generalstabschef der Armee. Bald aber zeigt sich: Die Japaner sind noch arroganter und brutaler als es die Briten jemals waren! Aung San wechselt die Seiten. Er unterstützt die Rückeroberung Burmas durch britische Streitkräfte. Die Japaner geben im August 1945 auf, nach dreijähriger Besatzung.

Mord an Unabhängigkeitsführer

Die Briten wollen Burma nach dem Krieg drei Jahre unter die Herrschaft eines Gouverneurs stellen. Aung San aber lehnt mit seiner inzwischen gegründeten Anti-Fascist People's Freedom League (AFPFL) ab. Er will die Unabhängigkeit Burmas, und das so schnell wie möglich. 1947 unterzeichnet er in London mit dem britischen Premier das Aung-San-Attlee-Abkommen. Wenige Monate später erringt

Bilder rechts und nächste Doppelseite
Fünf innere und äußere Kunstwerke der Pagode Moe Nyin Thanboddhay, die 582 257 Buddhastatuen beherbergt

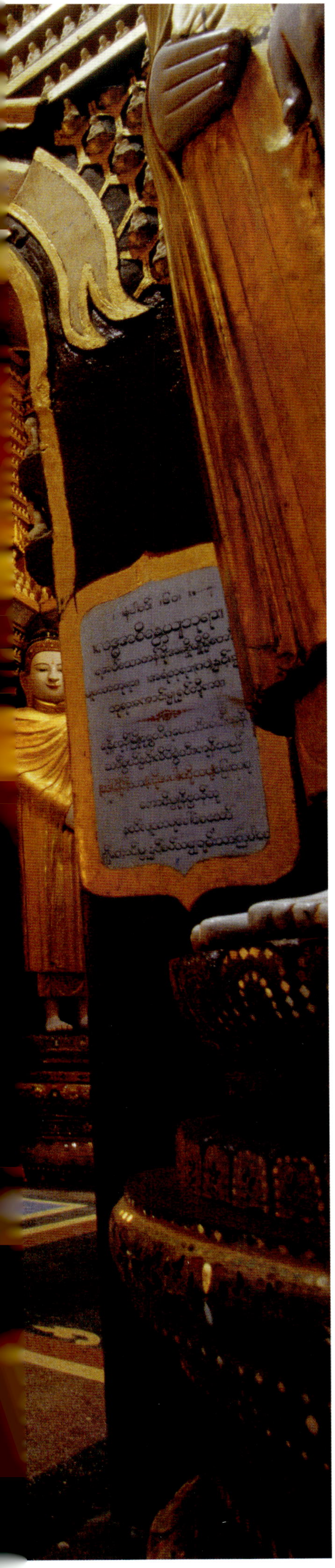

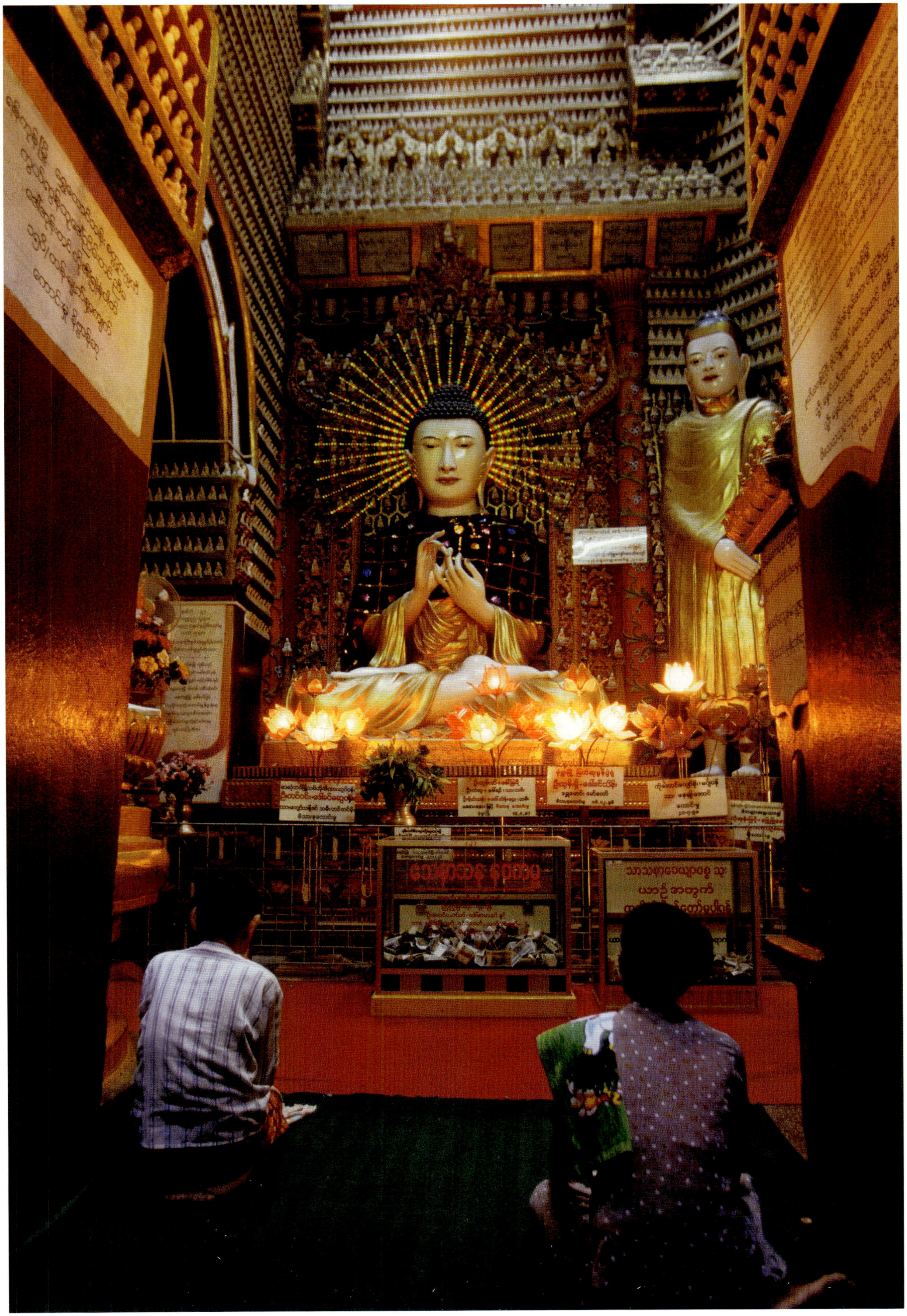

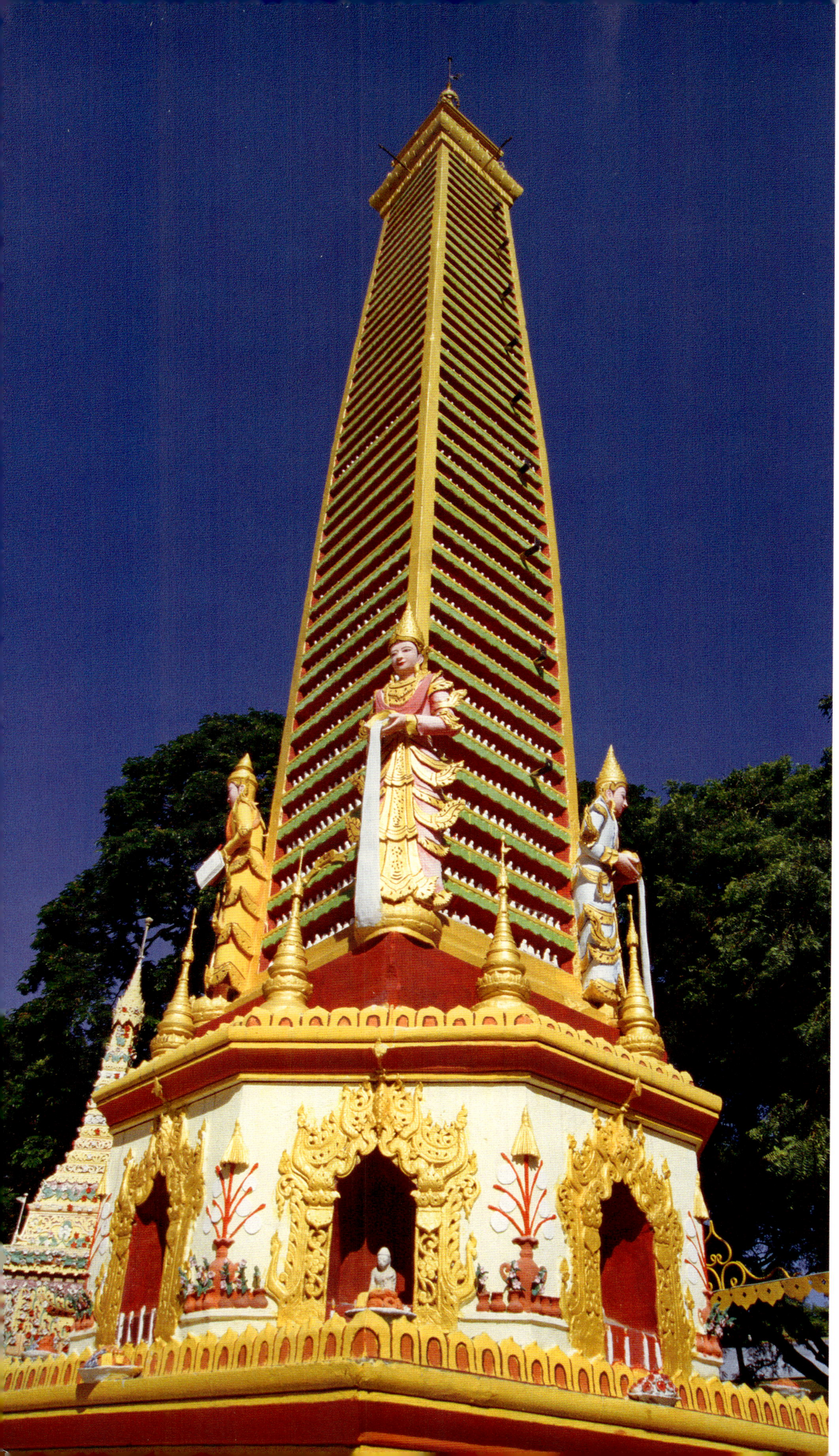

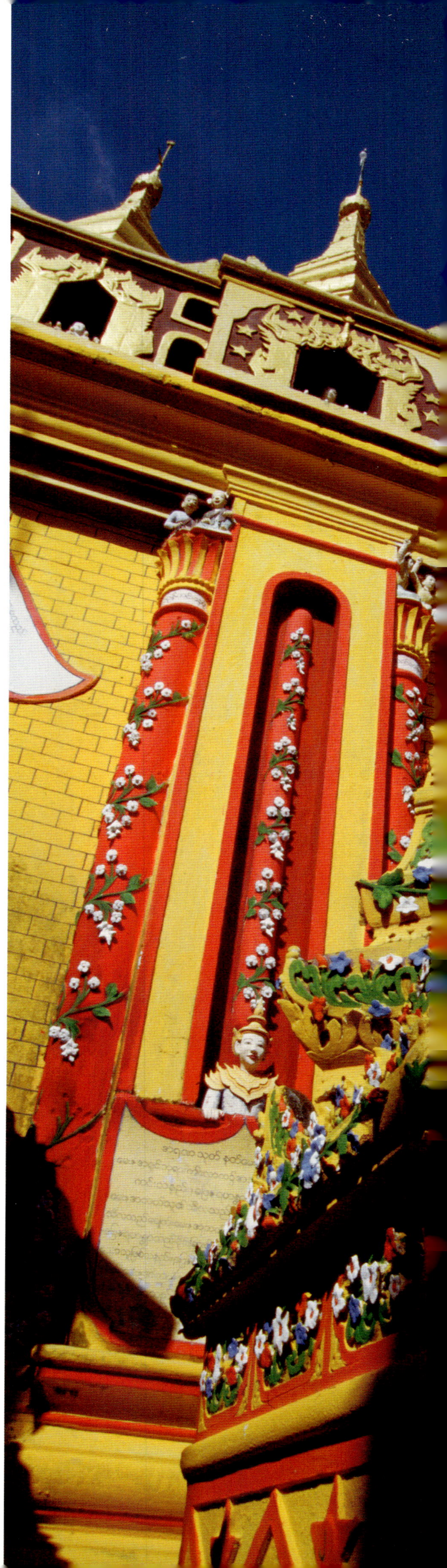

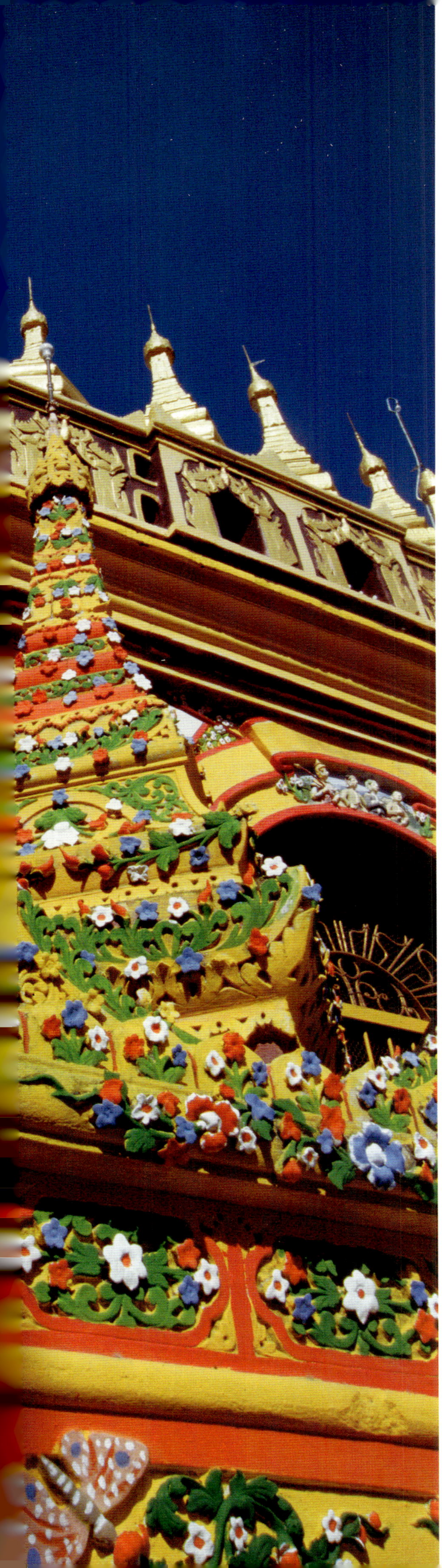

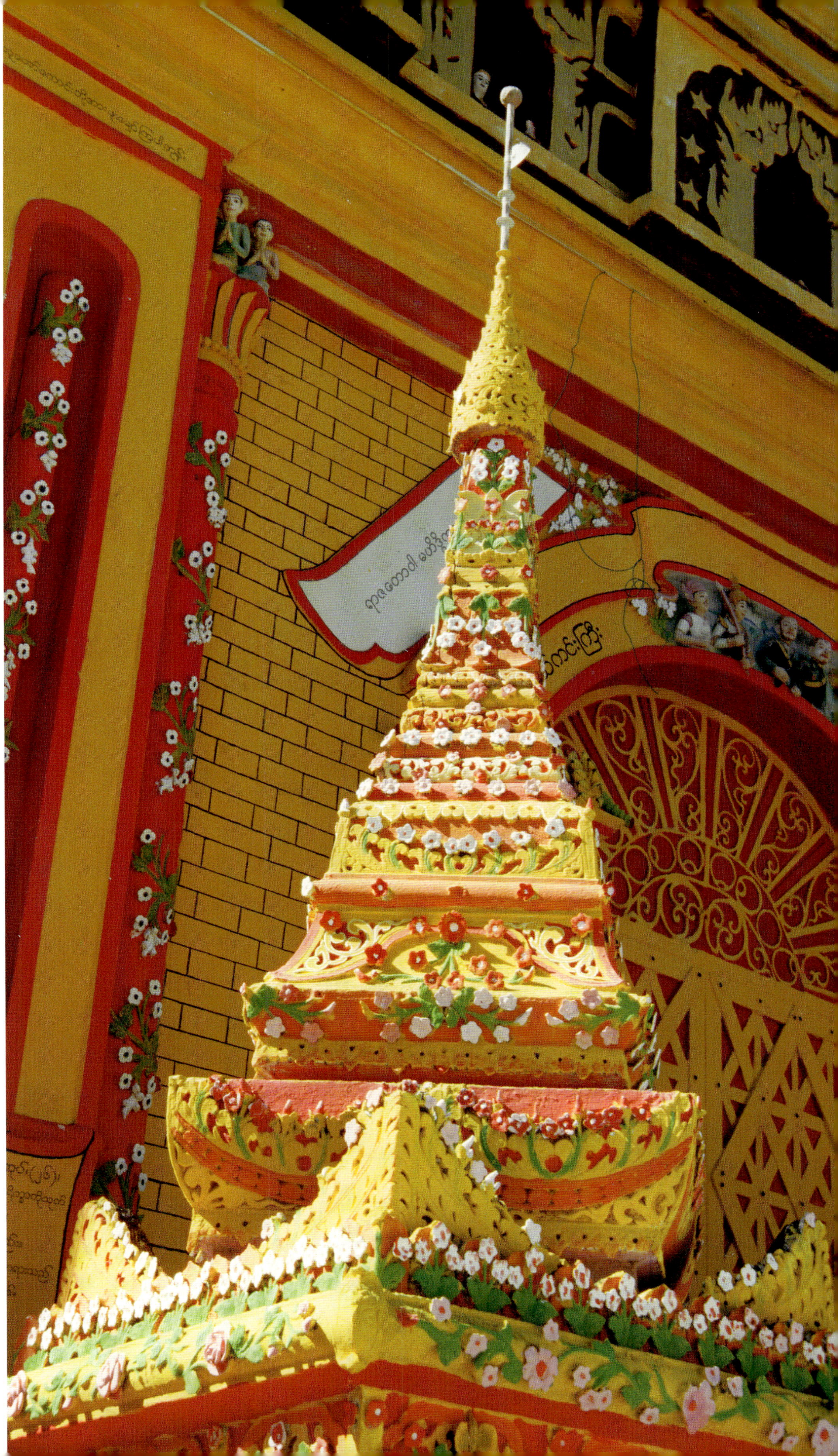

die AFPFL bei Wahlen die absolute Spitzenposition. Fieberhaft wird an einer neuen Verfassung gearbeitet – da fällt Aung San mit sechs Mitstreitern einem Attentat zum Opfer. Am 4. Januar 1948 entlässt Großbritannien Burma trotzdem in die Unabhängigkeit. Regierungschef wird U Nu. Zur Ruhe aber kommt das Land nicht. Die Kommunistische Partei und auch die Karen, die nach wie vor einen eigenen Staat haben wollen, beginnen einen bewaffneten Kampf. Die Wirtschaftslage verschlechtert sich, die Einnahmen aus dem Reisexport gehen zurück. In den folgenden Jahren entstehen immer mehr Rebellenarmeen, zudem sorgen Parteiquerelen für innenpolitische Instabilität. 1958 wird U Nu zum Rücktritt gezwungen.

1962 übernimmt General Ne Win die Macht durch einen Staatsstreich. In einer riesigen Verhaftungswelle werden alle führenden Politiker eingesperrt. Das Sagen hat ein Revolutionsrat, der ausschließlich aus Militärs besteht. Regiert wird mit eisernem Besen. Trotzdem aber flammen immer wieder Proteste auf. 1974 kommt es in Rangun zu Straßenschlachten. Schulen und Universitäten werden geschlossen, die Unruhen aber halten an. 1988 tritt Ne Win zurück. Massendemonstrationen, Unruhen und Krawalle stehen dennoch weiter auf der Tagesordnung. 1988 übernimmt das Militär erneut die alleinige Macht. Führer des von 21 Generälen gebildeten State of Law and Order Restauration Council (SLORC) ist Saw Mauung. Das neue Regime geht brutal vor. In wenigen Monaten kommen Tausende ums Leben. Aung San Suu Kyi, die Tochter von Aung San, gründet die National League for Democracy (NLD). Sie wird 1989 unter Hausarrest gestellt. Bei den ersten freien Parlamentswahlen seit 30 Jahren gewinnt die NLD die überwiegende Mehrheit, das Militär verweigert aber die Übergabe der Macht. Aung San Suu Kyi erhält den Friedensnobelpreis. 1992 wird General Than Shwe Staatsoberhaupt und Regierungschef. Bei seinem Antritt kündigt er die baldige Demokratisierung an. Bis dorthin hat Burma aber noch einen weiten Weg zu gehen.

Bilder rechts und links oben sowie nächste beiden Doppelseiten
Westlich von Monywa über dem Fluss Chindwin finden Sie das Höhlensystem von Phowin Taung. Fast eine halbe Million Skulpturen Buddhas liegen und sitzen in diesen Sandsteinhöhlen

terra magica

terra magica

terra magica

terra magica

Der «kleine» Drache Hinterindiens

Burma war jahrzehntelang praktisch isoliert. Es spielte weder in der internationalen Politik noch als Tourismusdestination eine Rolle und machte auch sonst kaum von sich reden. So wurde es lange für ein kleines, unbedeutendes Land gehalten. Auf der Weltkarte zwar mit den Konturen eines Drachens, wie ihn Kinder im Herbst gern steigen lassen, neben Thailand aber ein unbedeutender Strich. Was für ein Irrtum! Auch wenn sich Burma neben Indien und China ausnimmt wie ein Zwerg, ist es mit seiner Fläche von 676 578 Quadratkilometern nach Indonesien doch das zweitgrößte Land Südostasiens. Um vieles größer als Thailand, Vietnam oder Japan und immerhin doppelt so groß wie Deutschland. Das beschert Burma Platz 39 auf der Weltrangliste und seinen rund 50 Millionen Bewohnern genügend Platz: Die Bevölkerungsdichte beträgt 74 Menschen pro Quadratkilometer, was für asiatische Verhältnisse höchst ungewöhnlich und sogar im Vergleich zu Deutschland mit 228 Einwohnern pro Quadratkilometer sehr wenig ist.

Wie die Brüste einer liegenden Riesin

Das «kleine Land in Hinterindien» beeindruckt auch durch seine geografischen Eckdaten. Von Norden nach Süden erstreckt es sich von den Ausläufern des Himalaya über rund 2000 Kilometer bis zur Malayischen Halbinsel (28. bis 10. nördlicher Breitengrad) und von Westen nach Osten über 900 Kilometer vom Golf von Bengalen bis zum Mekongfluss (92. bis 101. östlicher Längengrad). Die Küste ist 1930 Kilometer lang und zieht sich von der Mündung des Naafflusses bei Bangladesch den Golf von Bengalen und Martaban entlang bis zur Andamanensee. Beim Gedanken an die Landschaft Burmas drängt sich vor allem ein Bild auf. Eine weite Ebene, an den fernen Rändern die Konturen sanfter, blauer Hügel und zwischendurch weiße und goldene Pagoden, die sich, wie George Orwell es formulierte, aus der Ebene erheben wie die Brüste einer hingestreckten Riesin. Und über allem feine Bahnen von Dunst, die das Licht weich machen und alles wie in einen zarten Schleier einhüllen. Bilder dieser Art gibt es in Burma selbstverständlich. Aber nicht nur sie. Denn ein Land dieser Ausdehnung – allein die Länge entspricht grob geschätzt der Entfernung zwischen Kopenhagen und Rom – besitzt natürlich auch eine landschaftliche Vielfalt.

Geografisch lässt sich Burma in drei Teile gliedern: Das Hochland im Norden entlang der Landesgrenzen zu China und Indien, Zentralburma, das Kernland des Mandalay-Beckens, das die Briten «Burma Proper» nannten und an das im Westen der Arakan und im Osten das Shan-Plateau anschließen, und Unterburma, das Tiefland im Süden. Das Hochland im Norden schirmt Burma fast hufeisenförmig nach außen hin ab. Diese von hohen, zerklüfteten Bergen und tiefen Tälern geprägte Landschaft ist auch heute noch schwer zugänglich. Ganz im Norden ragen, von ewigem Eis bedeckt, als Ausläufer des Himalaya die höchsten Berge

Bilder rechts und nächste Doppelseite
Mingun, Städtchen am Irrawaddy westlich der Stadt Mandalay, aber in der Provinz Sagaing:
• Selbst ein zerbrochener Wächterlöwe (Chinte) wirkt noch beeindruckend
• In dieser pagodenartigen Halle hängt die wohl größte unversehrte Glocke der Welt (90 Tonnen schwer)

terra magica

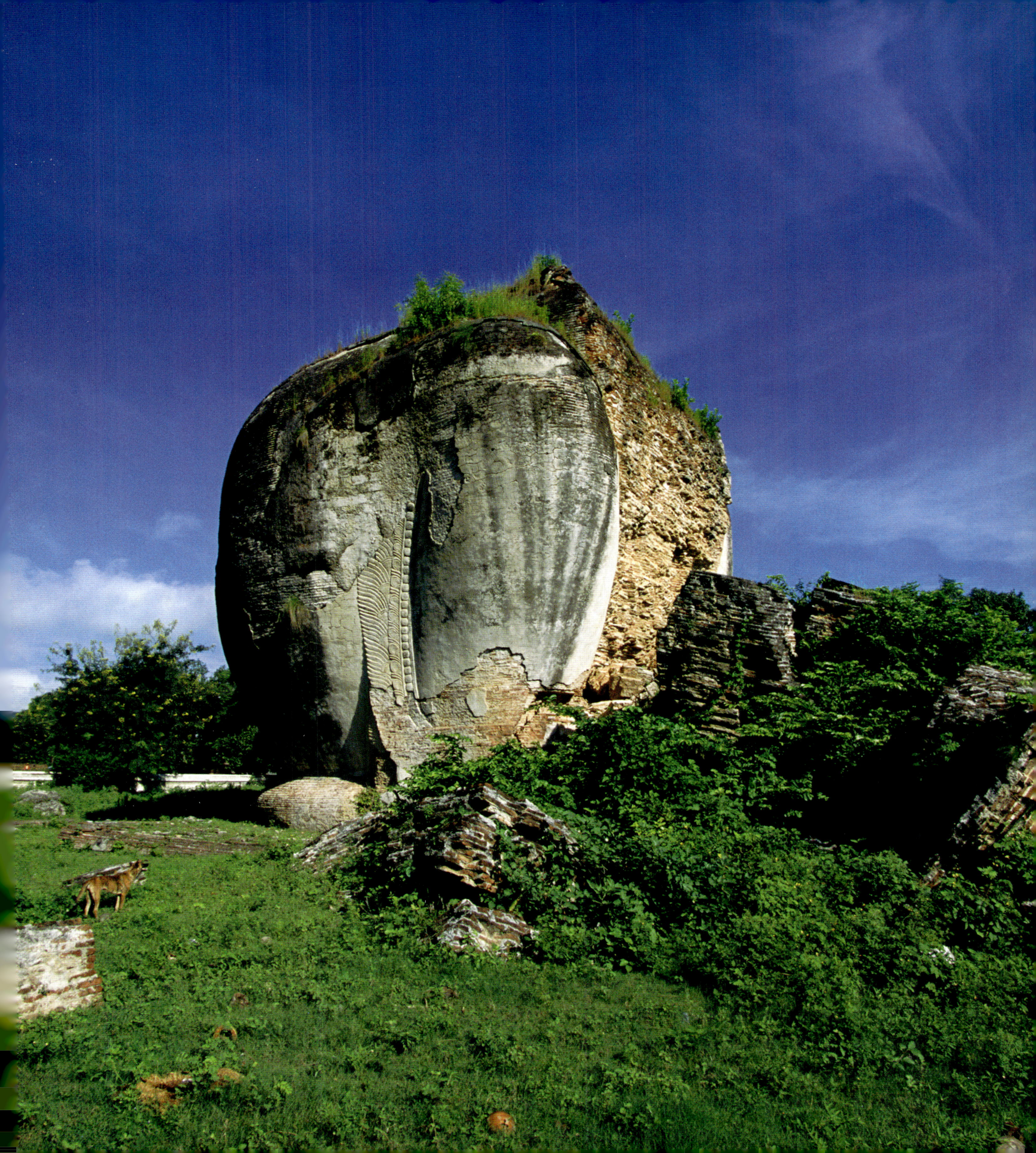

terra magica

terra magica

Südostasiens in den Himmel, der 5881 Meter hohe Hkakabo Razi und der 5835 Meter hohe Gamlang Razi. In den wild zerklüfteten Tälern der Kachin-Bergkette haben sich dichte, subtropische Urwälder erhalten. In den Teak- und Bambuswäldern – 75 Prozent aller Teakbäume der Welt stehen in Burma – leben noch Tiger, Himalayabären und Leoparden.

Im Südwesten des Hochlandes beginnt in der Provinz Arakan die in vielen Teilen von Sumpfgebieten geprägte Küste entlang des Golfes von Bengalen. Sie wird im Osten von der durchschnittlich 2000 Meter hohen Gebirgskette des Arakan Yoma begrenzt, aus der bei Pagan der Mount Victoria 3053 Meter hoch aufragt. Im Südosten des Hochlandes liegt das Kalkgebirge des Shan-Plateaus. Es ist ein durchschnittlich 1000 Meter hohes Bergland, das sowohl von seiner Landschaftsform als auch in Bezug auf Flora und Fauna oft an die Alpen erinnert. In diesem Gebiet wechseln sich Bergketten, die bis 2600 Meter erreichen, mit fruchtbaren Ebenen ab. Durchzogen wird das an China und Laos grenzende Land vom Fluss Salween, der Mekong bildet ein Stück der Grenze zu Laos. Im Süden schließt es mit der Bawna-Bergkette und dem Tenasserim-Gebirge ab, das die natürliche Grenze zu Thailand bildet.

Den nördlichen Teil des burmesischen Zentrallandes bildet Oberburma, das vom Irrawaddy durchflossene Mandalay-Becken. Dieses Gebiet ist klimatisch angenehmer als der Süden. Das war ein guter Grund für die Könige Burmas, ihre Residenzen in diese Region zu verlegen. Oberburma ist landwirtschaftlich weit entwickelt, angebaut werden vor allem Gemüse und Baumwolle. Das tropische Niederburma im Süden besteht aus dem 40 000 Quadratkilometer großen Irrawaddy-Delta und dem langen, flachen Küstenstreifen an der Andamanensee. Diese Region galt in den 1950er- und 1960er-Jahren als das größte Reisanbaugebiet der Welt. Ihr verdankte Burma den Namen «Reisschüssel Asiens» – bis es von Thailand und Vietnam überholt wurde.

Das Klima

Das Klima Burmas wird von drei Jahreszeiten bestimmt. Von Oktober bis Februar dauert die kühle und trockene Periode an, der «Winter». In den höher gelegenen Landesteilen können die Temperaturen um diese Zeit bis zum Nullpunkt absinken, in Rangun oder Mandalay bewegen sie sich tagsüber aber so um die 30 Grad. Diese Monate sind die beste Reisezeit, das Land ist grün und blühend. Ab März beginnt die heiße, trockene Periode. In dieser Zeit brennt die Sonne vom Himmel «wie ein wütender Gott».

Die böse Tageszeit setzt um zehn Uhr vormittags ein, wenn die Hitze vom Boden aufsteigt wie von einer Herdplatte und nach einer burmesischen Redensart «die Füße verstummen», so dass sich bis zum Abend kein Lebewesen regt. In dieser sengenden, alles betäubenden Zeit brach während der Kolonialzeit in den Clubs der Engländer Panik aus, wenn die Eis-, Soda- oder Tonicvorräte zu Ende gingen. Denn jetzt half nur eines: Whisky oder Gin. Und wenn die Temperaturen dann von Tag zu Tag immer noch ein wenig stiegen und nicht selten bis auf 45 Grad hochkletterten – Whisky und Gin.

Die Blütenbäume Burmas sind hitzebeständiger als die Engländer. Wie zum Trotz entfalten der Flamboyant, der meterhohe Weihnachtsstern und der Korallenbaum ausgerechnet in dieser Gluthitze ihre größte Pracht. Im Juni, wenn die Hitze ihren Höhepunkt erreicht hat, ändert sich alles mit einem Schlag. Plötzlich setzt der Monsun ein, und die Regenzeit beginnt – mit heftigen Sturmböen zuerst und dann mit schweren Regenfällen. Im Juli und August fallen in Rangun 500 Millimeter Regen pro Quadratmeter, im Süden sind es

Bilder rechts und nächste Doppelseite
Mingun:
• **Ruine der Mingun-Pagode. Settawaya-Pagode**
• **Hsinbyume-Pagode mit sieben Terrassen**

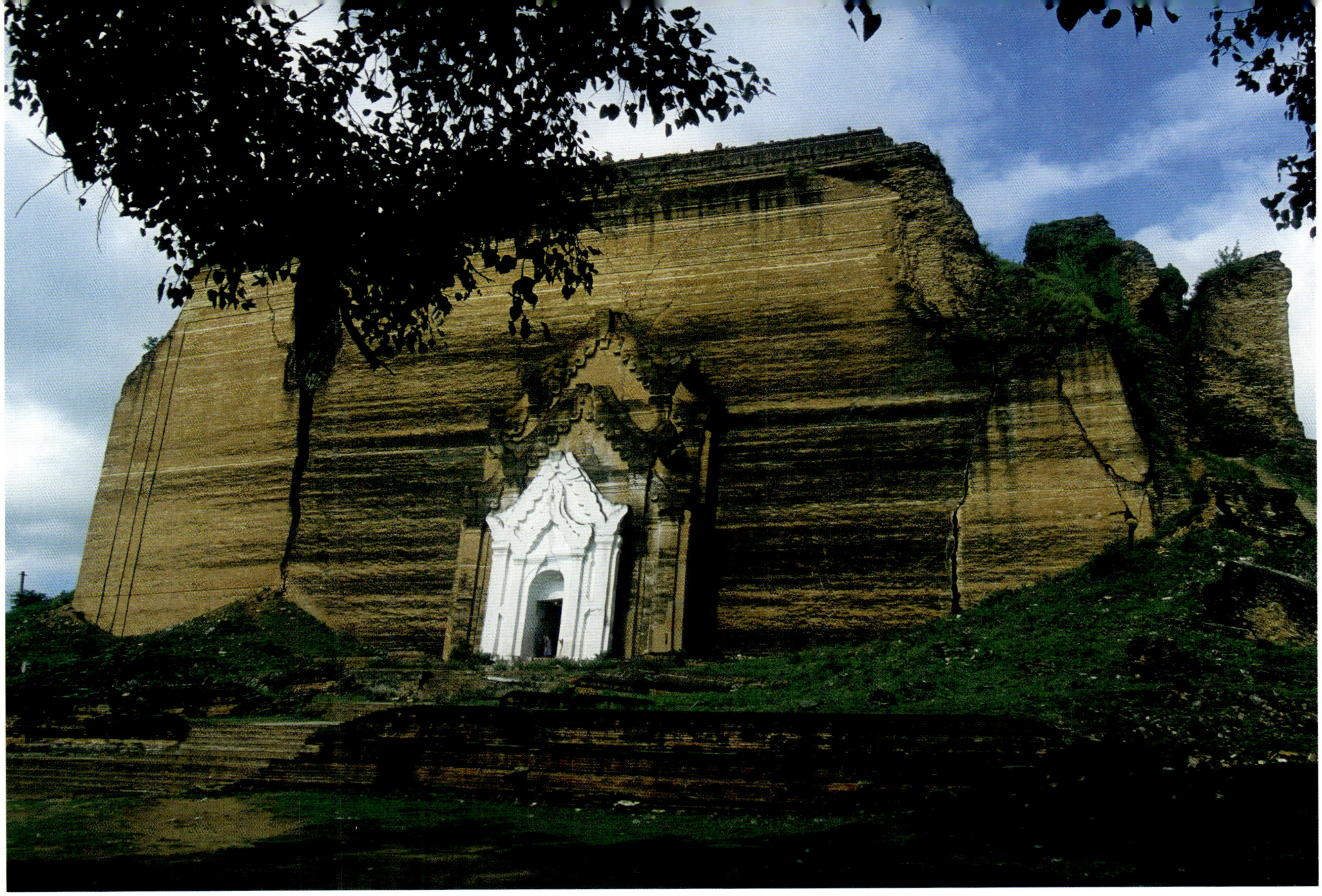

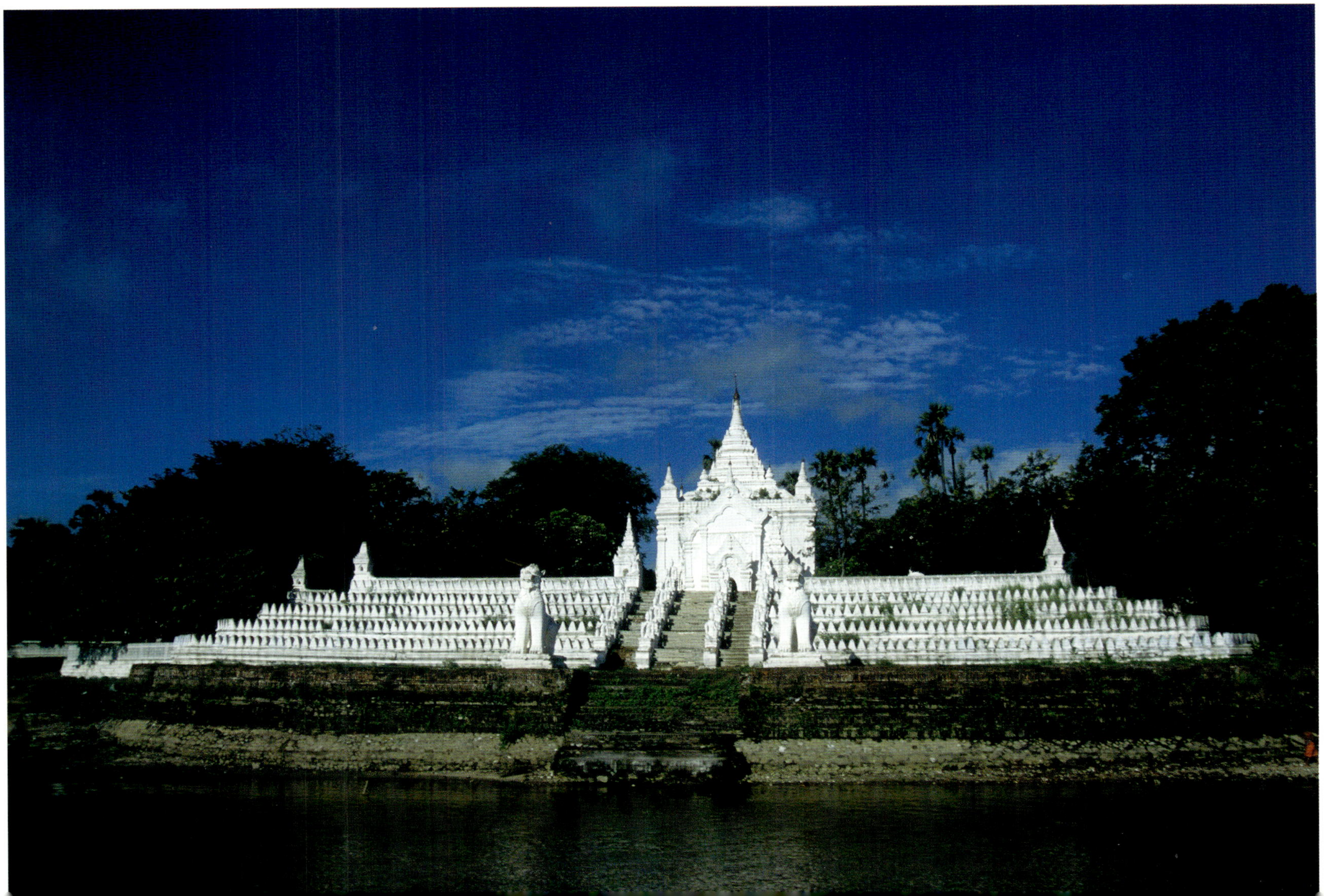

terra magica

terra magica

sogar 800. Das bringt zwar Erleichterung, aber nur für kurze Zeit, denn innert weniger Tage weicht der Regen alles auf – die Wege, die Kleider und das Essen. In den Räumen setzt sich ein muffiger Geruch fest, Schimmelflecken breiten sich aus, der Boden verwandelt sich in knietiefen Morast, und die Infrastruktur bricht zusammen. Wenn ganze Landstriche unter Wasser stehen, müssen Bahnlinien und Straßen gesperrt werden.

Die Flüsse

Die Lebensader Burmas ist der Fluss Irrawaddy. Rudyard Kipling hat ihn als «road to Mandalay» bezeichnet, und das zu Recht, denn der 2100 Kilometer lange Fluss ist der wichtigste Verkehrsweg des Landes, schiffbar auf 1700 Kilometern. «Der Erquickende», wie die Übersetzung des Namens aus dem Nordindischen lautet, entsteht im Norden aus dem Zusammenfluss der beiden in den Ausläufern des Himalaya entspringenden Flüsse Mayhka und Malihka. Wo er sich seinen Weg durch Gebirge und Schluchten bahnt, ist er wild und reißend und stürzt oft in hohen Wasserfällen talwärts. In der Ebene hingegen fließt er ruhig und in weiten Windungen seinem gewaltigen neunarmigen Delta in der Andamanensee zu, ein Symbol für Zeitlosigkeit und Ruhe. Aber auch für Arbeitskraft und Fleiß, denn auf diesem Fluss werden die wichtigsten Handelsgüter des Landes transportiert: Tropenhölzer, Baumwolle, Reis und Bodenschätze.

Der Irrawaddy hat aber auch die Geschichte und die Kultur Burmas geprägt. Ihm entlang zogen die Bamar gegen Süden, an seinen Ufern liegen uralte Kulturstätten und einige der wichtigsten Städte des Landes, Myitkina, Bhamo, Mandalay, Pagan und Prome. So berühmt der Irrawaddy

Bilder rechts
Leben am und im Irrawaddy bei Mingun

terra magica

Büffelarbeit im Irrawaddy

auch ist, der längste Fluss Burmas ist er trotzdem nicht. Dieses Prädikat gebührt dem Salween, der sich aus dem Himalaya kommend seinen Weg durch das Shan-Gebiet bahnt, bis er nach 2500 Kilometern bei Moulmein ins Meer mündet. Der Salween ist unberechenbar und unbändig, er rauscht im Gebirge durch tiefe, enge Schluchten, und sein Wasserstand kann bis zu 20 Meter schwanken. Das macht ihn als Verkehrsweg kaum nutzbar. Schiffbar sind nur die letzten 160 Kilometer vor seiner Mündung.

Nützlich auf ganz andere Art ist der Fluss Sittang. Er ist zwar nur 420 Kilometer lang, durchfließt aber bis zu seiner Mündung im Golf von Martaban die wichtigsten Reisanbaugebiete des Landes und spielt für die Bewässerung eine wichtige Rolle.

Bevor die Menschen begannen, das Land zu kultivieren, war Burma fast zur Gänze von den unterschiedlichsten Waldarten bedeckt. Primäre Urwälder im Gebirge, tropische Regenwälder an den Küsten und in den höher gelegenen Regionen, Mangrovenwälder im Irrawaddy-Delta, Nebelwälder und Monsunwälder machten das Land zu einer feuchten «grünen Hölle»; zu einem riesigen, undurchdringlichen Dschungel mit über 2000 Baumarten, in dem Tiere wie Elefanten, Tiger, Leoparden, Rhinozerosse, Schlangen und Affen lebten.

Tiere, Teak und siebzig Arten Bambus

Auch wenn laut offiziellen Angaben heute immer noch rund 40 Prozent des Landes von Wald bedeckt sind, haben sich die primären Urwälder nur noch in den Hochgebirgsregionen des Nordens erhalten. Dort, an der Grenze zu Tibet, leben auch heute noch Pandabären, Moschusbären, Takine, die aussehen wie eine bizarre Mischung aus

Moschusochse, Ziege und Gämse, und das Blaue Schaf im Khakaborazi-Nationalpark. Sonst wurde die Zahl der frei lebenden Wildtiere im letzten Jahrhundert drastisch dezimiert, nicht zuletzt durch britische «Großwildjäger».

Den tropischen Edelhölzern Burmas, allen voran dem Teak, erging es nicht besser. Burma deckt rund 70 Prozent des Weltbedarfes an Teakholz, entsprechend intensiv werden die Baumriesen, die eine Höhe von 60 Metern erreichen können, gefällt und meist mit Hilfe von Elefanten aus den Tiefen der Wälder abtransportiert. Arbeiten müssen in Burma außer den Elefanten auch noch andere Tiere. Der Wasserbüffel zum Beispiel leistet einen wichtigen Beitrag zum Bestellen der Felder, und ohne Ochsenkarren wären ganze Landstriche nicht erreichbar. Zwei Drittel der Bevölkerung Burmas arbeiten in der Landwirtschaft. Angebaut werden neben dem alles dominierenden Reis auch Obstsorten wie Mango, Orangen, Grapefruits, Jackfruit, Avocado und Papaya, dann Zuckerrohr, Hülsenfrüchte, Erdnüsse, Getreide, Mais, Baumwolle, Sesam, Tabak, Ingwer, Chili und Jute. Zu den Haustieren zählen Pferde, Zebus, Schweine, Ziegen, Hunde, Katzen und Geflügel.

Burma kennt 70 verschiedene Arten von Bambus, sie prägen das Landschaftsbild ebenso wie der Jacarandabaum mit seinen blauen, trompetenförmigen Blüten, der Banyanbaum, der bis zu 200 Luftwurzeln bilden kann, der Niembaum, der Tamarindenbaum und der schattenspendende Regenbaum. Eine besondere Funktion hat der Tanakabaum. Aus seiner Rinde wird jene gelbe Paste hergestellt, die, in Streifen auf das Gesicht aufgetragen, den Mädchen und Frauen Burmas als eine Art Make-up dient. Eine wichtige Rolle spielen auch die verschiedenen Arten von Palmen und Bambus. Sie decken die wichtigsten Bedürfnisse des täglichen Lebens ab – von Genussmitteln wie der Palmenfrucht Betelnuss über Grundnahrungsmittel wie den Produkten der Kokosnuss und dem Palmwein der Palmyrapalme bis zu Baumaterial wie Bambus, Palmblättern und Rattan.

Burmas Laster: Edelsteine und Mohn

Burma gilt seit uralten Zeiten als Land der Edelsteine. Es hat praktisch ein Monopol auf den Rubin, der kaum sonstwo in so prachtvollem «Taubenblut-Rot» gefunden wird. In den Minen von Mogok nordöstlich von Mandalay und Mogaung im Kachin-Staat werden außer dem Rubin noch Saphir, Jade, Aquamarin, Smaragd, Topas, Amethyst und Lapislazuli gefördert. Dreimal im Jahr treffen sich in Rangun Händler aus der ganzen Welt, um die kostbaren Edelsteine zu kaufen. Der Handel mit Edelsteinen ist Staatsmonopol. Ein guter Grund für viele Schmuggler, die Steine illegal ins Ausland zu verkaufen, nach China und Thailand. Das bringt den Geldfluss in Schwung. Und es fügt niemandem Schaden zu. Sofern nicht im gleichen Warenkorb ein Päckchen Opium über die Grenzen wandert.

Für die Bergvölker der östlichen Shan-Staaten, deren karge Böden sonst kaum etwas hergeben, bedeutet der Anbau von Mohn schon seit langem einen lukrativen Wirtschaftszweig. Zu einer regelrechten Industrie wurde der tödliche Mohn aber erst Mitte des vorigen Jahrhunderts. Um diese Zeit entwickelte sich das Dreiländereck am Mekong, an dem Burma, Laos und Thailand zusammentreffen, zum Goldenen Dreieck, einem der größten Drogenanbaugebiete der Welt. Unter dem Schutz von Drogenbaronen und Armeen von bis zu 25 000 Mann stieg die Produktion von Opium in diesem Gebiet in den 1990er-Jahren auf jährlich 2500 Tonnen.

Zurzeit kontrollieren drei verschiedene Armeen den Handel. Sie haben mit der Regierung Burmas einen Waffenstillstand abgeschlossen, können ihre Geschäfte ungestört betreiben und auch an die Erweiterung ihrer Produktepalette denken. Neben Opium und Heroin werden nun Metamphetamine hergestellt, Tabletten, die in großen Mengen nach Thailand und China geschmuggelt werden, wo sie vor allem bei Jugendlichen Absatz finden.

terra magica

Die Völker Burmas
Eine harte Nuss für Ethnologen

So sehr sich die Landschaften Burmas voneinander unterscheiden, so unterschiedlich sind auch die Menschen, die sie bewohnen. Ob in den zerklüfteten, kaum zugänglichen Tälern der Hochgebirge, in den undurchdringlichen, dampfenden Dschungeln, den fruchtbaren Ebenen oder den schnell wachsenden Großstädten, überall leben Menschen der verschiedensten Herkunft. Sie sprechen ihre eigenen Sprachen und haben ihre jahrhundertealten Traditionen in die Gegenwart herübergerettet. So kommt es, dass die verschiedenen Lebensformen der Völker Burmas erscheinen wie ein komprimierter Abriss der menschlichen Entwicklungsgeschichte: Während das eine Volk noch in nahezu urgeschichtlicher Einfachheit in stiller Übereinkunft mit den Elementen und den unbekannten Mächten lebt, mit Ochsenkarren über staubige Wege fährt und das Essen über offenem Feuer kocht, ist das andere in modernen Autos unterwegs und surft im Internet.

Das bunte Völkergemisch lässt das Herz jedes Ethnologen höher schlagen. Aber es zeigt zugleich auch die Grenzen dieser Wissenschaft. Bisher ist es nicht gelungen, eine genaue Zahl der ethnischen Gruppen Burmas festzulegen. Die Briten, die ihre sommersprossigen Nasen natürlich auch in dieses Thema steckten, kamen auf keinen grünen Zweig, listeten aber 242 verschiedene Idiome auf. 1964 ergab eine Zählung 67 ethnische Gruppen. Heute nennt die offizielle Statistik 135 Volksgruppen. Unbestritten ist, dass alle diese Ethnien im Lauf der Jahrhunderte aus dem Norden, aus Zentralchina oder dem Himalayagebiet, eingewandert sind. Die größte Bevölkerungsgruppe sind die Burmesen im zentralen Tiefland, die über zwei Drittel der Gesamtbevölkerung stellen, dann kommen die Arakanesen und Chin im Westen, die Kachin im Norden, die Shan, Karen und Kayah im Osten und Nordosten und die assimilierten Mon im Süden. Ihre Sprachen lassen sich in vier Hauptgruppen unterteilen, in die tibeto-burmanische Sprachgruppe der Bamar, Arakanesen, Kachin und Chin, die Mon-Khmer-Gruppe der Mon, Wa und Palaung, die Sino-Tai-Gruppe der Shan und die Karen-Gruppe der Kayin- und Kayah-Völker.

Die Burmesen

Wenn es irgendwo zwischen Rangun und Mandalay höchst melodisch zwitschert, dann erzählen sich zwei Burmesen gerade die letzten Neuigkeiten. Was in den Ohren Außenstehender so angenehm klingt, hat grammatikalische Ursachen: Das Burmesische, das mit keiner Sprache der Nachbarvölker verwandt ist und dessen Alphabet aus elf Vokalen und 32 Konsonanten besteht, ist eine aus einsilbigen und unveränderlichen Wortelementen aufgebaute Tonsprache. Jede Silbe kann in vier verschiedenen Tonstufen ausgesprochen werden. Je nachdem, ob sie hoch gepiepst oder tief gebrummt wird, hat sie eine andere Bedeutung.

Die Burmesen leben hauptsächlich in Zentralburma zwischen Mandalay und Rangun. 70 Prozent sind Bauern,

Bilder rechts
Leute des Shan-Volkes. Kinder der Khun, einer Untergruppe der Shan

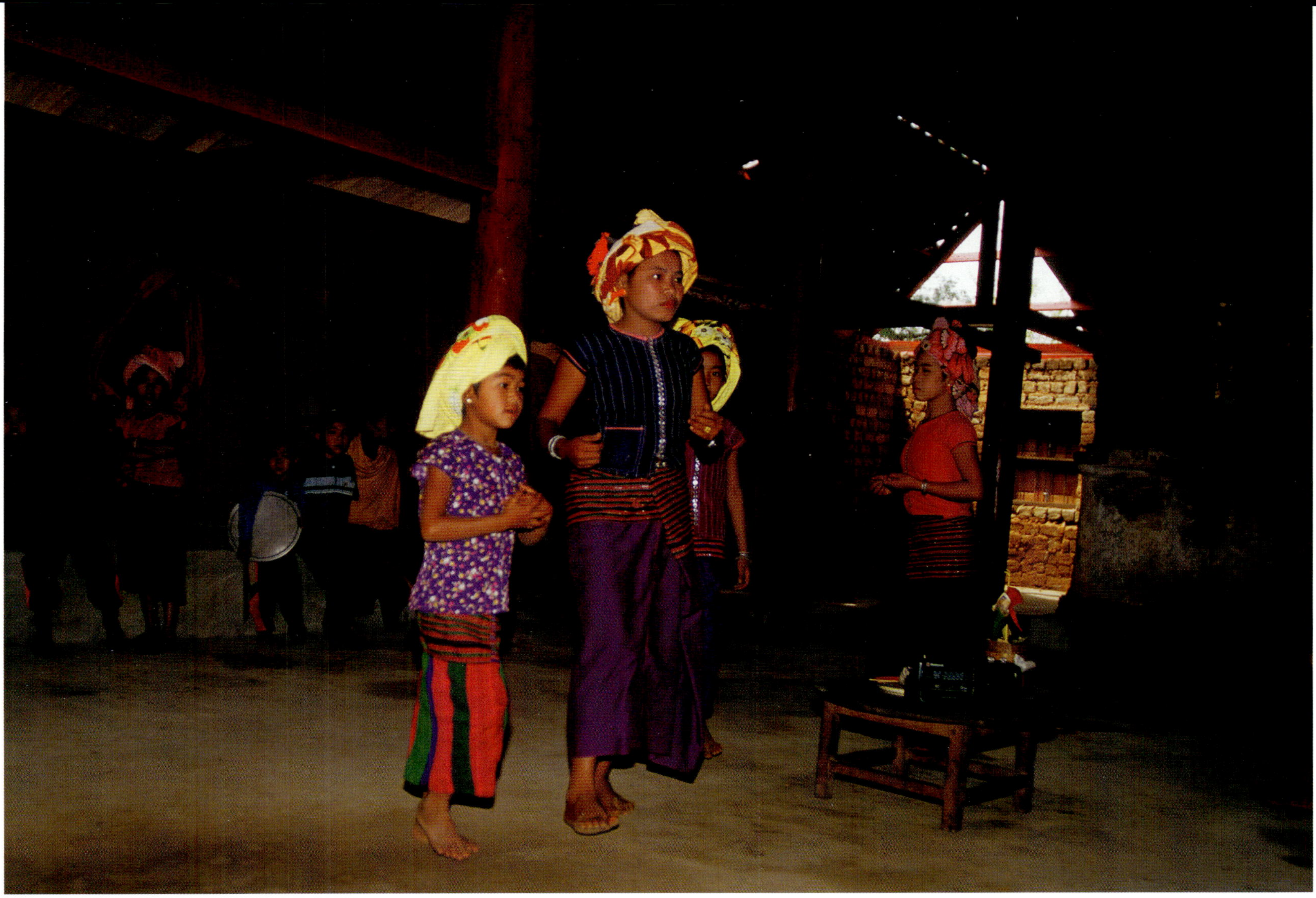

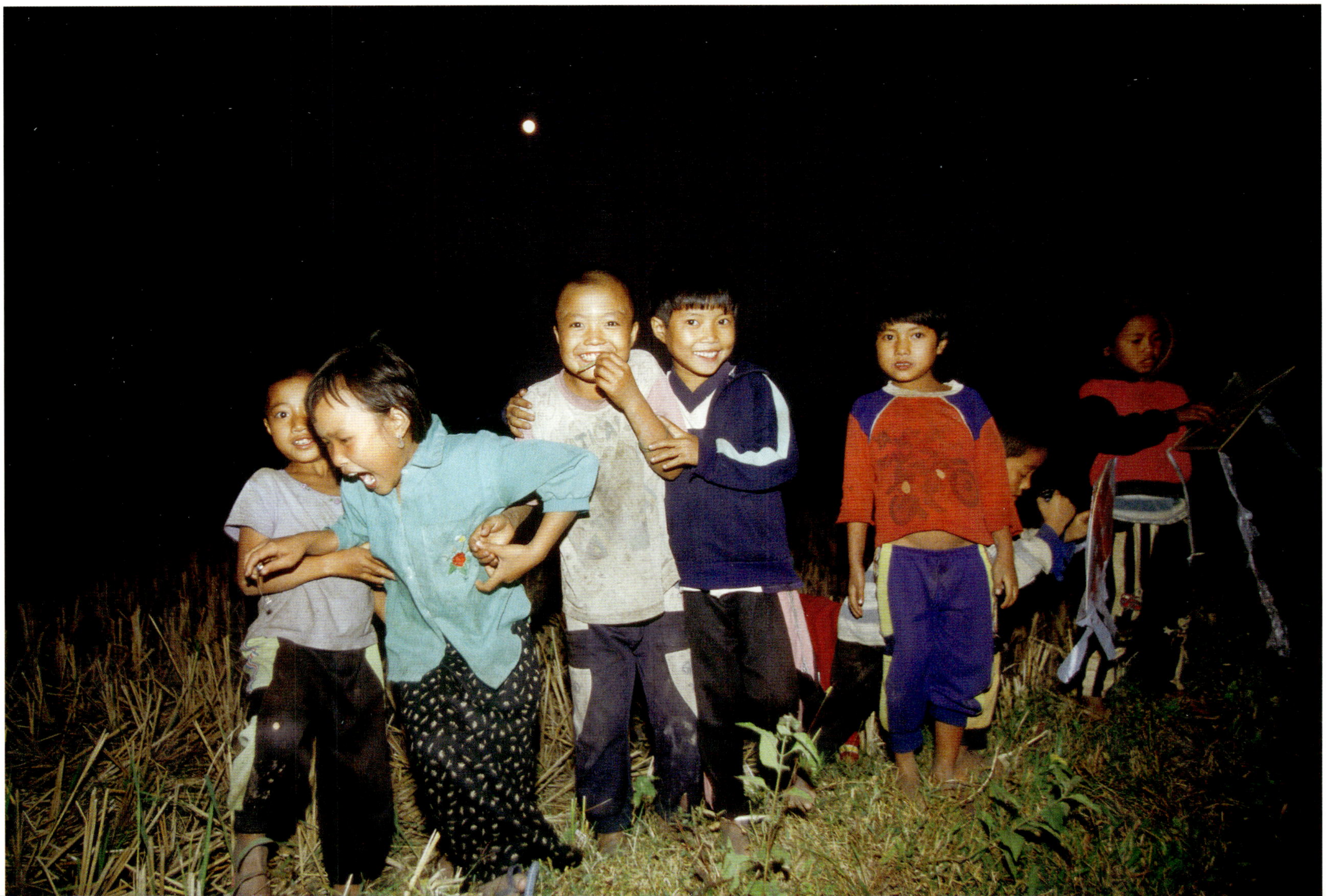

bewohnen strohgedeckte Pfahlbauten und betreiben Nassreisfeldbau. Die Männer tragen nach wie vor ihre Nationaltracht, den *longyi*. Er besteht aus einem einen Meter breiten Tuch, das an den Rändern zusammengenäht ist. Es wird um die Hüften geschlungen und vorne kunstvoll verknotet. Die Frauen verwenden den *longyi* ebenfalls, sie verknoten ihn allerdings seitlich – und tragen als Oberteil den *eingyi*, eine dünne Bluse. Als Make-up streichen sich die Frauen *tanaka*, eine gelbe Paste, ins Gesicht. Und ins Haar stecken sie sich gerne Kämme und Blüten.

Die Burmesen stellen auch in den Städten die Mehrheit der Bevölkerung. So gut wie alle wichtigen Schlüsselpositionen und Ämter sind in ihrer Hand, sie dominieren die Wirtschaft und die Kultur. Auch unter der Militärregierung sind es die Burmesen, die in höchsten Ämtern das Sagen haben – das macht sie den anderen Volksgruppen suspekt.

Die Shan

Die Vorfahren der rund vier Millionen stolzen Shan oder «Tai» (sic!) wanderten vor über tausend Jahren in die Täler und Hochebenen des Shan-Plateaus ein. Das Gebiet, in dem heute rund 35 verschiedene Volksgruppen zusammenleben, war lange in kleine und große Fürstentümer eingeteilt, die von *sawbwas*, Prinzen, regiert wurden. Einer Legende nach stammen die Shan von den Brüdern Khun Ku und Khun Lai ab, die einst über eine goldene Leiter vom Himmel herabstiegen. Daher wurden die Sawbwas «Himmlische Prinzen» genannt.

Die Tai- oder Shan-Gesellschaft wird bis heute von Männern dominiert. Frauen haben bescheiden und zurückhaltend aufzutreten, beim Lachen eine Hand über den Mund zu legen und die Männer bei ihren abendlichen Vergnügungen wie Kartenspiel und Musizieren unter sich zu lassen. Sie beschränken sich auf den Haushalt und die Kinder. Sie haben vor dem Mann aufzustehen und nach ihm ins Bett zu gehen. Wenn es ihre finanzielle Situation erlaubt, leben die Shan in sehr hübschen, von bunten Blumengärten umgebenen Holzhäusern. Sie sind gastfreundlich, lassen einen Besucher nicht wieder gehen, bevor er sich nicht satt gegessen hat, und sind generell gutmütig, heiter und mitfühlend. Auf ihrem Hochplateau führten sie lange ein abgeschlossenes Leben, die Wege hinunter ins heiße, flache Land der Burmesen waren für sie mühsam. Erst mit den Briten kamen Ausländer in die Shan-Berge und brachten, ganz nebenbei, auch europäische Blumen und Gemüsesorten mit.

Zu den kleineren Volksgruppen, die im Shan-Gebiet leben, zählen neben den Lisu, den Wa und den Kokang auch die Palaung und die Akha. Die Palaung dekorieren ihre Zähne gerne mit Gold und lieben farbenprächtige Kleidung. Die Tracht der Frauen besteht aus einem Sarong in kräftigem Rot, einer blauen Jacke mit roten Streifen und einem breiten Silberreif um die Hüfte. Berühmt sind sie für eine besondere Fertigkeit: Sie rollen die großen Tanatep-Blätter zu den gigantischen *cheroot*-Zigarren, die in Burma fast zu den Grundnahrungsmitteln zählen.

Pittoresk und farbenprächtig, wie ein Relikt aus ferner Urzeit, so erscheint der Bergstamm der Akha. Die Frauen tragen Kopfbedeckungen mit Silberschmuck aus Knöpfen, Kugeln und Münzen. Und eine Tracht, die aus Jacke, Brusttuch, Rock, Schärpe und Gamaschen besteht. Die Grundfarbe ist schwarz oder indigoblau. Und verziert wird das Ganze mit bunten Stoffstreifen oder Stickereien. Die Akhas errichten ihre Dörfer gerne auf Bergkämmen. Ihre Häuser stehen auf Pfählen, das mit Gras bedeckte, weit herunterreichende Dach schützt die offenen Veranden vor dem Haus.

Bilder rechts
Akha-Frauen und Geisterfänger-Gebälk bei einem Dorfeingang der Akha

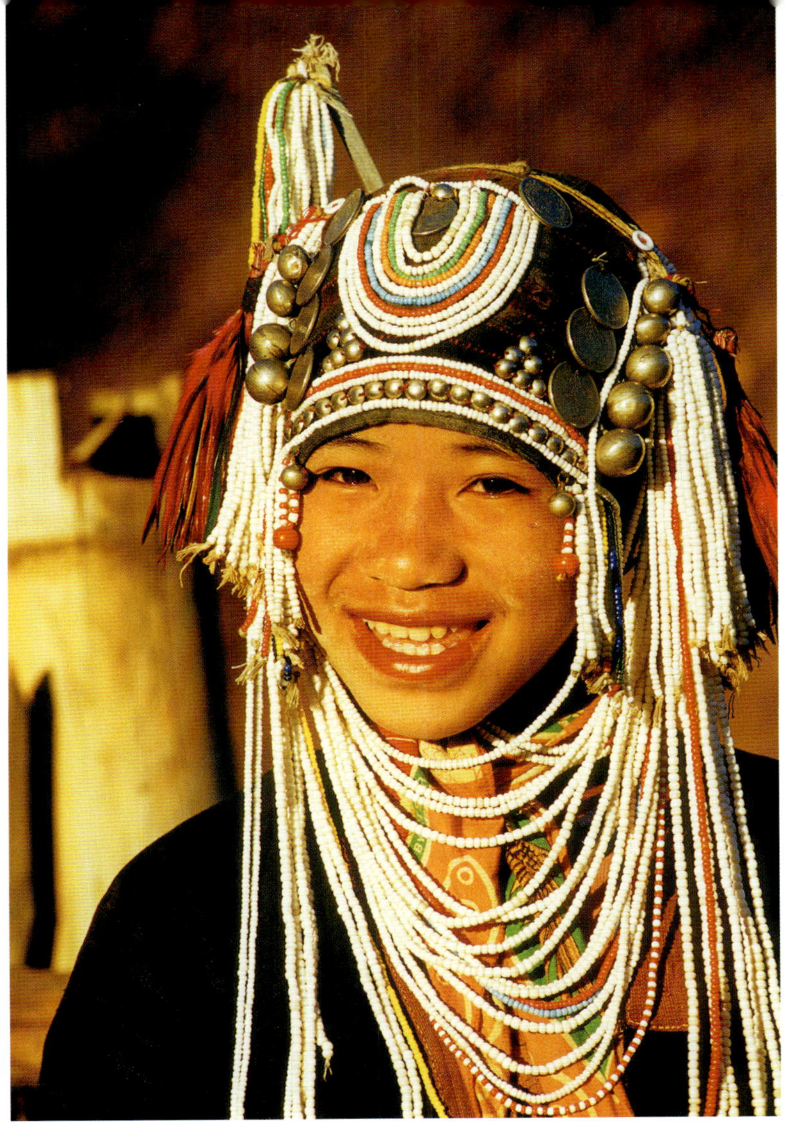

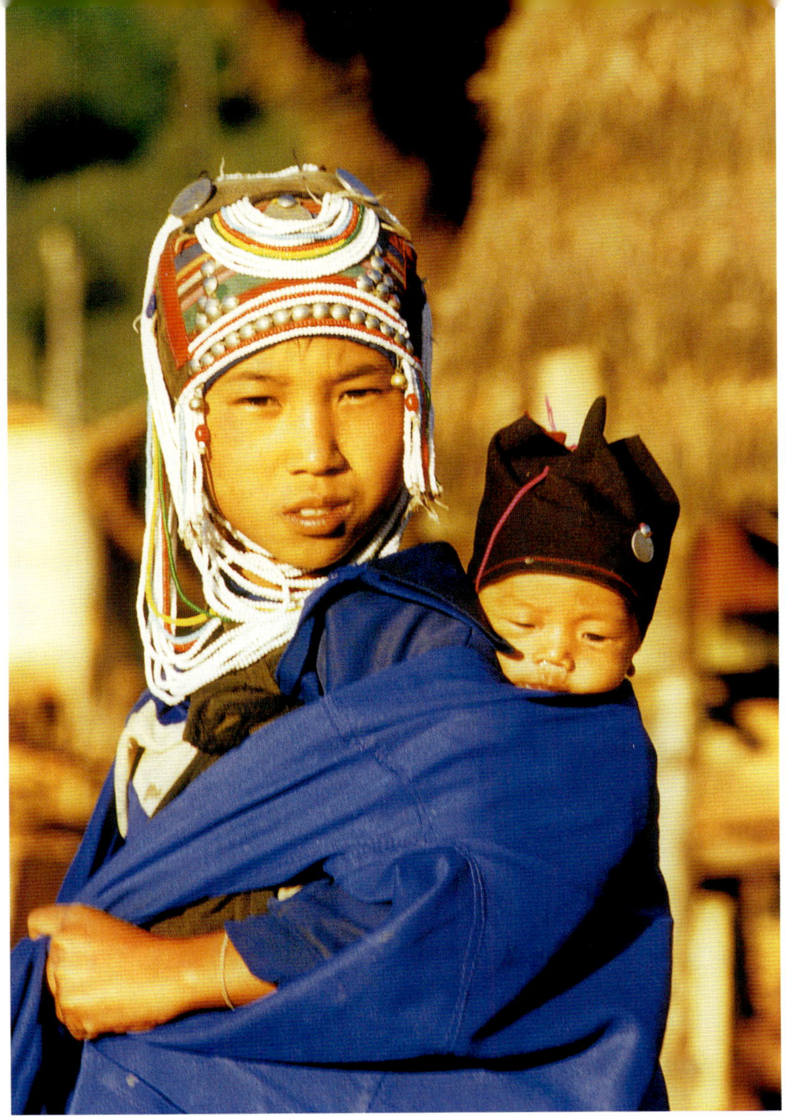

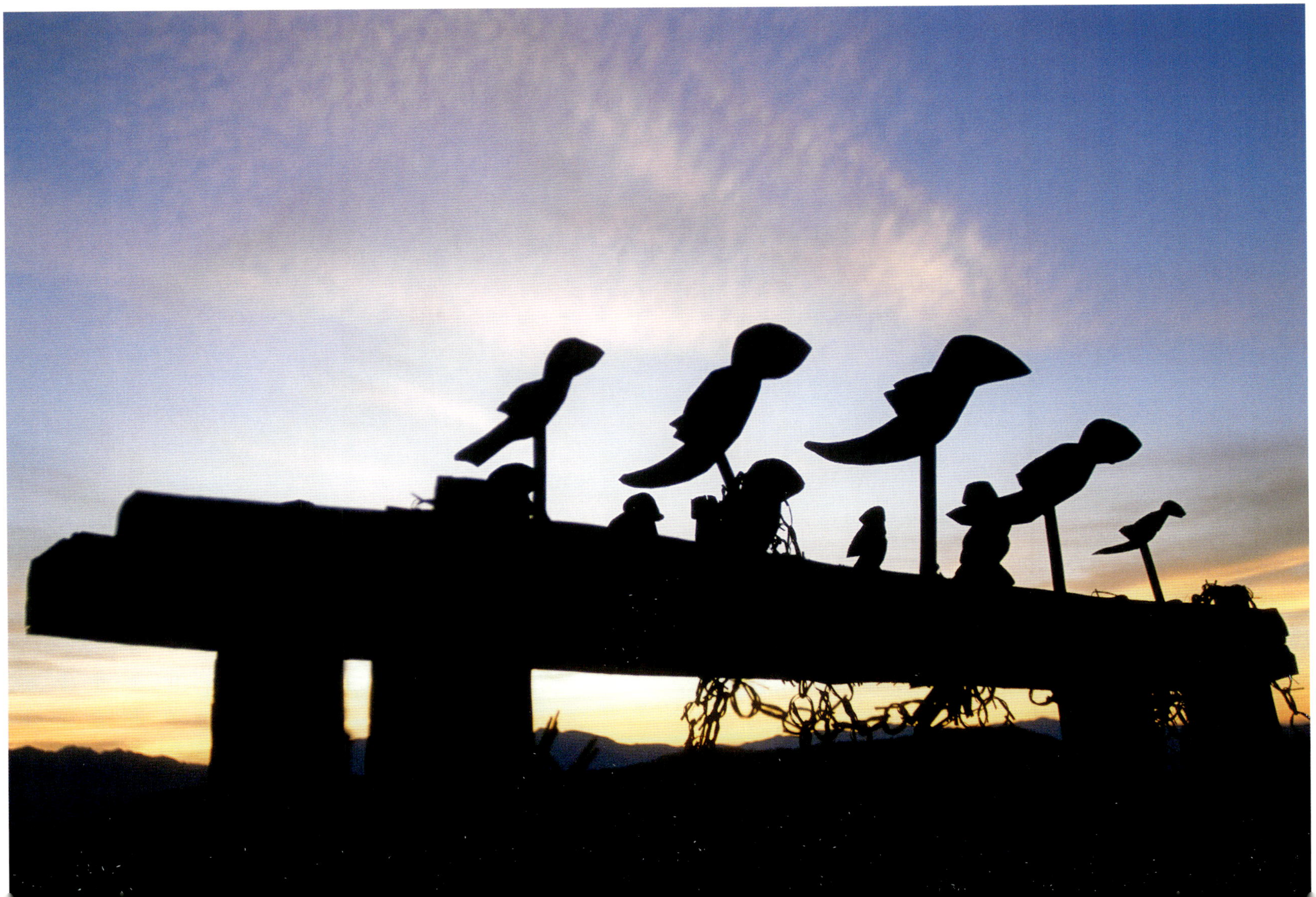

Ein auffallendes Merkmal der Akha-Dörfer sind die Dorftore an den Zugangswegen. Diese «Geistertore» bilden eine symbolische Grenze gegen alles Böse. Und wenn sie ihre Aufgabe nicht genügend erfüllen, dann hilft den Akhas immer noch die Geisterbeschwörung.

Die Kachin

Die rund 600 000 Kachin leben im Norden Burmas im flächenmäßig zweitgrößten Unionsstaat. Wie bei allen Stämmen gibt es auch bei ihnen eine Unzahl von ethnischen Untergruppen mit eigenen Sprachen, die größte bezeichnet sich selbst als *jinghpaw*, das heißt zu Deutsch «Mensch». Von allen Völkern Burmas leisteten die Kachin den britischen Besatzern am längsten Widerstand. Sie hielten auch lange an ihren Naturreligionen fest, Buddhismus, Hinduismus und Christentum kamen bei ihnen nicht an. Erst in den letzten Jahrzehnten bewirkte eine intensive Missionarstätigkeit, dass die meisten Kachin Christen wurden. Das ist in ihren Dörfern auch nicht zu übersehen, denn so gut wie überall gibt es Dorfkirchen und Kreuze über den Türeingängen. Dass sie daneben Animismus und schamanische Praktiken betreiben, ist eine andere Sache. Ebenso wie die Erbfolge: Bei den Kachin tritt immer der jüngste Sohn das Erbe an.

Die Karen (Kayin)

Die Karen sind mit 2,2 Millionen die drittgrößte Bevölkerungsgruppe Burmas. Sie leben in Niederburma und an der Grenze zu Thailand und sind in ständige Auseinandersetzungen mit der Regierung verwickelt, weil sie einen unabhängigen Karen-Staat anstreben. Zu den vorwiegend christlichen Karen zählen unter anderen die Volksgruppen der Pwo, der Sgaw, der Pa-O, der Paku («weiße Karen»), der Kayah, die wegen ihrer Vorliebe für rote Kleidung und rote Tätowirungen «rote Karen» genannt werden, und Karennet («schwarze Karen»). Interessant ist, dass die Karen-Sprache mit keiner anderen Sprache der Welt direkt verwandt ist.

Ob eine Karen-Frau noch zu haben ist, lässt sich leicht an ihrer Kleidung feststellen. Trägt sie Weiß, ist sie ledig, trägt sie Rot oder Schwarz, ist sie verheiratet. Das erleichtert das Leben – und vermindert unglückliche Liebschaften mit Verheirateten. Was bei dem kriegerischen und als humorlos berüchtigten Volk nicht unbedingt von Nachteil ist.

Die Pa-O werden von den Burmesen *taungthu*, «Bergmenschen», genannt, rund 200 000 von ihnen leben im südlichen Shan-Staat um den Inle-See. Einer Theorie nach stammen sie aus Thaton und sind nach Anawrahtas Sieg in den Norden vertrieben worden. In ihren Dörfern um Taunggyi und Kalaw stehen oft schöne, alte Holzklöster. Zu erkennen sind die Pa-O immer leicht: Die Männer tragen schwarze Kleidung, hüftlange Hemden oder auch Schärpen mit roten oder blauen Streifen und dazu weite Hosen, die Frauen dunkelblaue oder schwarze Jacken und dazu Wickelröcke, wenn sie verheiratet, und lange Kutten, wenn sie ledig sind. Als Kopfbedeckung wickeln sich die Pa-O leuchtend bunte Tücher ums Haupt – besonders beliebt sind für diese Turbane Frotteehandtücher. Die Pa-O machen gute Geschäfte mit Rauchern: Sie leben vom Anbau und der Verarbeitung der Tanatep-Blätter des Cordiabaumes, die als Deckblatt für die Cheroot-Zigarren verwendet werden.

Bilder rechts und nächste beiden Seiten
- **Arbeits- und Dorfleben sowie Trachten des Palaung-Volkes**
- **Besuch bei den La (Alakha), einer Untergruppe des Wa-Volkes**
- **So leben die Wa draußen und drinnen**

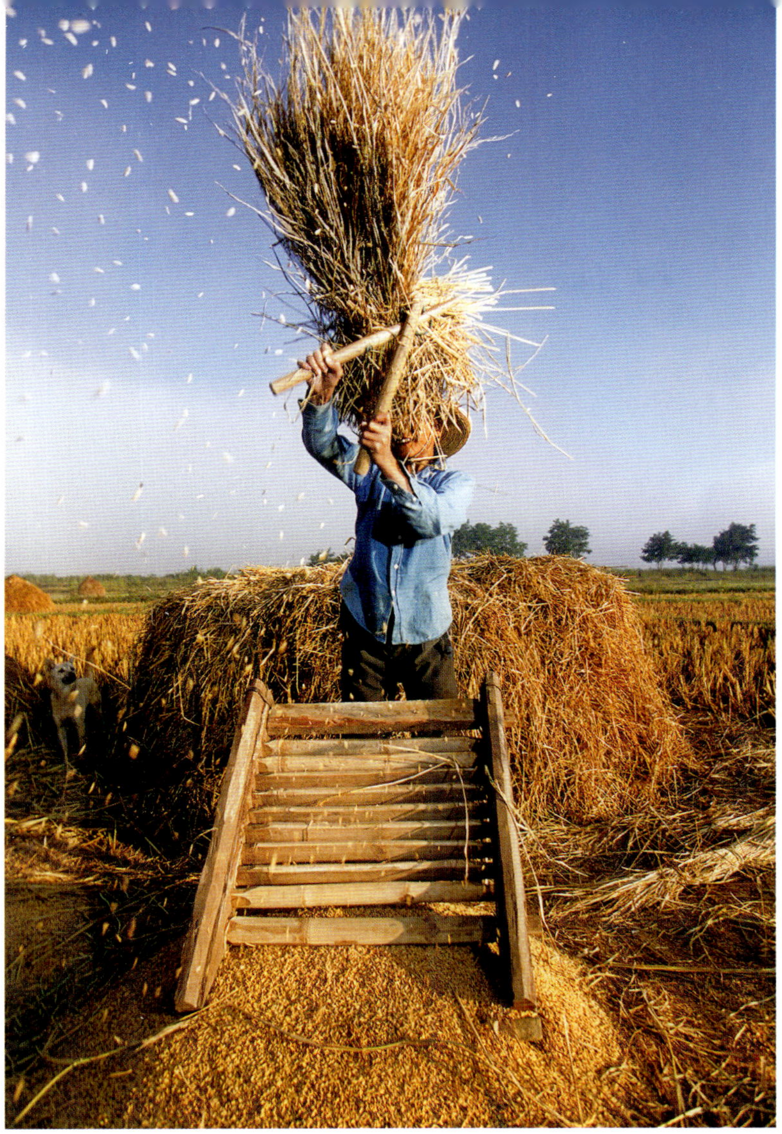
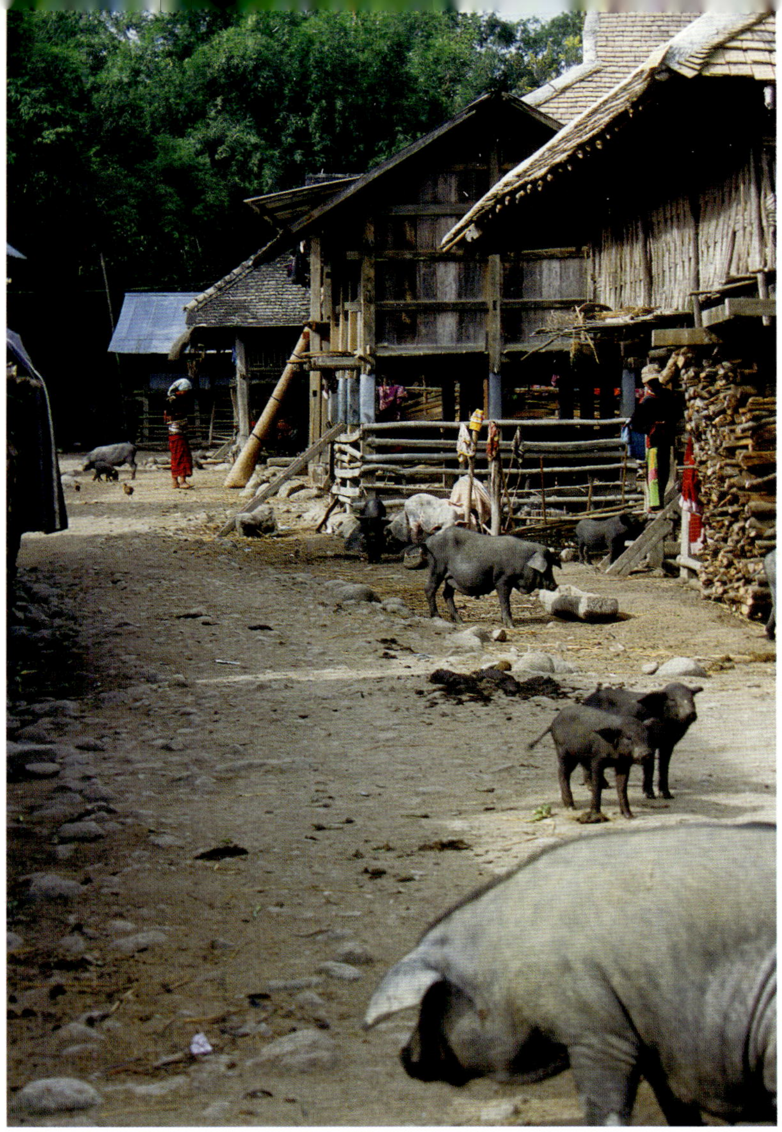
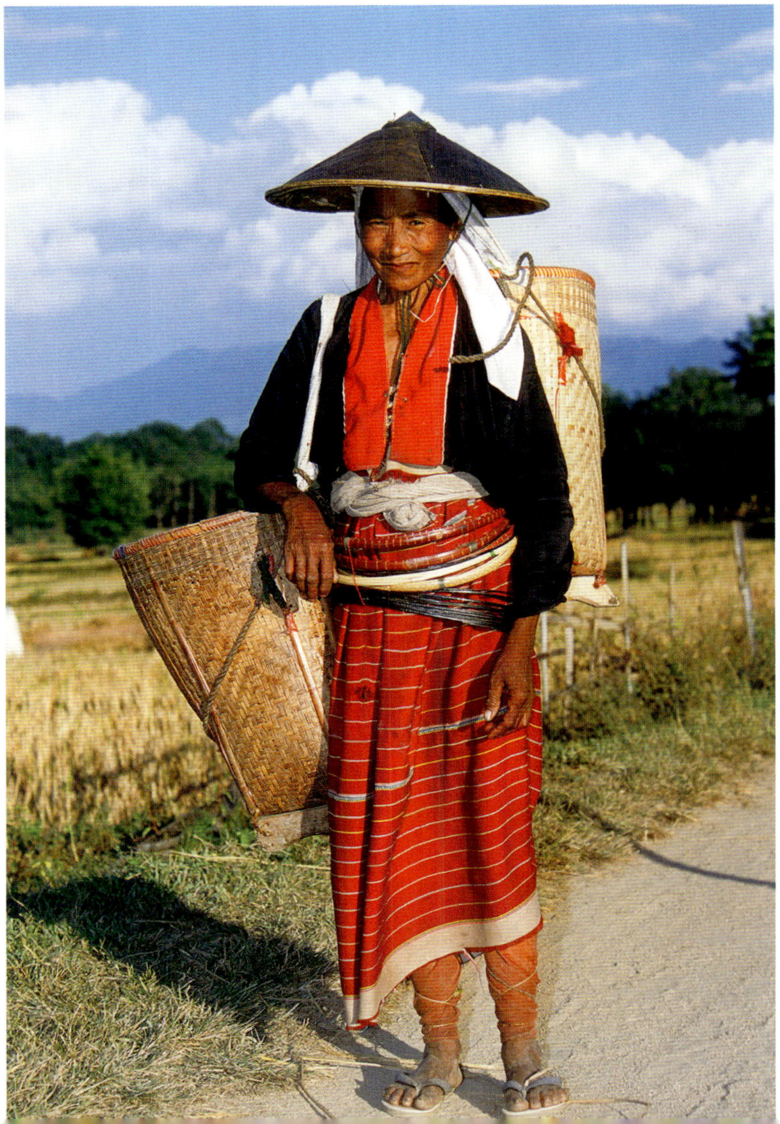
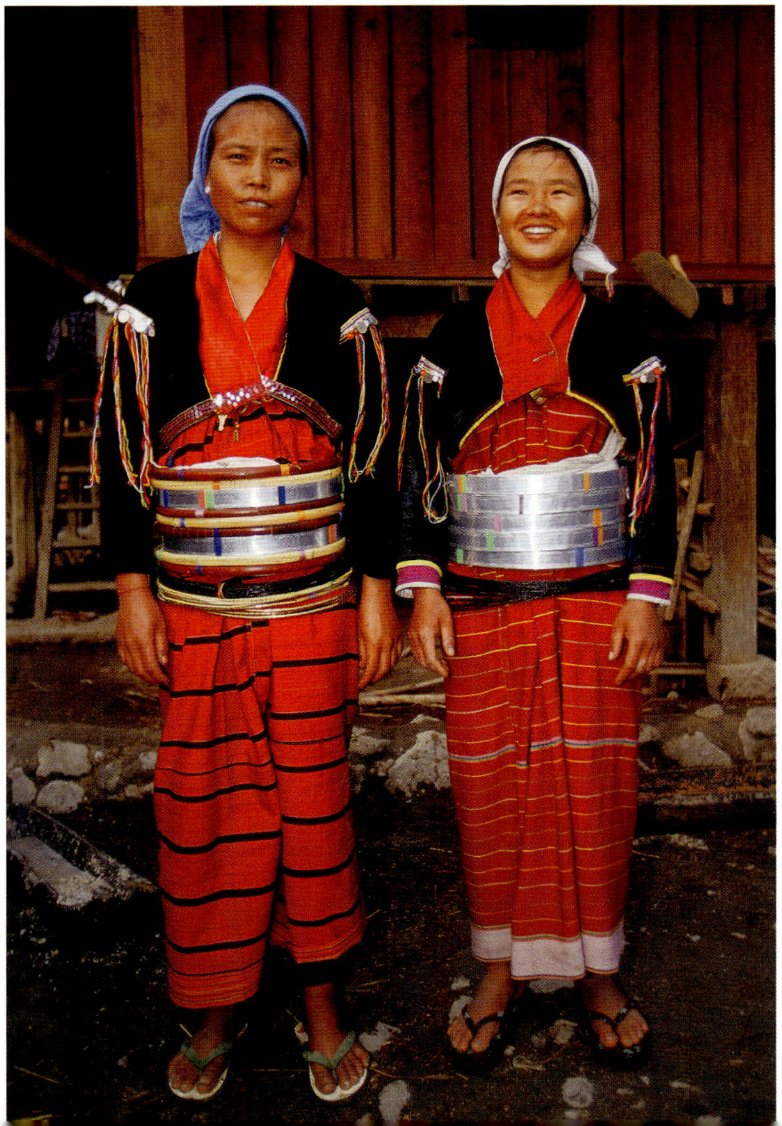

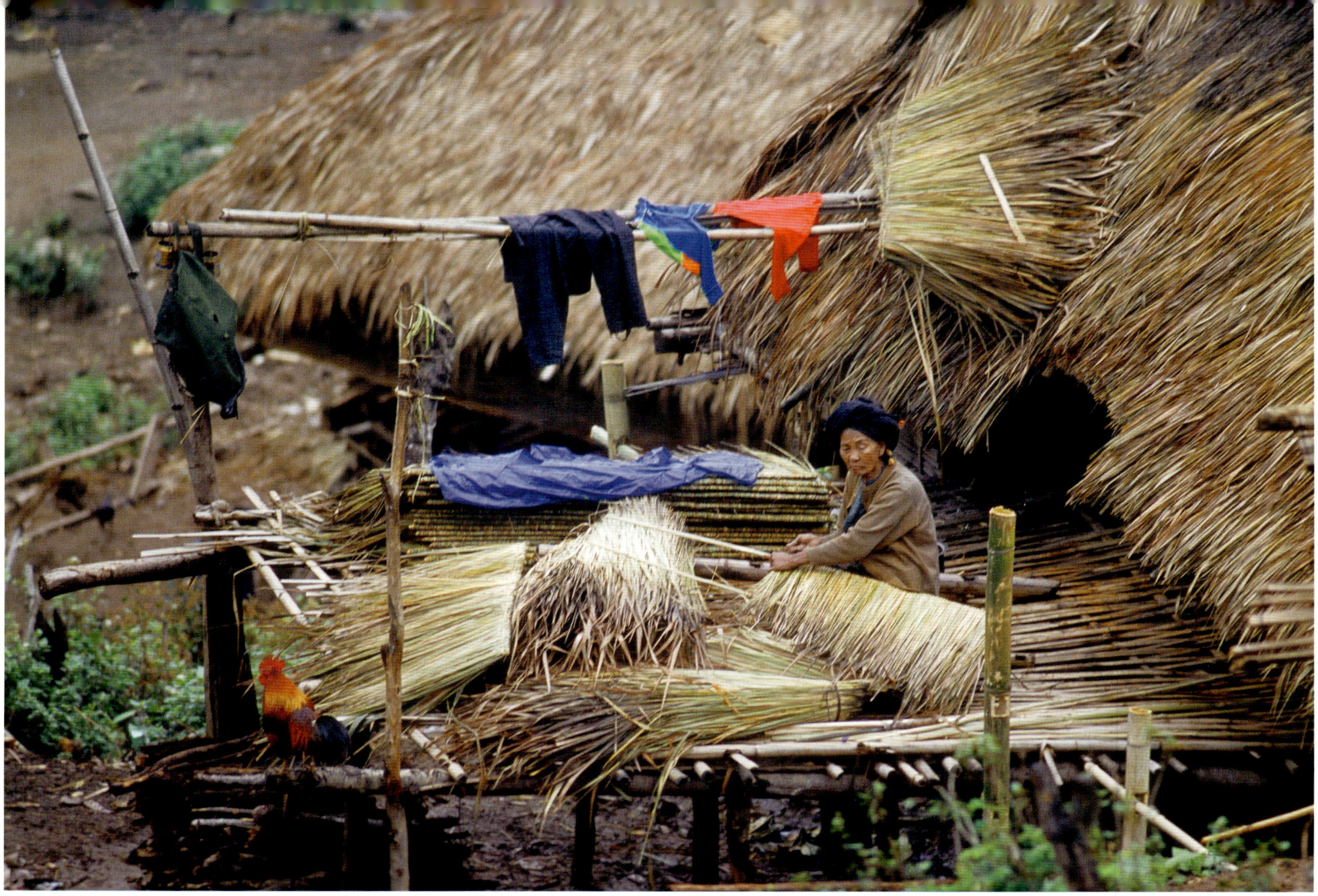

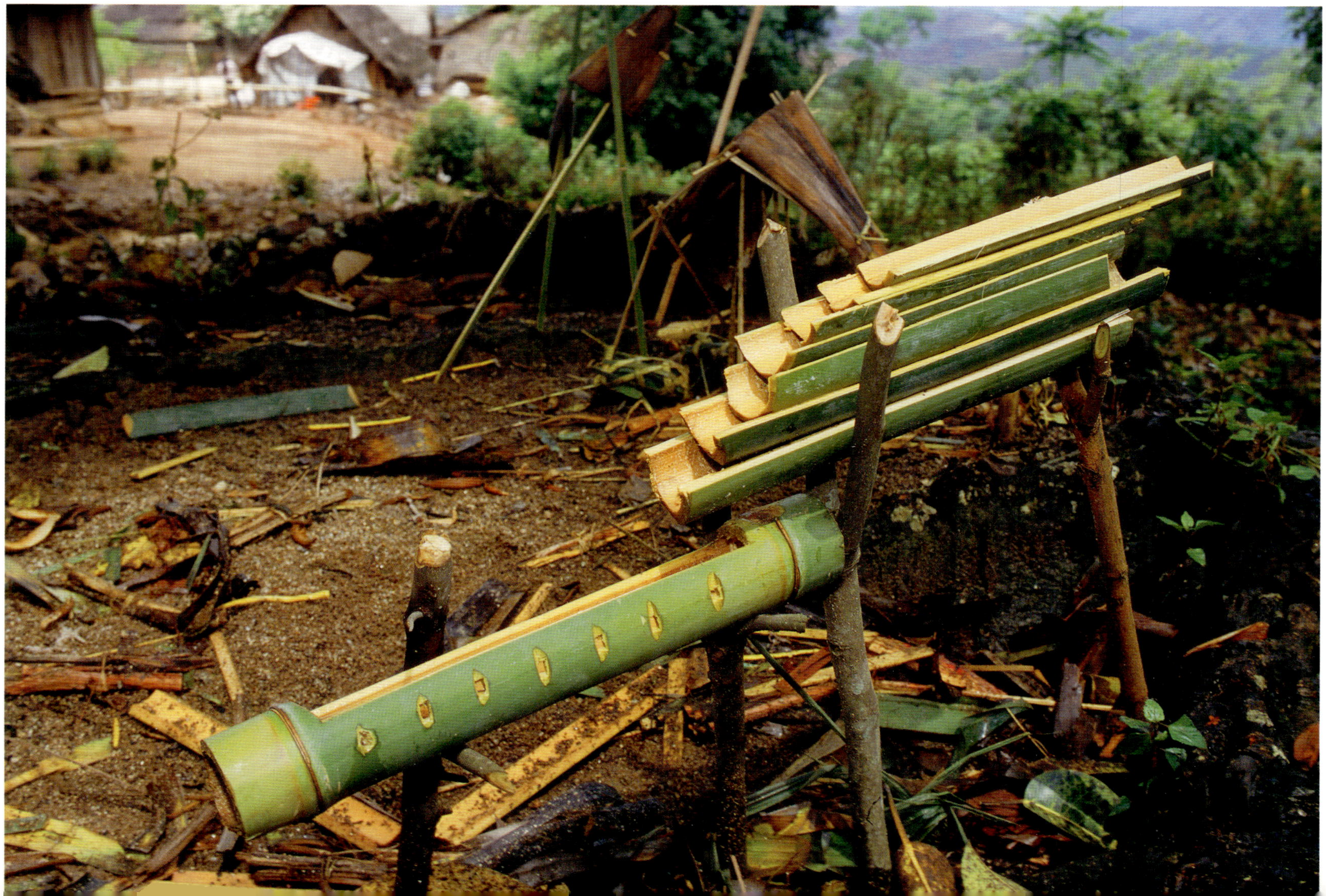

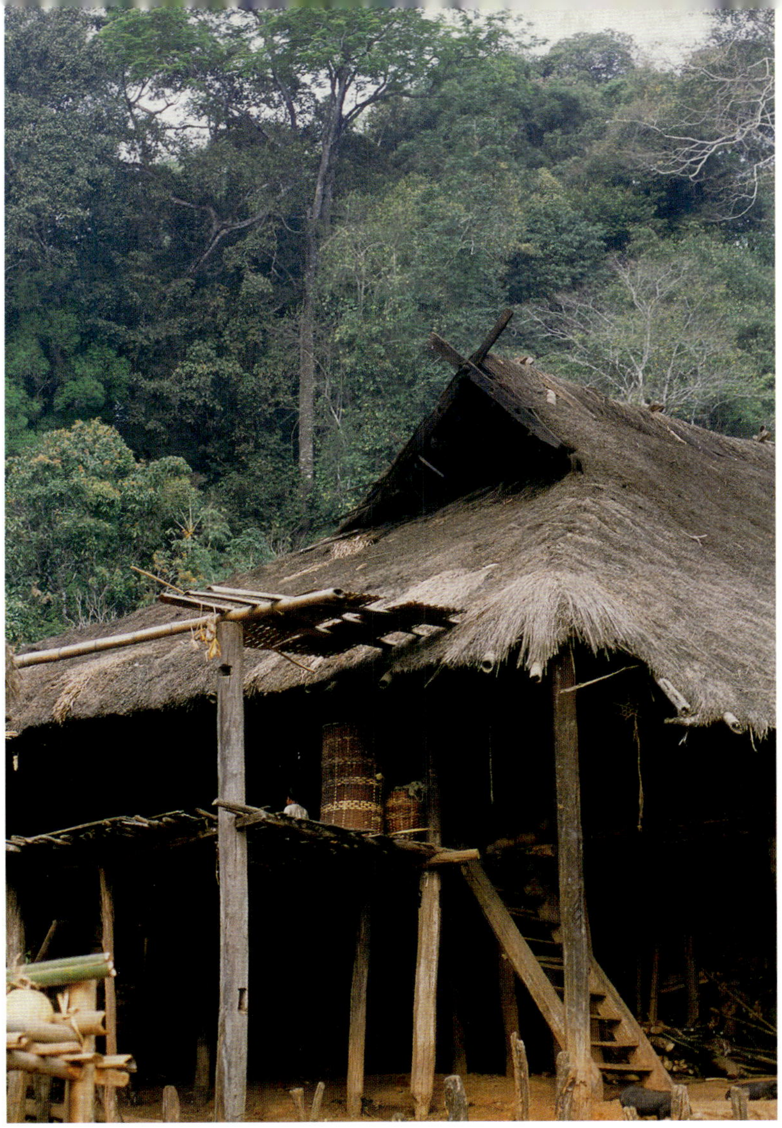

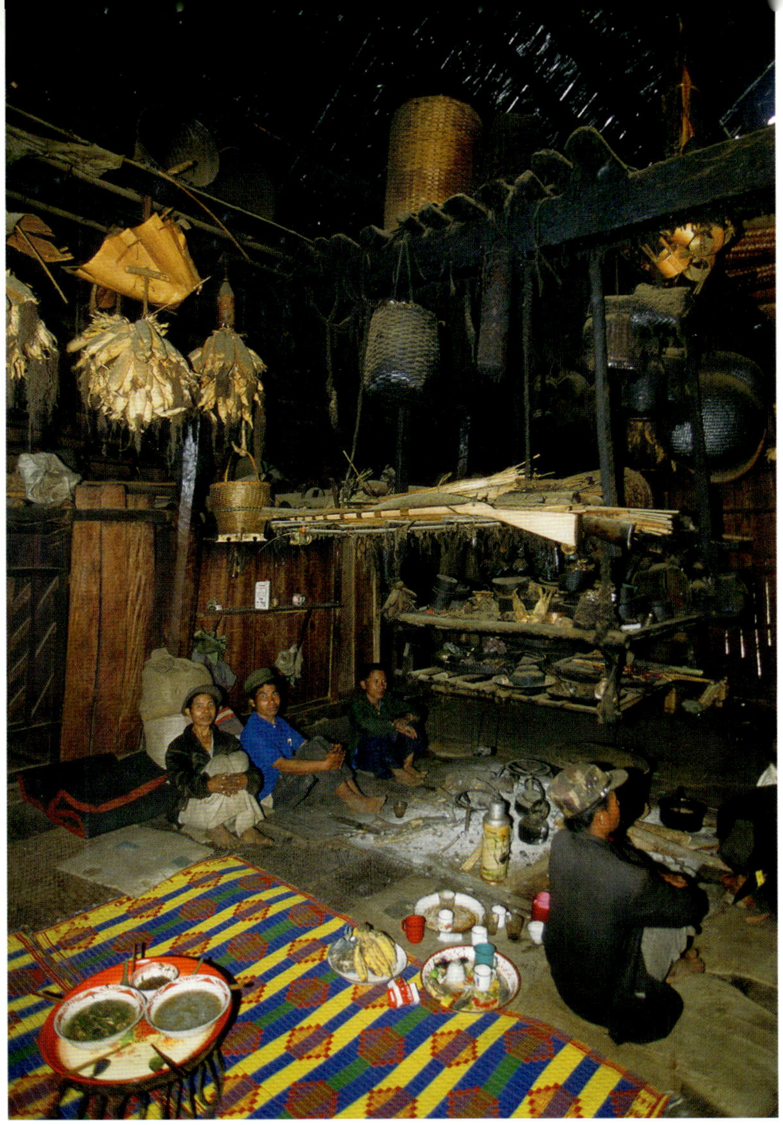

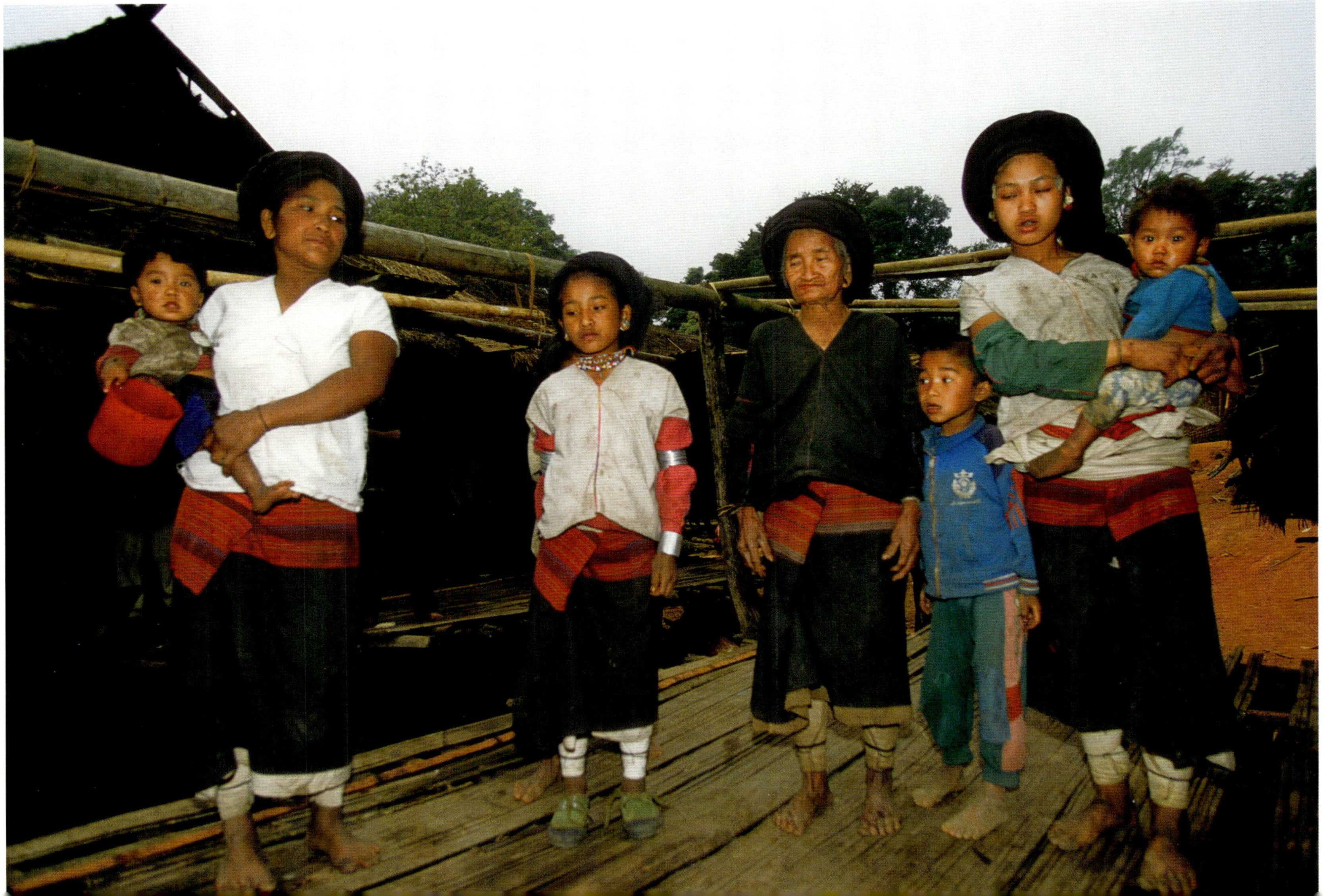

Kwe-Familie. Die Kwe sind eine Untergruppe des Lahu-Volkes

Eines der ungewöhnlichsten Völker Südostasiens sind die rund 7000 Padaung. Das *pa* dieses Namens bedeutet «drumherum» und *daung* heißt «glänzendes Metall». Gemeint sind damit die Messingringe, die die Padaung-Frauen um ihren Hals tragen und die sie zu «Giraffenhalsfrauen» machen. Früher wurden den Mädchen die ersten Ringe schon im Alter von fünf Jahren umgelegt, und zwar im Rahmen einer Zeremonie, die von einem Dorfschamanen per Horoskop und astronomischen Berechnungen an einem bestimmten Tag festgelegt wurde. Später folgte jedes Jahr ein weiterer Ring. Bei erwachsenen Frauen betrug das Gewicht der Messingringe bis zu neun Kilo. Ihr Hals kann bis zu 20 Zentimeter lang sein.

Eine der Erklärungen für diesen seltsamen Halsschmuck lautet, dass sich die Padaung als Nachkommen von Schlangen- und Drachengeistern sehen. Um dies auch visuell auszudrücken, wurde irgendwann einmal damit angefangen, die Hälse der Frauen mit Ringen zu dehnen. Ob es stimmt? Möglich. Möglich aber auch, dass die Ringe die Frauen vor Tigerbissen schützen sollten. Oder, was am wahrscheinlichsten ist, dass die Padaung lange Hälse einfach schön fanden. So oder so: Die Regierung hat diesen Brauch verboten, praktiziert wird er trotzdem.

Die Chin und die Naga
Nasenflöten und Frauen oben ohne

In den Bergen im Nordwesten von Burma und im nördlichen Arakan leben 1,5 Millionen Chin, deren rund 40 Untergruppen sich in Sprache, Kultur und Kleidung stark unterscheiden. Gemeinsam ist ihnen, dass sie ihr unwegsa-

Männer des Pa-O-Volkes

Tanz am Festival der Lahu

mes Gebiet nur mit Terrassenfeldern bewirtschaften und kaum Viehzucht betreiben können.

Die Dörfer der nördlichen und zentralen Chin umfassen bis zu 500 Häuser. Dem Dorf steht der Stammeschef vor, der diese Aufgabe später an seinen Sohn weitervererbt. Die Dörfer im Süden sind kleiner, sie bestehen oft nur aus 15 bis 20 Höfen. In der Umgebung der Stadt Mindat stößt man immer wieder auf steinerne Tische und Y-förmige hölzerne Pfosten. Sie werden als Zeremonialplätze für rituelle Schlachtungen verwendet.

Viele Chin-Frauen sind tätowiert. Die Muster variieren bei den einzelnen Stämmen. Munn-Frauen zum Beispiel haben eine Linie aus kleinen Kreisen um den Hals und Halbmonde auf den Wangen. Dine-Frauen haben über das ganze Gesicht verteilt Punkte tätowiert, andere wieder spinnennetzartige Muster. Bei den Chin hat sich eine eigenwillige Art der Brautwerbung erhalten: Junge Männer werben um ihre Mädchen durch Spielen auf einer Nasenflöte. Flötet das Mädchen zurück, ist es mit der Hochzeit einverstanden.

An der Grenze zu Indien leben rund 100 000 Naga, ein Stamm, dessen Herkunft und Geschichte weitgehend unerforscht ist. Abgesehen vom Lendenschurz sind die Naga fast nackt. Die Tätowierungen der Männer geben Auskunft über Dorf und Clan. In animistischen Dörfern gehen die Frauen oben ohne und und sind von Kindheit an tätowiert. Die Naga waren lange Zeit Kopfjäger. Die Gründe dafür waren entweder, dass ein Familienmitglied entehrt wurde oder dass man ein Geschenk für die Götter brauchte. Menschenfresser aber waren die Naga nie, sie betrieben lediglich rituellen Kannibalismus. Inzwischen ist der Besuch ihres Gebietes nicht mehr gefährlich, die Nagas praktizieren ihre alten Riten nicht mehr.

terra magica

Berühmte Persönlichkeiten

Es sind nicht viele Burmesen, die internationale Anerkennung fanden. Aber immerhin, Burma kann sich rühmen, einen Uno-Generalsekretär und eine Friedensnobelpreisträgerin hervorgebracht zu haben. Und im Shan-Gebiet gab es überdies eine aus Österreich stammende Fürstin.

U Thant, der dritte Generalsekretär der Vereinten Nationen

Der Linksscheitel wie mit dem Lineal gezogen, das Gesicht glatt und so gut wie nie durch ein Mienenspiel verzogen, die Brille groß und schmucklos: U Thant wirkte immer überkorrekt und bestimmt, ohne allzu große Höflichkeit. Er war kein großer Rhetoriker, er zeigte nie Gefühlsausbrüche, aber er war allgegenwärtig. In den zehn Jahren von 1961 bis 1971 verging auf der ganzen Welt kaum ein Tag, an dem der aus Burma stammende Uno-Generalsekretär nicht in den Nachrichten vorgekommen wäre. Den Namen U Thant kannte jedes Kind. Und hielt das U für seinen Vornamen. Dass er eigentlich Sithu hieß, wusste kaum jemand. Wie auch sonst nur wenig Persönliches von ihm in die Öffentlichkeit drang.

Sithu U Thant kam 1909 in Pantanaw in der Provinz Irrawaddy zur Welt, als Sohn eines Großgrundbesitzers. Schon früh interessierte er sich für Politik, schloss sich der Thakin-Bewegung an und kämpfte für Burmas Befreiung von den Briten. Als Burma die Unabhängigkeit erlangte, war es nur logisch, dass er in dem neuen Staat ein wichtiges Amt übernahm. Ministerpräsident U Nu machte ihn zuerst zum Pressesprecher, dann zum Informationsminister. 1957 ging U Thant als Uno-Botschafter Burmas nach New York. In den Jahren, in denen die Weltpolitik vor allem von zwei Themen bestimmt wurde, vom Kalten Krieg und von der Entkolonialisierung Afrikas, engagierte sich U Thant für die Probleme des schwarzen Kontinents – schließlich hatte er in seinem Heimatland Gelegenheit gehabt, Erfahrungen zu sammeln.

Der Grund dafür, dass seine Karriere völlig überraschend steil nach oben führte, hatte auch mit Afrika zu tun: Im September 1961 stürzte der damals amtierende Uno-Generalsekretär Dag Hammarskjöld auf dem Flug von Kinshasa im Kongo nach Sambia ab. Die Ursache des Unglücks wurde nie geklärt – Spekulationen aber gab es viele, denn Hammarskjöld hatte sich in der Kongokrise viele Feinde gemacht. Als interimistischer Nachfolger wurde überraschend U Thant gewählt. Seine Integrität und seine für einen Diplomaten oft ungewöhnliche Offenheit überzeugten rasch.

Und so wurde U Thant 1962, ausgerechnet in dem Jahr, in dem General Ne Win in Burma putschte, von der Uno-Vollversammlung zum Uno-Generalsekretär bestellt. Als oberster Anwalt des Friedens gelang es ihm, in der Kubakrise erfolgreich zu vermitteln. Auch die Beendigung der Kongokrise und der Zypern-Unruhen konnte er in seiner Bilanz als positiv verbuchen. Auf der Negativseite stand, dass die Uno im Vietnamkrieg nicht intervenieren konnte. Und dass sich Ägypten 1967 weigerte, die Genehmigung für den Aufenthalt der Uno-Truppen zu verlängern, was den Sechstagekrieg mit Israel auslöste.

U Thant schied 1971 aus dem Amt, sein Nachfolger war der Österreicher Kurt Waldheim. Nur drei Jahre später, 1974, starb U Thant in New York. Der Friedensnobelpreisträger Sri Chinmoy widmete ihm die Zeilen:

«Einfachheit war U Thants Leben.
Aufrichtigkeit war U Thants Verstand.
Reinheit war U Thants Herz.
Er näherte sich allem
Mit ruhiger und erleuchteter Würde.»

Die Militärregierung in Burma verweigerte U Thant ein offizielles Staatsbegräbnis. In der Folge kam es zu Massenprotesten und schweren Krawallen.

Aung San Suu Kyi

The Lady», wie sie in Burma liebevoll genannt wird, ist das Symbol des gewaltlosen Einsatzes für Demokratie und Menschenrechte. Geboren 1945 als Tochter des legendären Freiheitshelden Aung San, nahm sie diese Werte wahrscheinlich schon mit der Muttermilch auf. Allerdings nur zwei Jahre lang, denn 1947 fiel ihr Vater einem Attentat zum Opfer. Aung San Suu Kyi war von 1960 an fast 30 Jahre im Ausland. Zuerst folgte sie ihrer Mutter nach Indien, denn diese wurde mit dem Amt der Botschafterin von Burma betraut – als erste Frau. Als Ne Win die demokratische Regierung aufhob, war für sie klar, dass sie nicht nach Burma zurückkehren würde. Sie studierte zuerst in Indien Politologie, Geschichte und die Schriften Ghandis, der für sie immer ein Vorbild bleiben sollte. Später ging sie nach Oxford, studierte dort Wirtschaftswissenschaften und heiratete 1972 den an der Oxford University lehrenden Tibetologen Michael Aris. Sie bekam eine Anstellung bei der Uno in New York, wurde Mutter von zwei Söhnen und führte ein zwar engagiertes, in keiner Weise aber herausragendes Leben.

Bis ihre Mutter im März 1988 einen Schlaganfall erlitt und Aung San Suu Kyi nach Rangun zurückkehren musste, um sie zu pflegen. Dies war die Zeit der großen Protestbewegungen gegen die Militärdiktatur, als Hunderttausende

Platz bei der Shwedagon-Pagode in Rangun, auf dem Aung San Suu Kyi ihre große Rede für die Demokratie hielt

auf die Straße gingen. Im August 1988 hielt die charismatische Aung San Suu Kyi ihre erste Rede vor der Shwedagon-Pagode in Rangun, vor einer halben Million Menschen. Das machte sie mit einem Schlag zur Stimme der Demokratie. Und zur Spitze der Oppositionsbewegung. Noch im September 1988 gründete sie mit Freunden die National League for Democracy (NLD) und reiste durch das ganze Land, um für demokratische Reformen zu werben. Ihr Zulauf war gewaltig, denn in vielerlei Hinsicht sprach sie genau das aus, was viele dachten. Der Militärregierung war das natürlich ein Dorn im Auge. Gewaltsam gegen sie vorzugehen, kam nicht in Frage, denn das hätte sie zur Märtyrerin gemacht. Es gab aber eine Alternative.

Im Juli 1989 wurde Aung San Suu Kyi unter Hausarrest gestellt. Bei den Parlamentswahlen im folgenden Jahr errang die NLD 82 Prozent der Parlamentssitze, das war ein Erdrutschsieg – mit dem bedauerlichen Nachteil, dass ihn die Militärregierung nicht anerkannte. International fand Aung San Suu Kyi Anerkennung. Neben 45 anderen Ehrungen wurde sie 1991 mit dem Friedensnobelpreis ausgezeichnet. Bei der Regierung in ihrer Heimat stieß sie aber weiter auf keine Gegenliebe. Der Hausarrest wurde sechs Jahre aufrechterhalten. Die Zeit verging trotzdem nicht ungenützt. In diesen Jahren hielt sie vor ihrem Haus in der University Avenue wöchentliche Ansprachen, an denen oft bis zu 10 000 Menschen teilnahmen. Sobald der Hausarrest 1996 aufgehoben war, begann sie sofort damit, ihre Partei neu zu organisieren.

Der Hausarrest wurde in den folgenden Jahren bei Bedarf immer wieder neu verhängt. Und die Militärregierung zeigte sich auch sonst unbarmherzig: Als der in Oxford verbliebene Ehemann Michael Aris an Krebs erkrankte, wurde seiner Frau zwar die Ausreise aus Burma gestattet, in diesem Fall wusste sie aber, dass sie nie mehr zurückkehren könnte. Also starb Aris 1999, ohne seine Frau noch einmal gesehen zu haben. Die Regierung kondolierte höflich mit einem Telegramm. Im Mai 2002 wurde es der Oppositionsführerin offiziell gestattet, aktiv in ihrer Partei zu arbeiten. Zahlreiche NLD-Mitglieder wurden aus der Haft entlassen. Ein Jahr später schlug das Pendel jedoch wieder in die andere Richtung aus: Aung San Suu Kyi wurde inhaftiert, zahlreiche ihrer Mitstreiter ebenso. Ob die internationalen Proteste eine langfristige Verbesserung ihrer Situation bewirken können, bleibt offen.

Die himmlische Fürstin

Das Leben der 20-jährigen Österreicherin Inge Eberhard wurde 1953 mit einem Schlag zum Märchen. Während eines Stipendiums in Denver, USA, hatte sie einen jungen Mann namens Sao Kya Seng lieben gelernt. Die gebürtige Kärntnerin heiratete ihn und reiste mit ihm per Schiff in seine Heimat Burma. Als der Dampfer in den Hafen von Rangun einlief, freute sich die junge Frau über die große Menschenmenge in Festtagskleidung, die dem Schiff zujubelte. «Was für eine fröhliche, bunte Stadt», sagte sie noch gut gelaunt. Dann aber lüftete Sao Kya Seng sein Geheimnis. Er war der Fürst und Regent eines kleineren burmesischen Shan-Staates. Die Menge war gekommen, um dem Brautpaar ihre Reverenz zu erweisen. Verschwiegen hatte er ihr das bisher, um sicherzugehen, dass sie ihn wirklich aus Liebe heiratete.

Für die Bewohner seines Shan-Staates mit der Hauptstadt Hsipaw war es vorerst ein Schock, auf dem Thron eine europäische Fürstin akzeptieren zu müssen. Auch die junge Kärntnerin sah sich anfangs mit einer Situation konfrontiert, die nicht leicht zu bewältigen war: Kriegsbedingt in höchst bescheidenen Verhältnissen aufgewachsen, herrschte sie an der Seite ihres Mannes plötzlich über ein Land wie aus Tausendundeiner Nacht, lebte in einem Märchenpalast, hatte 46 Dienstboten und zwei Millionen Untertanen.

Die «himmlische Fürstin», die in der Heimat ihres Mannes den Namen Sao Thusandi trug, fand jedoch rasch einen Weg zu den Herzen ihrer Untertanen. Sie studierte den schwierigen Shan-Dialekt, konvertierte zum Buddhismus und gründete die erste dreisprachige Schule des Landes. Nach der Geburt ihrer beiden Töchter Mayari und Kennari war das Eis schließlich gebrochen, und die Fürstin wurde im ganzen Land verehrt.

Der Fürst bemühte sich indessen, sein Land zu modernisieren. Er schenkte den Bauern die fürstlichen Reisfelder, ex-

Geister beschwörender Schamane in einem Dorf der Kwe

perimentierte mit neuen Feldfrüchten und ließ – ganz gelernter Montanist – nach neuen Bodenschätzen graben. Im Zug der Zeit gab er Mitte der 1950er Jahre die eigene Macht freiwillig an das demokratisch gewählte Parlament ab. Der Shan-Staat blühte und gedieh – nur der Hofastrologe sah dunkle Wolken über dem Land aufziehen. Anfang der 1960er Jahre waren die dunklen Wolken da: General Ne Win kam an die Macht. Tausende politische Gegner wurden ermordet. Der Palast in Hispaw wurde umstellt, der Fürst verhaftet. Leibwache und Hausangestellte wurden abgeführt, die Fürstgemahlin und ihre beiden Töchter unter Hausarrest gestellt.

Zwei Jahre blieb die Fürstin unter Hausarrest. Sie wusste zwar, in welchem Gefängnis ihr Mann festgehalten wurde, hatte aber keine Möglichkeit, ihn zu befreien. Auch ihr konnte niemand helfen. Alle einflussreichen Personen, die sie gekannt hatte, waren ihrer Posten enthoben oder getötet worden. Offiziell wurde die Festnahme des Fürsten nie bestätigt. Alle Bemühungen gingen daher ins Leere: Wer nie eingesperrt wurde, kann auch nicht freigelassen werden. Die Fürstin ahnte trotzdem, dass ihr Mann nicht mehr lebte. Sie konnte sich sein Schicksal nur ausmalen: Nach altem burmesischen Glauben darf kein königliches Blut auf den Boden fließen. Daher werden Menschen von Adel mit stoffumwickelten Stöcken erschlagen.

Im Mai 1964 endlich gelang es der Fürstin, Burma gemeinsam mit ihren beiden Töchtern zu verlassen. Ermöglicht wurde die Ausreise durch den Einsatz von Bruno Kreisky, dem damaligen österreichischen Außenminister, und des österreichischen Botschafters in Bangkok. Inge Eberhard reiste nach Wien und arbeitete in der thailändischen Botschaft. Zu allem entschlossen und couragiert, setzte sie in Wien ein Treffen mit General Ne Win durch, der sich wegen eines psychischen Leidens – er litt unter Verfolgungsideen – behandeln ließ. Sie verlangte Rechenschaft von dem Mann, der mit hoher Wahrscheinlichkeit für den Tod ihres Gatten verantwortlich war. Antwort erhielt sie keine.

1966 wanderte die ehemalige Fürstin in die USA aus. Sie arbeitete viele Jahre als Deutschlehrerin und heiratete noch einmal. Jetzt – 2004 – nützt sie im Bundesstaat Colorado ihren Ruhestand, um sich für die Demokratie in dem Land einzusetzen, in dem sie einst als Fürstin mitregiert hatte. In den Shan-Staaten ist die österreichische Fürstin unvergessen. In vielen Häusern wird das offizielle Hochzeitsfoto des Fürstenpaares immer noch aufbewahrt. Oft steht es gleich neben der Buddhastatue ...

terra magica

Das Alltagsleben
Im Bund mit den kosmischen Kräften

So zauberhaft und oft nahezu überirdisch die Landschaften Burmas wirken, so erstaunlich und rätselhaft präsentiert sich auch das Alltagsleben der Menschen. Die unterschiedlichen Trachten, der Singsang der Sprachen, das leidenschaftliche Betelnusskauen, das die Zähne dunkel verfärbt, die Tätowierungen und der eigenartige Schmuck, das alles lässt die Menschen oft erscheinen wie Fabelwesen, die mit den kosmischen Kräften in Verbindung stehen.

Tatsächlich spielen die Gestirne, die Geister und – als logische Folge davon – die Astrologen und Wahrsager im täglichen Leben eine große Rolle. Kaum jemand würde ein Haus bauen, ohne einen Wahrsager zu Rate zu ziehen. Sterndeuter und Handleser werden konsultiert, wenn es um den Antritt einer Reise, die Gründung einer Firma oder das Zeugen eines Kindes geht. Astrologen werden aber nicht nur vom Volk beschäftigt, sondern auch von hochoffiziellen Stellen. Sie errechnen die günstigste Stunde für wichtige Termine, Gespräche oder Geschäftsabschlüsse. So wurde von ihnen der Zeitpunkt für die Unabhängigkeit Burmas festgesetzt: 4. Januar 1948, 04.20 Uhr.

Aus den Namen der Burmesen ist oft nicht zu erkennen, ob es sich um einen Mann oder eine Frau handelt. Zwar lassen Namen, die Kraft oder Stärke ausdrücken, wie *htun*, «erfolgreich», auf einen Mann und Attribute, die Schönheit und Lieblichkeit bezeichnen, wie *kyine*, «riecht süß», auf eine Frau schließen, Aufschluss gibt aber erst ein vorangestellter Titel. Bei männlichen Burmesen bedeutet *U*, dass es sich um einen älteren Herrn handelt, *Maung* bezeichnet einen Heranwachsenden und *Ko* einen jungen Mann. Das weibliche Pendant zu *U* ist *Daw*, eine junge Frau ist *Ma* und eine ganz junge *Mi*. Frauen nehmen beim Heiraten nicht den Namen ihres Mannes an, daher gibt es auch so etwas wie Familiennamen nicht. Stattdessen bezeichnen bestimmte Anfangssilben den Wochentag der Geburt.

Da jeder Wochentag im Zeichen eines Tieres steht, mit dem bestimmte Eigenschaften verbunden sind, ist er von entscheidender Bedeutung für Charakter und Schicksal eines Menschen. Das kleine Problem, dass eine Woche nur sieben Tage hat, aus astrologischen Gründen aber für die Zuordnung zu vier Haupt- und vier Nebenhimmelsrichtungen acht Tage nötig sind, wurde gelöst, indem man den Mittwoch zweiteilte. Dem Sonntag ist der mystische Vogel Garuda zugeordnet, dem Montag der Tiger, dem Dienstag der Löwe, dem Mittwochvormittag der Elefant mit Stoßzähnen, dem Mittwochnachmittag der Elefant ohne Stoßzähne, dem Donnerstag die Ratte, dem Freitag das Meerschweinchen und dem Samstag die Schlange Naga, der Erzfeind des Garuda.

Auch wenn es ums Heiraten geht, wird der Wochentag der Geburt sehr ernst genommen. Bei aller Liebe, Paare mit den Geburtstagen Samstag und Donnerstag, Freitag und Montag, Sonntag und Mittwochvormittag passen einfach nicht zusammen. Ideal sind hingegen die Geburtstage Sonntag und Donnerstag, Montag und Mittwoch, Dienstag und

Bilder rechts und nächste Doppelseite
Die Reise geht weiter in der Stadt Mandalay:
• **Teakholzkloster Shwenandaw Kyaung**
• **Wachtturm und Palastmauer.**
Kuthodaw-Pagode mit 729 weißen Stupas

terra magica

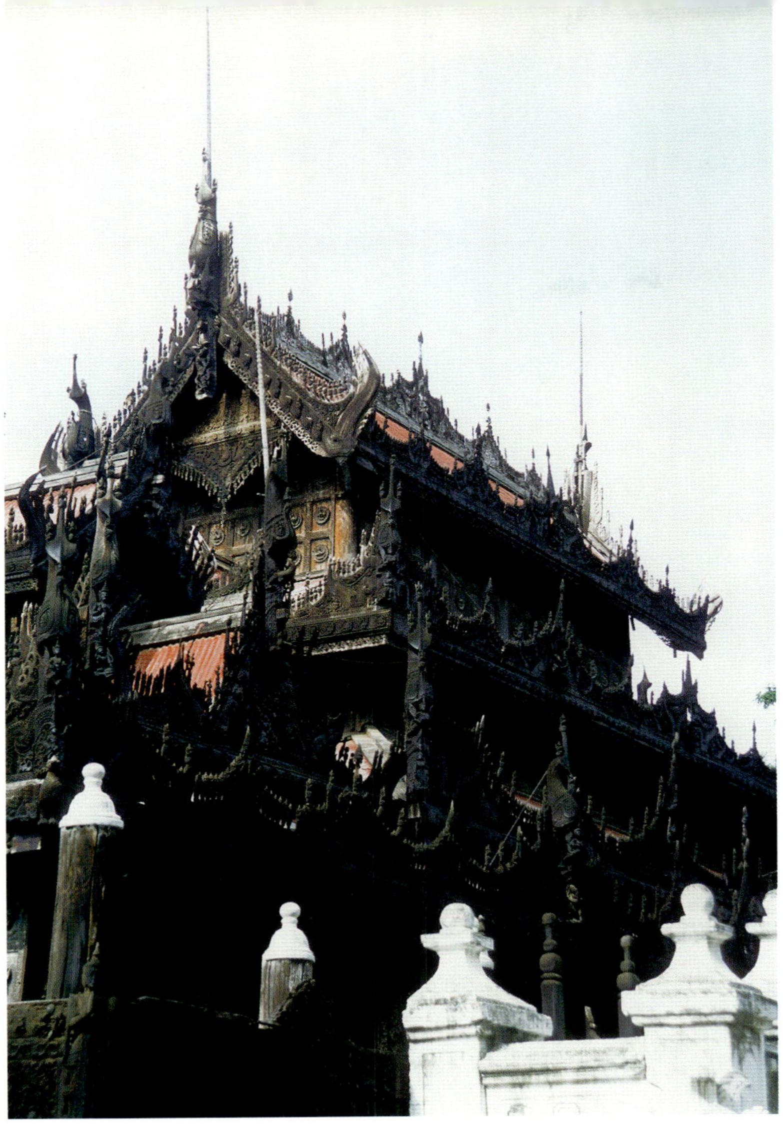

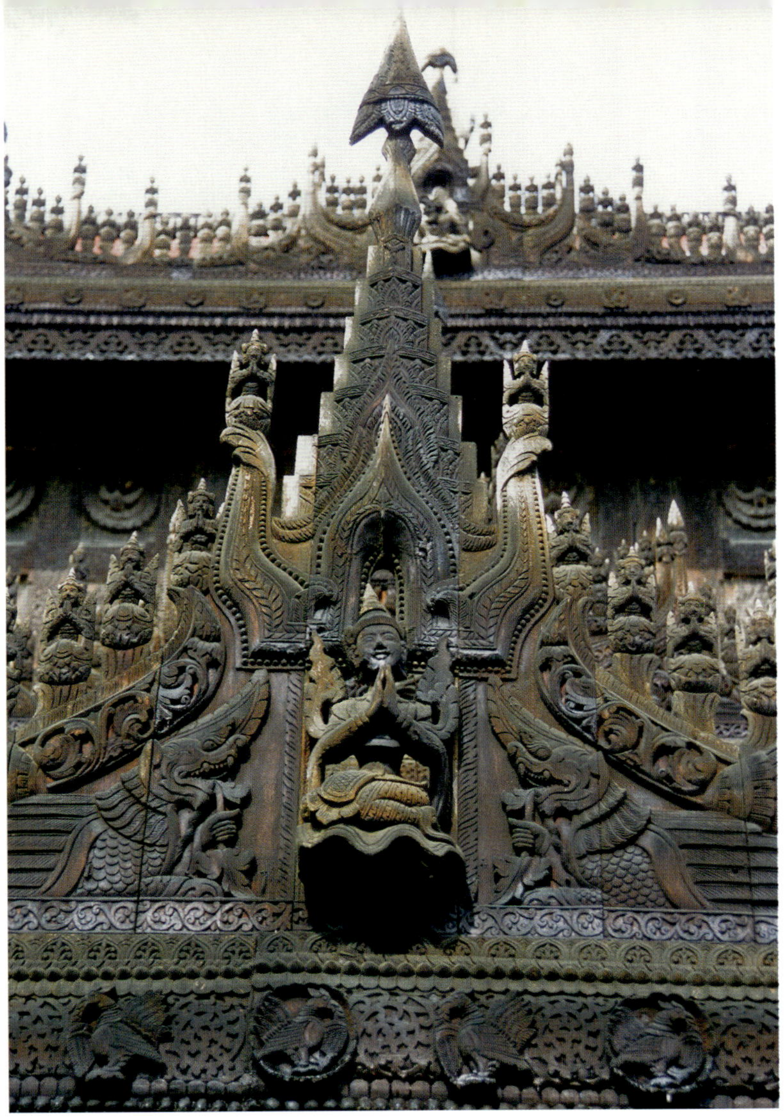

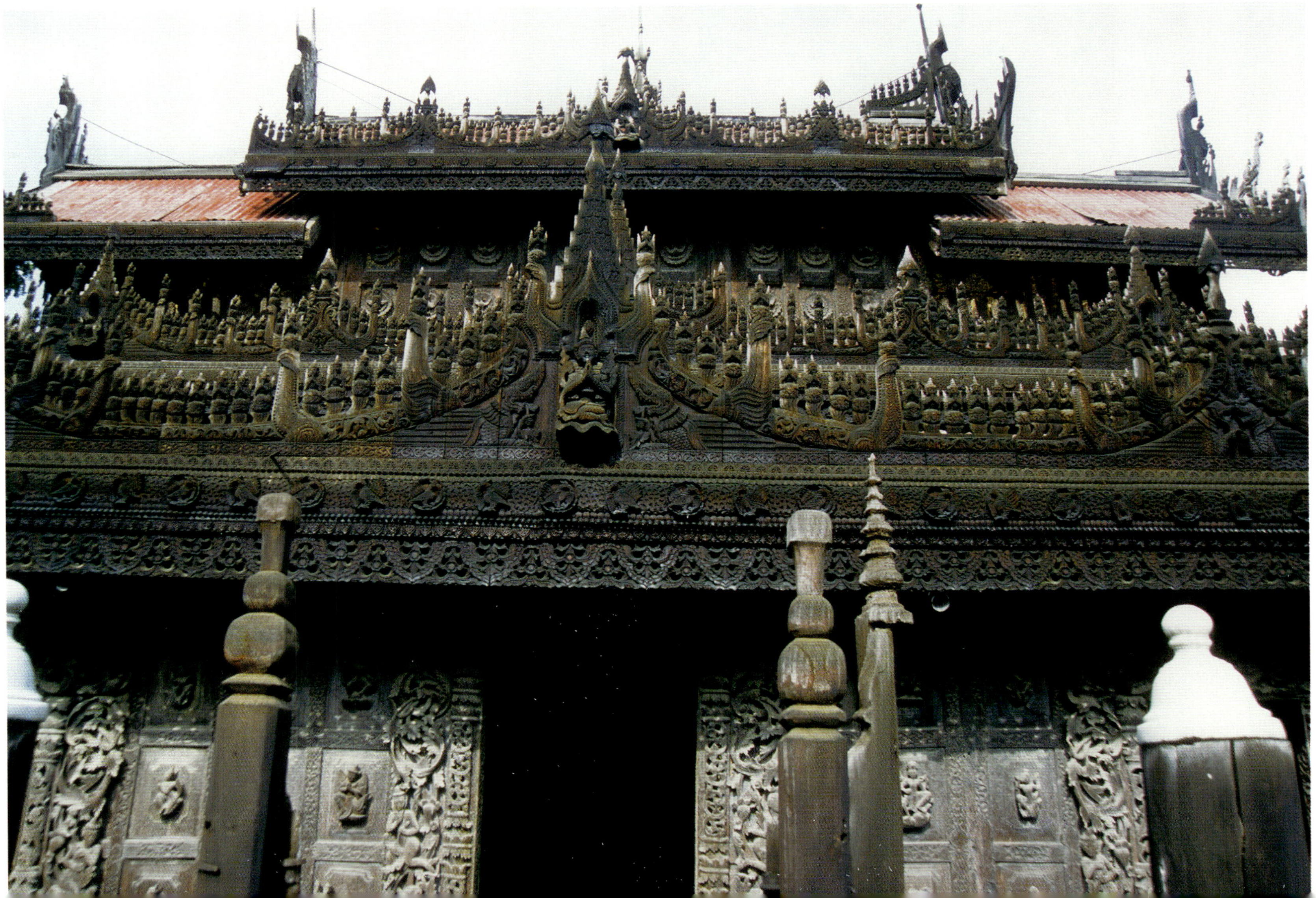

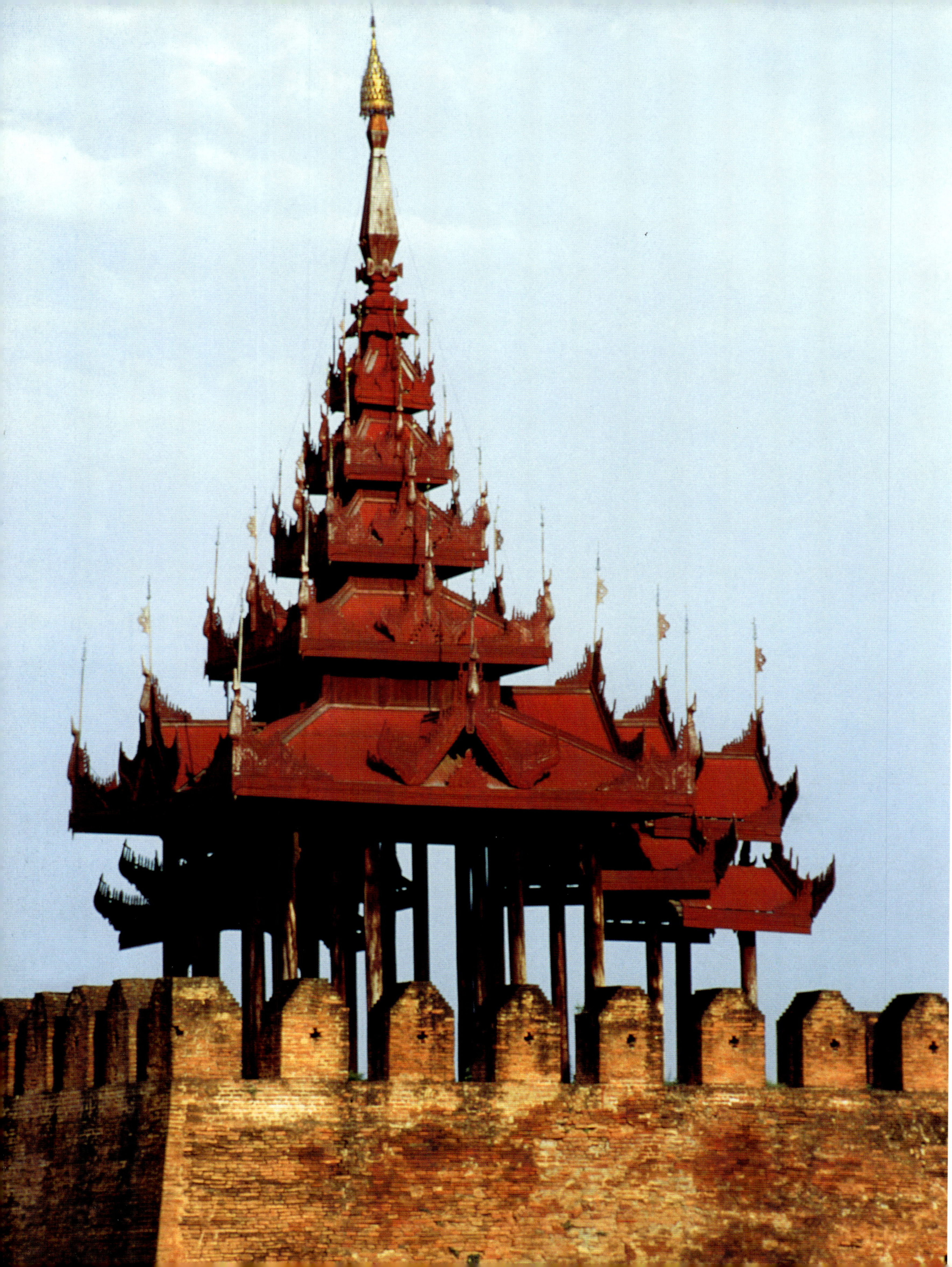
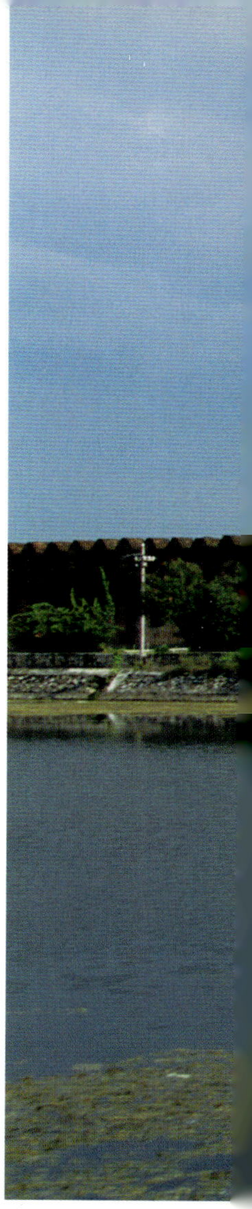
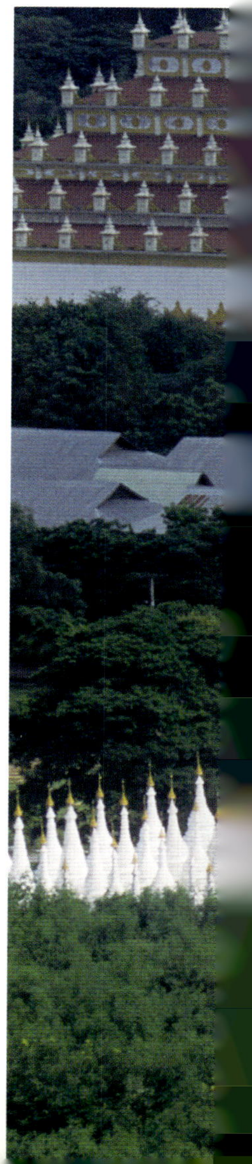

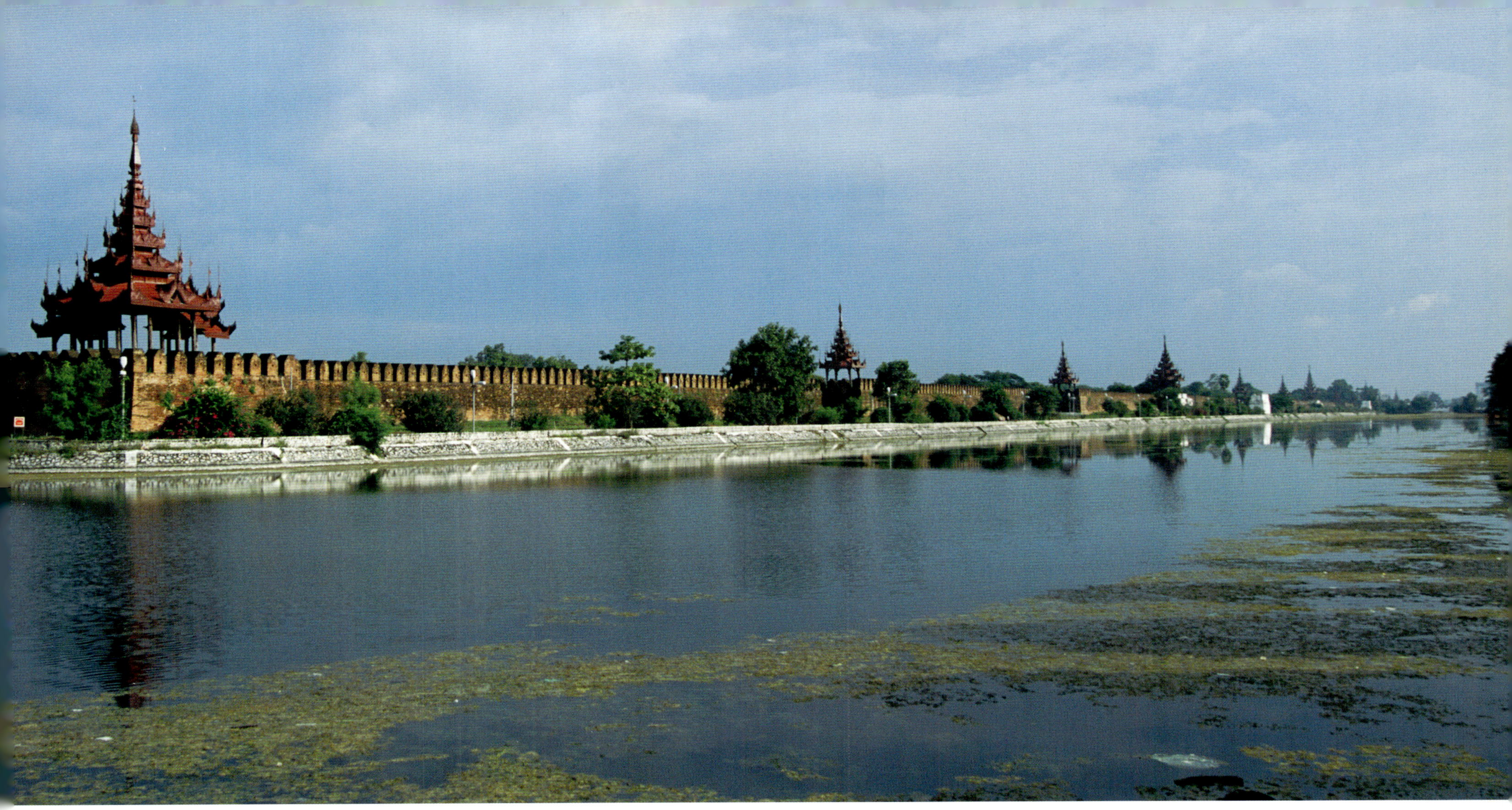

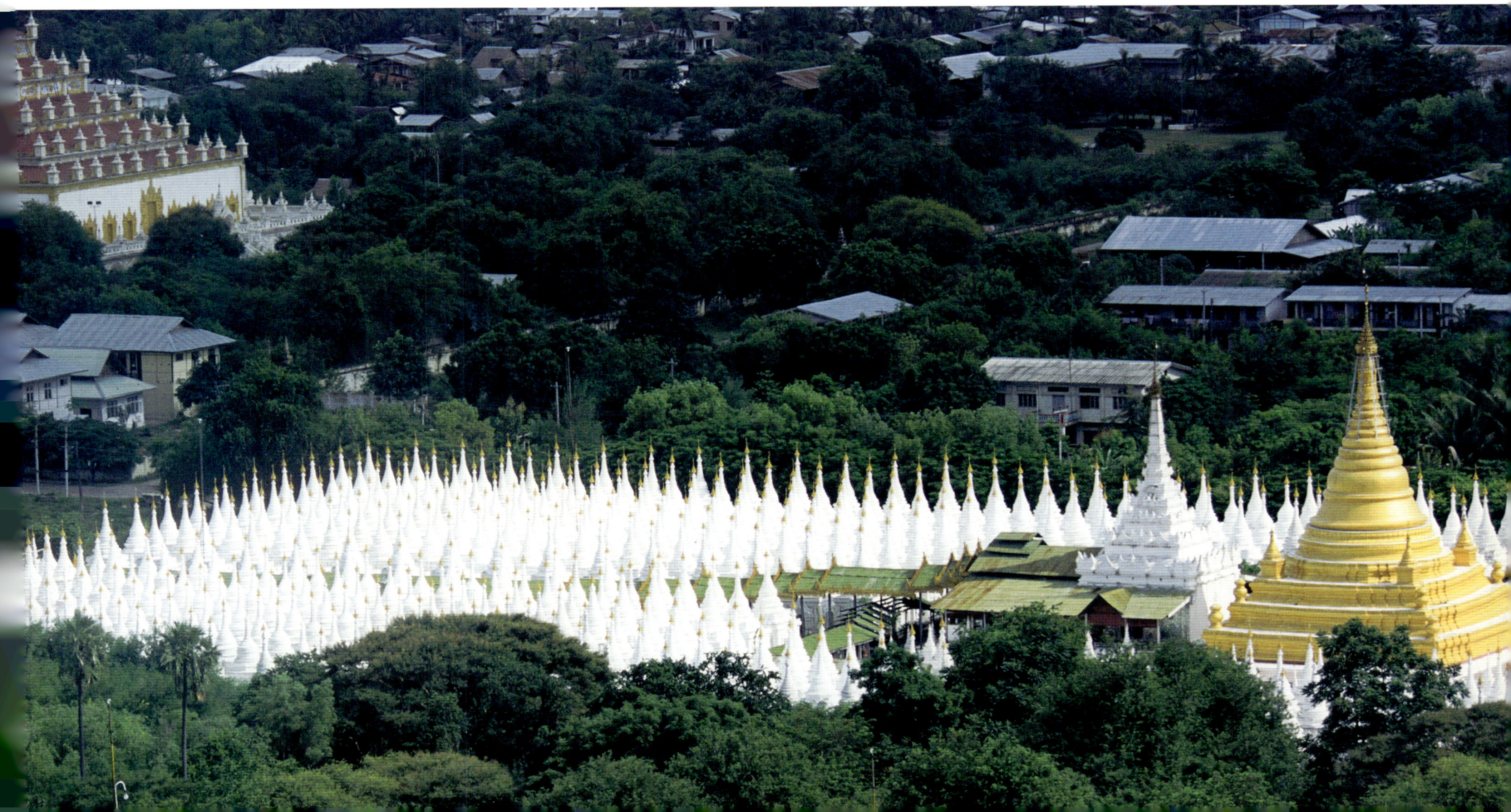

Freitag, Samstag und Mittwochnachmittag. Sollte eine Ehe trotz sorgfältigster Berechnungen dieser Art scheitern, ist auch noch nicht alles verloren. Der Stellenwert der Frau ist sehr hoch, sie kann selbständig agieren, ist dem Mann rechtlich gleichgestellt und kann daher auch nach einer Scheidung ein gutes Leben führen. Materiell ist sie durch die Gütertrennung abgesichert.

Gleichberechtigte Frauen – auf Erden

Was auf Erden in Burma besser funktioniert als in den meisten anderen Ländern Asiens, gilt allerdings nicht im religiösen Bereich. Nach dem Tod kann die Frau zwar das Nirwana erreichen, die Rückkehr als Buddha aber ist ihr verwehrt. Das ist bitter, und daher wünschen sich viele Frauen sehnlichst, als Mann wiedergeboren zu werden. Eine Tochter zur Welt zu bringen, gilt dennoch nicht als Manko. Entsprechend der Gleichberechtigung von Mann und Frau sind Söhne und Töchter gleich willkommen. Sieben Tage nach der Geburt laden die Eltern zur Feier der Namensgebung.

Mit fünf Jahren kommt das Kind dann in eine staatliche Schule oder wird zum Unterricht in ein lokales Kloster, *kyaung*, geschickt. Für kleine Buben ist die Kindheit mit neun Jahren zu Ende. Dann wird das *shin pyu* organisiert, ein großes, buntes Fest, das den Beginn ihres meist einige Monate dauernden Mönchslebens signalisiert. Für Mädchen gibt es ein ähnliches Fest, das *nathwin*. Dabei wird ihnen das Ohrläppchen durchstochen, und nun zeigt ein Ohrring an, dass die Tage der Kindheit vorüber sind.

Geheiratet wird in Burma sehr früh. Natürlich reden die Familien bei der Partnerwahl gerne ein Wörtchen mit, einen Zwang gibt es aber kaum, im Prinzip ist die Partnerwahl frei. Die Hochzeit ist selten aufwendig. Gefeiert wird schon, aber es kommt kaum vor, dass sich Familien wegen der Kosten auf Jahre hinaus verschulden. Nach der Hochzeit zieht der Bräutigam zu der Familie der Braut und arbeitet dort mit. Erst wenn sich ein Kind ankündigt, übersiedelt das junge Paar in eine eigene Wohnung.

Da nach buddhistischem Glauben auf den Tod die Wiedergeburt in einem neuen Körper folgt, wird er weniger als Angst machendes Ereignis betrachtet als im Abendland. Die Voraussetzung für eine günstige Wiedergeburt kann durch gute Taten und Spenden geschaffen werden, die auch alte Vergehen tilgen. Aus diesem Grunde sind besonders ältere Menschen besonders gebefreudig, wenn es um Spenden für Pagoden und Klöster geht.

Ein Verstorbener wird im Zentralraum des Hauses aufgebahrt. Zwei Zehen und die Daumen werden mit Haarlocken seiner Kinder umwickelt. Auf die Zunge wird eine Münze gelegt, damit er den Fährmann bezahlen kann, der ihn über den mystischen Fluss ins nächste Leben bringt. Die Burmesen glauben daran, dass der Geist des Toten noch eine Woche fortlebt und an seiner eigenen Beerdigung teilnimmt, in deren Verlauf der Sarg am Ende des Trauerzuges zum Grab getragen wird. Verbrennungen sind selten.

Schrullige, aber harmlose Abergläubigkeiten

Der Alltag Burmas ist von kleinen, schrulligen Abergläubigkeiten geprägt. So schneidet sich ein guter Burmese das Haar nicht an einem Freitag, denn das ist der Geburtstag Buddhas. Wenn eine Schlange den Weg eines Wanderers

Bilder rechts und nächste Doppelseite
- **In Mandalay residiert Burmas meistverehrter Buddha: Mahamuni, über und über bedeckt mit Goldblättchen**
- **Mandalay: Tätigkeiten in und vor der Mahamuni-Pagode und Besuch in der Schlangenpagode** (Bild Mitte unten)

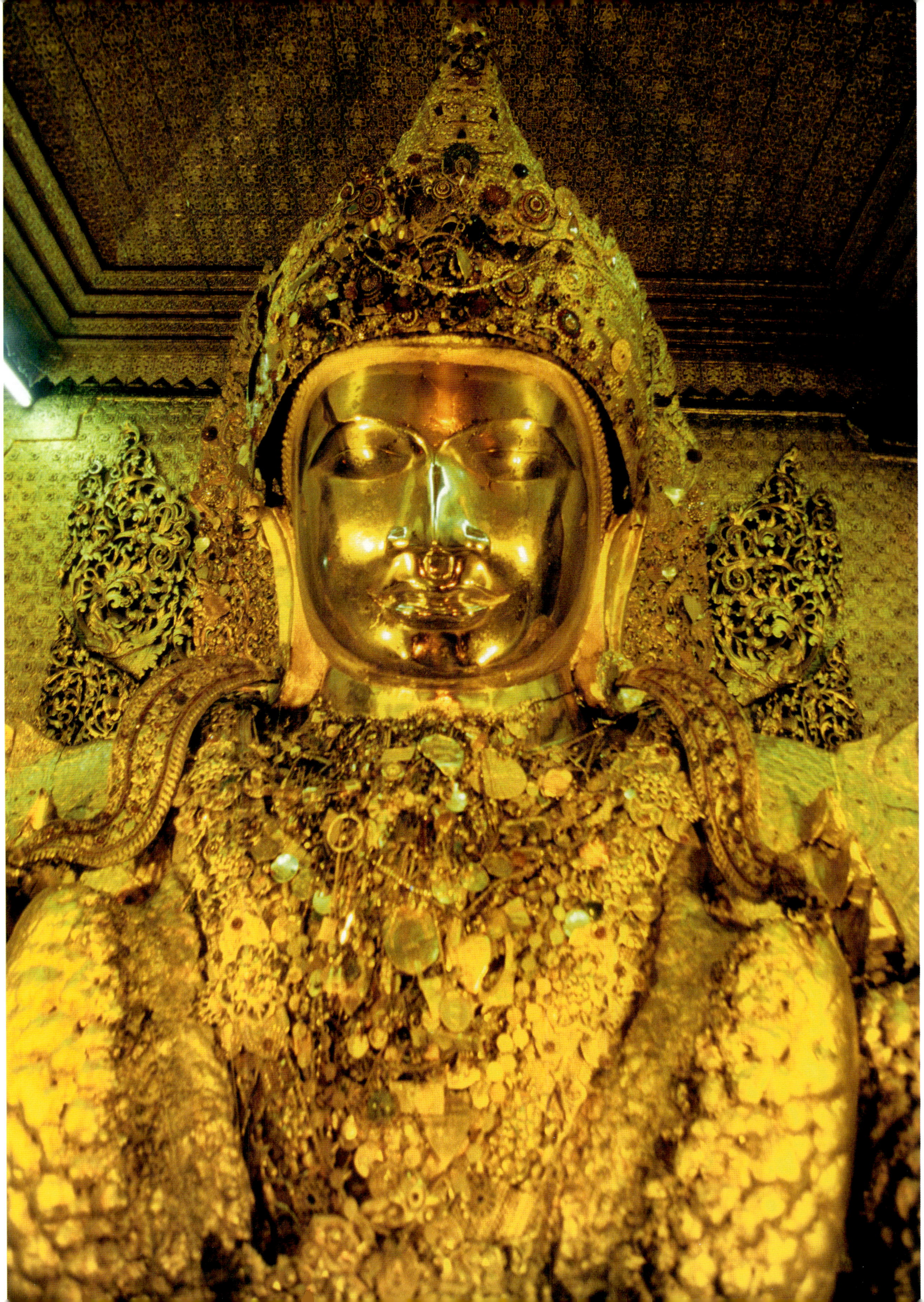

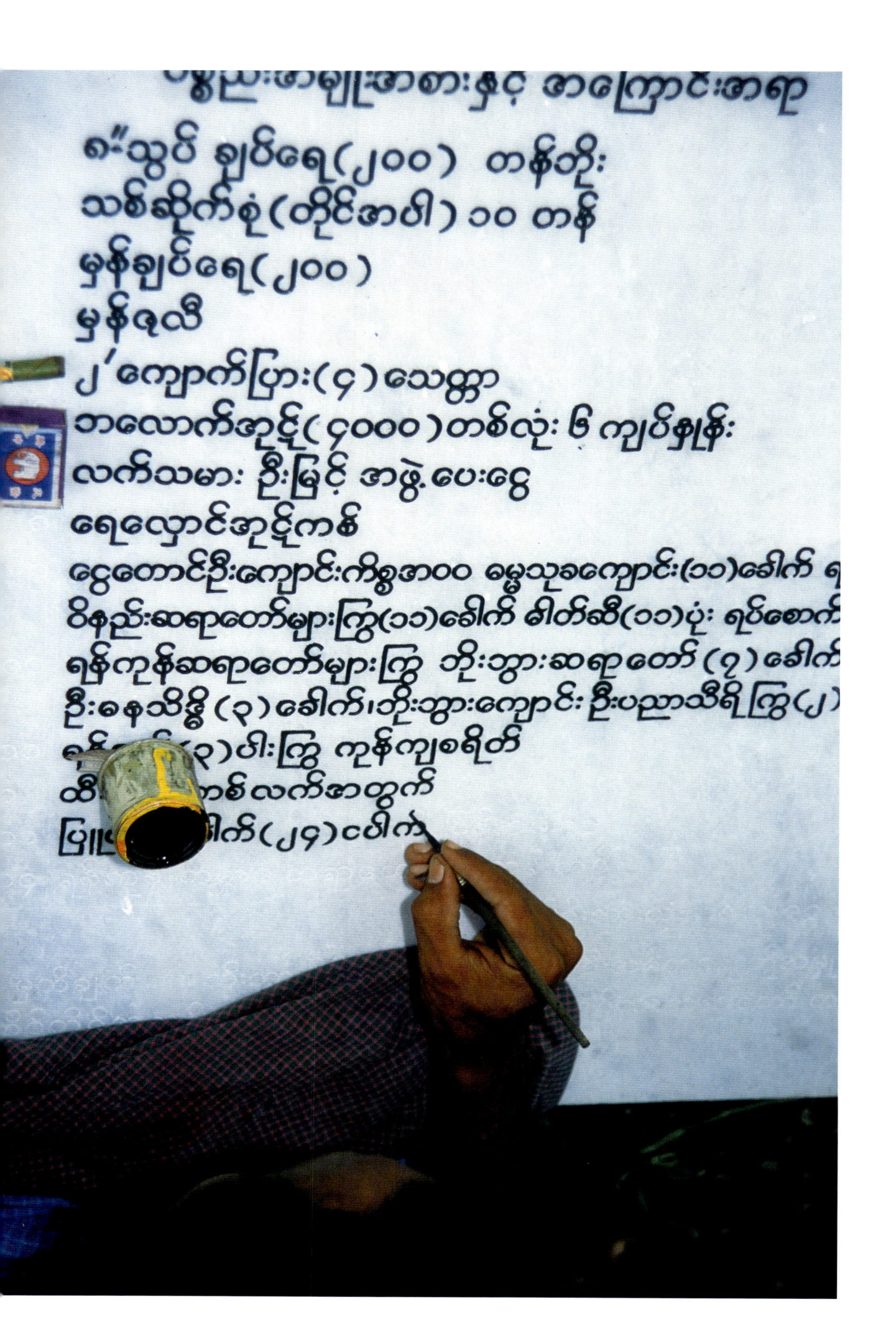

ဝိညဉ်အမျိုးအစားနှင့် အကြောင်းအရာ
း'' သွပ်ချပ်ရေ(၂၀၀) တစ်ဘိုး
သစ်ဆိုက်စုံ(တိုင်အပါ) ၁၀ တန်
မှန်ချပ်ရေ(၂၀၀)
မှန်ဒုလီ
၄'ကျောက်ပြား(၄)သေတ္တာ
ဘလောက်အုတ်(၄၀၀၀)တစ်လုံး ၆ ကျပ်နှုန်း
လက်သမား ဦးမြင့် အဖွဲ့ပေးငွေ
ရေလောင်အုတ်ကန်
ငွေတောင်ဦးကျောင်းကိစ္စအဝဝ ဓမ္မသာကျောင်း(၁၁)ဆောင် ရ
ဝိနည်းဆရာတော်များကြွ(၁၁)ဆောင် ဓါတ်ဆီ(၁၀)ပုံး ရုပ်ဆောင်
ရန်ကုန်ဆရာတော်များကြွ ဘိုးဘွားဆရာတော်(၇)ဆောင်
ဦးနေသိဒ္ဓိ(၃)ဆောင်ဘိုးဘွားကျောင်း ဦးပညာသီရိကြွ(၂)
ရန်(၃)ပါးကြွ ကုန်ကျစရိတ်
ဟိ......နစ်လက်အတွက်
ပြာပ......ိုက်(၂၄)ဆောင်

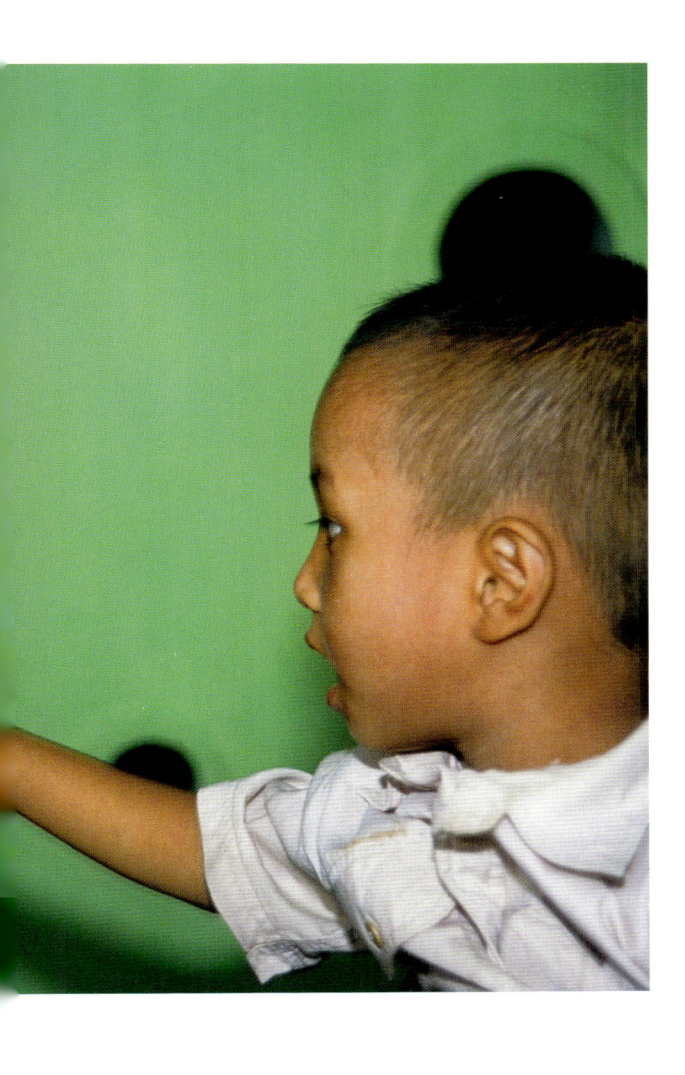

terra magica

67

**Burmas Frauen sind selbstbewusst und immer mit graziöser Eleganz gekleidet,
ob innerhalb der Pagode, ob draußen in der Welt**

kreuzt, dann verlängert sich sein Weg. Stößt eine Krähe einen Schrei aus, dann kommen Gäste. Abgeschnittene Fingernägel gehören über Nacht nicht ins Haus, sonst verarmt der Besitzer. Ein Bienenstock auf der rechten Seite des Daches bedeutet Glück, auf der linken Seite Unglück. Abends gekauftes und im Haus aufgehängtes blutiges Fleisch lockt die Geister an. Wer vor einer Prüfung steht, hebt Steine auf, die vor Buddhastatuen und Nats (Schutzgeister) liegen. Fühlen sie sich leicht an, schafft er die Prüfung, sind sie aber schwer, fällt er durch. Sonnen- und Mondfinsternis bedeuten immer große Gefahr, und rote Himmelsverfärbungen werden als böses Omen gesehen.

Oft haben abergläubische Ängste auch einen praktischen Nutzen: Werden die Deckel von Tontöpfen aneinander geschlagen, lockt das angeblich den Tiger an – diese Drohung verhindert, dass kleine Kinder beim Spielen das Geschirr zerbrechen. Und die Aussicht, dass ein Mädchen einen alten Witwer zum Mann bekommen wird, wenn es in der Küche singt, bewirkt, dass es sich besser auf das Kochen konzentriert und sich nicht in den Finger schneidet.

terra magica

Buddhismus, Kult und Geisterglaube

Die goldenen Pagoden, das zarte Klingen der Glöckchen, die vielen Mönche in ihren leuchtend gelben Kutten: Der Buddhismus ist allgegenwärtig in Burma. Das ist kein Wunder, denn rund 80 Prozent der Burmesen gehören dieser Religion an – der Rest sind Inder, die den Hinduismus oder den Islam praktizieren, und christliche Karen, Kachin und Chin. Für das «Lieblingsvolk Buddhas» bedeutet der Buddhismus weit mehr als Ritus und Gebet. Er ist das Grundprinzip ihres Lebens. Er bestimmt die Geisteshaltung, das tägliche Leben, den Umgang mit den Mitmenschen, die Kunst und die Kultur.

Ins Land ist der Buddhismus schon früh gekommen, vor rund 2000 Jahren, als die Pyu und die Mon mit dem Theravada-Buddhismus in Kontakt kamen. Diese «Doktrin der Älteren», die orthodoxe Form des Glaubens, die sich streng an die Lehre Gautama Buddhas hält, wird in Burma auch heute noch praktiziert. Eine ihrer Grundregeln lautet, dass die Ursache allen menschlichen Leidens im Festhalten an der sinnlichen Welt, an irdischen Gütern und an dem Streben nach Karriere, Besitz und Anerkennung liegt. Der ewige Kreislauf von Leiden und Wiedergeburt kann nur durch das Befolgen der Lehre Buddhas, des *dharma*, durchbrochen werden.

Das höchste Ziel ist das Erreichen des Nirwana. Anders als das christliche Paradies ist das kein Ort der unendlichen Seligkeit, sondern die höchste Qualitätsstufe der Existenz, in der jegliche Begierde erlöscht ist. Bis zum Nirwana ist es aber ein weiter Weg. Und weil viele Burmesen darin ein praktisch unerreichbares Ziel sehen, begnügen sie sich lieber um die Vorstufen dazu, um das Streben nach einer besseren Wiedergeburt. Bei der Reinkarnation wird nicht der Mensch selbst wiedergeboren, sondern die Summe seiner guten und bösen Taten. Das Karma bestimmt die Form der Wiedergeburt, ob Ameise oder Mensch, das hängt von der Qualität des vorherigen Lebens ab. Was dem Karma auf jeden Fall nützt, ist die Befolgung der fünf Regeln, der *silas*: Nicht töten, nicht stehlen, nicht ehebrechen, nicht lügen und keine Rauschmittel konsumieren. Und ein anderer wichtiger Gutpunkt ist das freigebige Spenden an Mönche und Pagoden.

Mönche haben die besten Chancen, denn sie verpflichten sich dazu, 227 karmaerhöhende Ordensregeln zu befolgen. Entsprechend hoch ist die Zahl der Klöster und ihr Zulauf. Bei Amarapura zum Beispiel liegt die Tempelanlage Mahagandayon. In der buddhistischen Fastenzeit zählt sie jedes Jahr über 1000 Mönche. Das ist eine gewaltige Menge! Die Zahl der in den übrigen Klöstern lebenden Mönche schwankt, Schätzungen zufolge weihen von den mehr als 300 000 Mönchen rund 100 000 ihr ganzes Leben Buddha. Alle anderen kehren nach einer gewissen Zeit wieder in ihr normales Leben zurück. Die Monsunzeit, in der in Burma wochenlang starker Regen fällt, ist für viele die traditionelle Zeit zum Eintritt in den Mönchsstand. Sie bleiben einige Wochen oder Monate und nützen ihre Zeit als Bettelmönch, um intensive Erfahrungen mit der gelebten buddhistischen Lehre zu machen. Sie üben sich in Geduld, Disziplin und in der Dankbarkeit des Gebens und Nehmens.

Für Buben ist es üblich, im Alter zwischen fünf und 15 Jahren, also bevor sie erwachsen sind, ins Kloster gehen. Nicht für immer, aber für eine Weile. Und mit dem Ziel, die buddhistische Lehre zu studieren. An dem Tag, an dem ein kleiner Mönch aufgenommen wird, gibt es für ihn und seine gleichaltrigen Freunde ein großes, buntes Fest, das *shin pyu*. Die Buben werden mit leuchtenden Farben geschminkt, tra-

terra magica

Amarapura bei Mandalay: Nagayon-Pagode

gen hübsche neue Kleider und bekommen viele Geschenke. Die Eltern laden alle Freunde der Kinder ein. Dann werden die Buben in einer Art Festzug durch die Stadt geführt.

Bevor der Bub dann wirklich Novize wird, beginnt für ihn der Ernst des Lebens, indem er sich das Haar abrasieren lassen muss. Anschließend hat er bestimmte Formeln aus den heiligen Schriften zu sprechen. Und beim Eintritt ins Kloster darf auch er ebenso wie alle anderen nur die üblichen acht Mönchsgegenstände mitnehmen: drei Gewandstücke, ein Rasiermesser, eine Nadel, ein Wassersieb, einen Gürtel und eine Almosenschale – mehr nicht. Vom Eintritt ins Kloster an trägt er eine rote Kutte, sein Kopf ist kahl, und er geht barfuß.

Auch buddhistische Mönche sind Frühaufsteher ...

Der Tag der kleinen Mönche beginnt früh, noch vor Sonnenaufgang. Sobald das Licht gerade stark genug ist, «dass die Adern an den Händen sichtbar werden», ertönt eine Glocke. Sie wird mit einem Holzstock geschlagen und ist laut genug, auch die stärksten Murmeltiere aufzuschrecken. Könnte man meinen, aber das ist ein Irrtum, einige schlafen trotzdem tief und fest weiter. Im Morgengrauen waschen sich die Mönche Hände und Gesicht und spülen sich den Mund aus. Sie versuchen auch, ihre Kutten in Ordnung zu bringen, denn immerhin haben sie ja darin geschlafen.

Bronzebildhauer in Amarapura

Dann sprechen sie das Morgengebet: *«Was für eine große Ehre hat Buddha mir erwiesen, indem er mir seine Gesetze offenbarte. Denn wenn ich sie befolge, entkomme ich der Hölle und werde errettet.»*

Es gibt immer ein paar Novizen, die bis spätnachts miteinander tuscheln und dann am Morgen nur schwer wachzukriegen sind. Spätestens jetzt ist der Zeitpunkt gekommen, wo die anderen sie so lange rütteln, bis sie die Augen endlich aufmachen und bereit sind, vor die große Buddhastatue zu treten. Dort versammelt sich um diese Stunde die gesamte Bruderschaft, auch die Novizen. Jeder tritt seinem Rang entsprechend vor Buddha und gelobt, an diesem Tag die Aufgaben zu erfüllen, die ihm auferlegt wurden.

Für die Novizen und Schüler bedeutet das als Erstes, dass sie im Kloster den Boden fegen und frisches Trinkwasser besorgen müssen. Die Fortgeschritteneren und die im Rang höher stehenden Mönche reinigen den Boden um die heiligen Bäume und versorgen diese mit Wasser. Die ranghöchsten Mönche nützen diese Zeit zum Meditieren. Die erste Meditation des Tages betrifft die Bürden des Lebens und die Gewissheit, dass man sich von ihnen nicht befreien kann. Am besten ist es, wenn sich die Mönche bei diesen Gedanken nahe einer Pagode aufhalten und dann auch für die Befreiung aller Lebewesen beten. Manche sammeln auch Blumen und opfern sie bei der Pagode, das unterstützt ihre Gebete.

In aller Frühe nehmen die Mönche die erste Mahlzeit des Tages ein. Wenn sie den Reis essen, denken sie daran, dass er nicht dazu dient, ihnen Genuss zu verschaffen, sondern lediglich die Bedürfnisse des Körpers zu stillen. So wie sie die rote Kutte ja auch nicht aus Eitelkeit tragen, sondern um ihre Nacktheit zu verhüllen. Und Medizin nur nehmen, um ihre Gesundheit wiederzuerlangen, damit sie mehr Kraft und Ausdauer für Gebete und Meditation haben. Nach der Mahlzeit wiederholen die Schüler eine Stunde lang die bereits gelernten Lektionen und bereiten sich auf neue vor. Dazu, heißt es, eignet sich die frühe Morgenstunde am besten.

Gegen acht Uhr früh machen sich die Mönche auf ihre Betteltour. Sie ziehen in einer langen, geordneten Schlange in die Straßen der Stadt. Fromme Menschen treten mit gekochtem Reis, mit Obst oder Gemüse aus dem Haus und leeren ihre Gaben in die Almosenschalen. Die Mönche schauen ihnen weder in die Augen noch bedanken sie sich. Die logische Erklärung für dieses Verhalten ist: Zu danken

Bilder nächste Doppelseite
Amarapura: Alltag am Taungthaman-See und auf seiner 1200 Meter langen Teakholzbrücke U Bein

terra magica

terra magica

terra magica

haben nicht die Mönche, sondern die Spender. Damit, dass die Mönche ihre Gaben annehmen, geben sie ihnen nämlich die Möglichkeit, Gutpunkte für ein späteres Leben zu sammeln.

Zurück im Kloster, treten die Mönche Buddha von allen Almosen, die sie bekommen haben, einen kleinen Teil ab. Dann gibt es Frühstück. Früher bestand es wirklich nur aus dem, was in den Almosenschalen gesammelt wurde, heute wird aber in den meisten Klöstern schon gekocht: Reis, Fleisch, Fisch und Gemüse, oft mit verschiedenen Gewürzen wie Curry zubereitet. Kokoskuchen ist ein fixer Bestandteil des Speiseplans.

... und erhalten dafür ein Frühstück mit Fleisch und Fisch – doch abends nichts

Beim Frühstück haben die Novizen die Aufgabe, die älteren Mönche zu bedienen. Das ist schwer, denn diese geben keine strikten Anweisungen. Sie sagen nicht «Bring mir den Reis» oder «Bring mir den Fisch», sondern lediglich «Tue, was den Gesetzen entspricht». Also holt der Novize eben eine der Schüsseln, kniet sich in entsprechendem Abstand vor den Mönch, reicht ihm das Geschirr und sagt: «Das entspricht dem Gesetz.» Diese Zeremonie gilt übrigens auch für viele andere Handlungen. Egal ob ein Mönch Wasser möchte, ob er sich die Hände waschen will oder seine Sandalen braucht. Er verlangt nie etwas mit ausdrücklich ausgesprochenen Worten. Die Novizen haben seine Wünsche trotzdem zu erfüllen, und sie tun es mit großer Ehrerbietung.

Nach dem Essen reinigen die Novizen das Essgeschirr gründlich. Wenn alles fertig ist, dürfen sie eine Stunde lang spielen. Dabei sollten sie natürlich keinen allzu großen Lärm machen und auch nicht raufen. Das geht aber auch im Kloster nicht immer. In dieser Stunde tollen die Buben oft richtig herum. Nach dem Spielen geht es in die Schule. Dort erhalten alle zusammen in einer Klasse Unterricht in Schreiben, Rechnen und Beten. Weil die Schüler alles laut nachsprechen müssen, ist der Lärmpegel oft recht hoch. Wenn die Buben schlimm sind, strafen sie die Aufsichtsmönche. Dann heißt es mit überkreuzten Beinen sitzen und sich mit den Fingern an den Ohren ziehen.

Mittagessen gibt es um Schlag halb zwölf Uhr. Diesmal essen die Mönche leichte Gerichte, vor allem Obst und Gemüse. Für das Essen gelten ähnliche Regeln wie für das Gehen: langsam, aber bewusst – nur kleine Bissen. Und alles im Wissen, dass die Nahrung lediglich dazu dient, die Funktionen des Körpers aufrechtzuerhalten. Das Mittagsmahl ist auch schon das letzte Essen am Tag. Später ist es ausdrücklich verboten, noch etwas zu sich zu nehmen. Nach Ansicht der buddhistischen Mönche belastet die Nahrung nämlich den Magen, erhitzt das Blut und vernebelt den Geist. Und gerade das ist im Kloster unerwünscht. Am Nachmittag steht nämlich wieder viel auf dem Programm. Einige Mitglieder der Bruderschaft ziehen sich zwar zur Ruhe zurück, andere geben aber Unterricht, lernen oder denken über mystische Probleme nach. Am lautesten geht es in den Schulzimmern zu. Dort brüllen die Schüler ihre Aufgaben nämlich auch am Nachmittag so laut sie nur können durch den Raum.

Gegen neun Uhr abends versammeln sich die Mönche zum Abendgebet vor der Buddhastatue. Der Raum liegt jetzt im Halbdunkel, er wird nur durch das Licht einiger flackernder Kerzen erleuchtet, es duftet nach Räucherwerk. Die Mönche beten zuerst, dann stimmen sie dunkle, feierliche Gesänge an. Sobald die letzten Töne verklungen sind, steht

Bilder rechts
Amarapura:
Schlange stehen vor der Küche des Mahagandayon-Klosters, die täglich für über tausend Mönche kocht

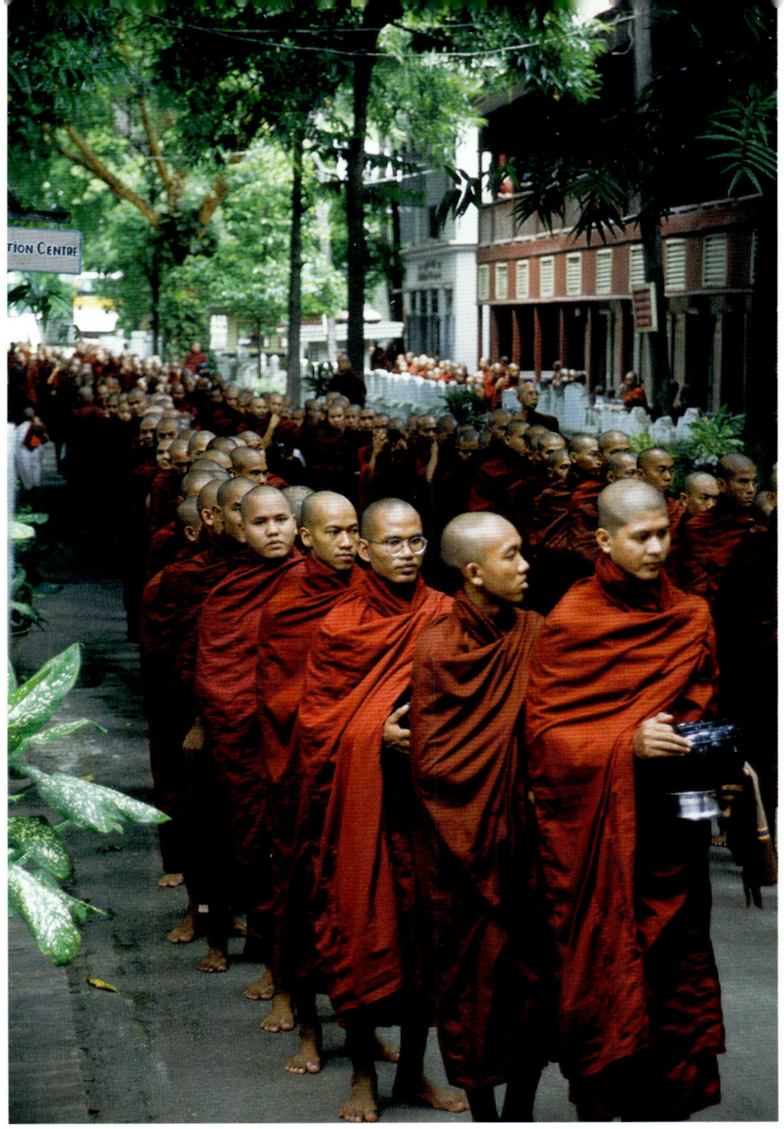
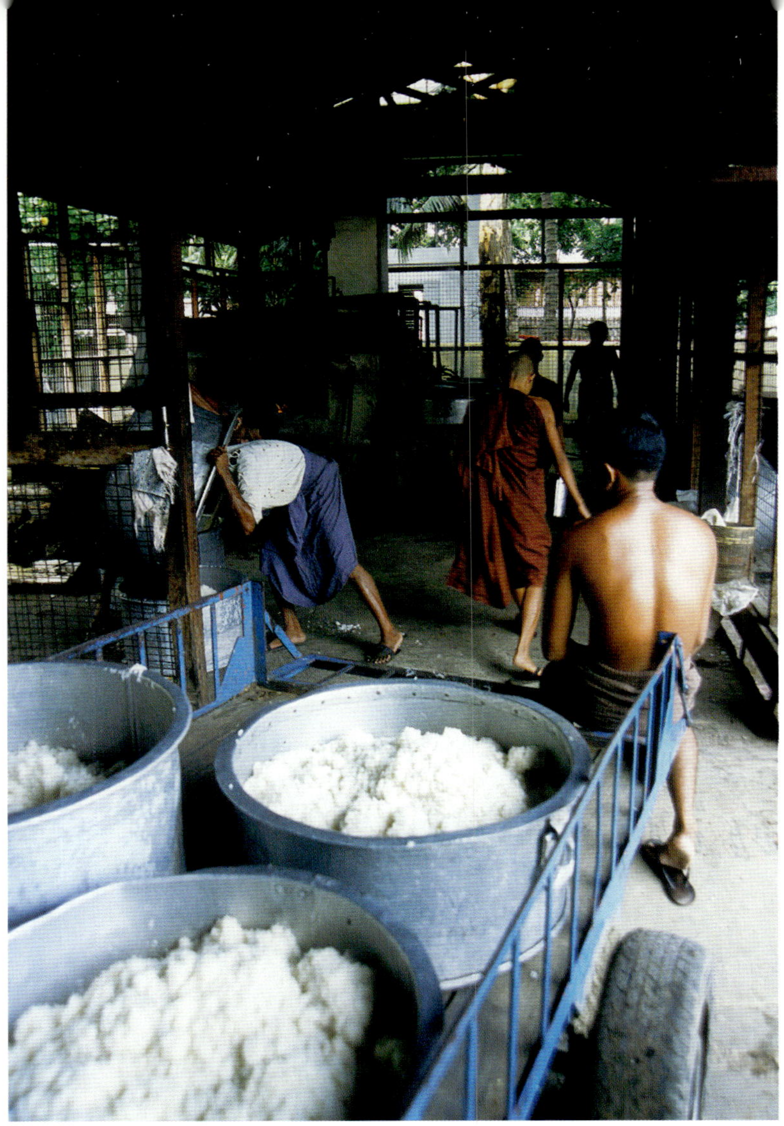
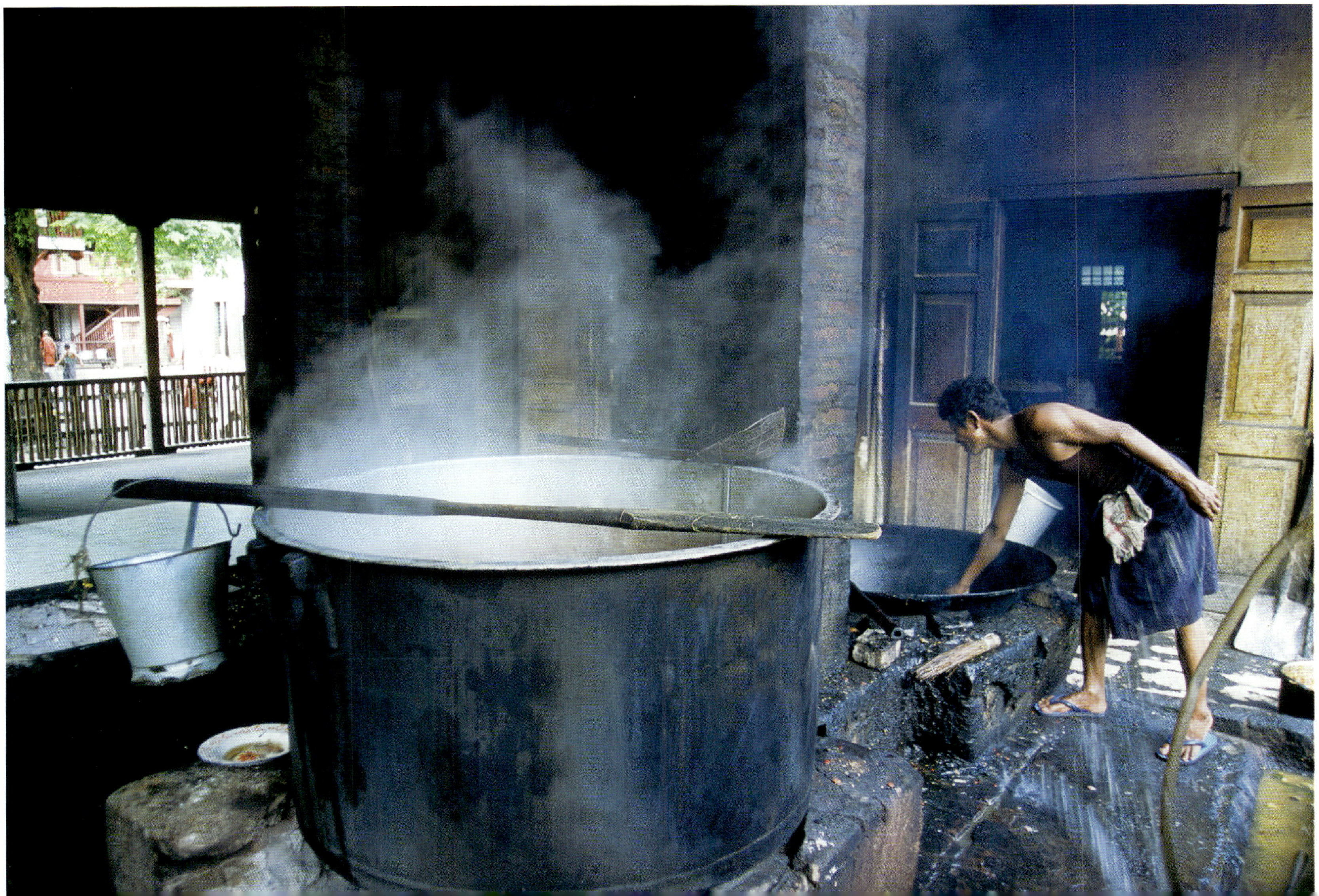

einer der Schüler auf und sagt mit heller Stimme die genaue Uhrzeit, die Stunde, den Tag, den Monat und das Jahr an. Im Anschluss daran verneigen sich alle Mönche vor dem Buddha, nochmals und nochmals. Dann ziehen sie sich zur Nachtruhe zurück.

Der Nat-Kult

Der Geisterglaube, der Nat-Kult, war in Burma schon lange bevor der Buddhismus kam, verbreitet. Es war im Glauben der Menschen fest verankert, dass Geister, gute ebenso wie böse, überall unterwegs sind, und so ist es auch heute noch. Jedes Dorf hat seinen Schutzgeist, den Geistern werden Opfer gebracht, um sie milde zu stimmen, Hilfe oder Schutz zu erbitten oder sie davon abzuhalten, Schaden anzurichten. Der Nat-Kult hat in Burma zwar sicher Wurzeln, die in die graue Urzeit der Geisterbeschwörung zurückreichen, er wurde aber vor rund tausend Jahren «kultiviert». König Anawrahta, der den Buddhismus in seinem Reich einführen wollte, versuchte die Nat-Verehrung zu verbieten. Er kam damit nicht durch. Die 36 Geister Oberburmas erwiesen sich als stärker und hartnäckiger und forderten ihre Blumengaben und Tieropfer weiterhin.

Anawrahta erklärte die 36 Nats schließlich zum untergeordneten Gefolge Buddhas und setzte einen 37. an ihre Spitze: Thagyamin. Er wurde zum König der Nats erklärt und verkörperte den auf dem Berg Meru herrschenden obersten Gott und Schutzherren des Buddhismus. So wurde der Nat-Kult dem offiziellen burmesischen Buddhismus einverleibt und «salonfähig». Dass die meisten der Nats außer Thagyamin in irgendeiner Verbindung zum Königshaus standen und eines unnatürlichen Todes gestorben sind – einige wurden ermordet, andere grämten sich zu Tode oder kamen im Gestank von Zwiebeln um – spielte dabei keine Rolle.

Der Nat-Geisterkult stammt aus vorbuddhistischer Zeit

Die Burmesen opfern ihren Nats nach wie vor hingebungsvoll Blumen, Geld, grüne Kokosnüsse und grüne Bananen. Am liebsten tun sie das auf dem Mount Popa, denn das ist der Wohnsitz der Nats. Und mit besonderer Hingabe bei *nat pwes*, spirituellen Festlichkeiten mit Musikgruppen, bei denen sich ein Medium in Trance tanzt, mit den Nats in Verbindung tritt und dann Fragen beantwortet. Dass für große und kleine Wünsche zusätzlich noch Amulette, Tätowierungen, Wahrsager und Wunderheiler verwendet werden, versteht sich für ein spirituelles Land wie Burma von selbst.

Burma kulinarisch – feurige Currys & Reis

Rauchende Feuerstellen, dampfende Töpfe, lachende Köche und Wellen von exotischen Düften – in Burma wird viel im Freien gekocht und gegessen. Ob in den engen Seitengässchen der Großstädte oder in der Umgebung der ländlichen Märkte, überall reihen sich kleine Garküchen und Imbissläden aneinander. Sie sind mit Tischchen und niedrigen Stühlen für die Kunden ausgestattet, die mehrmals täglich auf einen kleinen Happen vorbeikommen. Egal ob auf dem Weg zur Pagode oder zum Markt oder einfach nur zwischendurch während der Arbeit, Burmesen lassen sich vom Duft des Curry und der Fischpaste gerne verführen, sie essen immer und überall.

Oft werden die frischen Köstlichkeiten aus dem Suppentopf, der Pfanne oder dem Wok auch stehend verzehrt, Flüssiges wird lautstark geschlürft, bei Festem wird mit den Fingern zugelangt, eine Schale mit lauwarmem Wasser steht zum Reinigen bereit. Während nach und nach auch Löffel und Gabel in Gebrauch kommen, hat das Messer auf dem Tisch nichts verloren. Es ist auch nicht nötig, weil ja ohnehin alles klein geschnitten ist. Stäbchen gibt es nur in den zahlreichen chinesischen Restaurants.

Die Basis der burmesischen Küche ist, wie könnte es anders sein, der Reis. Ihn gibt es vom Frühstück bis zum Nachtmahl. Er kann grob-, fein- oder langkörnig, schneeweiß oder leicht gelblich sein, nur eines ist er nie: fad. Das liegt zum einen an den vielen unterschiedlichen Saucen und Gewürzen wie Ingwer, Kurkuma, Knoblauch, Pfeffer, Anis oder Chili und zum anderen an den köstlichen Gerichten, denen er als Beilage dient. Allen voran die verschiedensten Currys aus Huhn, Fisch, Schwein oder Rind. Sie können ganz schön feurig sein können, denn auch sie werden in Sesam- oder Erdnussöl mit Kurkuma, Zwiebeln, Koriander, Ingwer und Kümmel gekocht. Als Beilage gibt es Schälchen mit verschiedenen gebratenen oder gedünsteten Gemüsen wie Auberginen, Blumenkohl oder Zwiebeln. Gleichzeitig mit der Hauptspeise kommt auch die Suppe auf den Tisch, oft klare Gemüsesuppe oder Linsensuppe.

Eine der beliebtesten Beilagen zum Reis ist *balachaung*. Die tatsächlichen Ingredienzien für diese knusprige, würzige Mischung werden nicht gern verraten, als Basis dienen aber folgende Zutaten: getrocknete Garnelen, Knoblauchzehen, Garnelenpaste, Gelbwurz, Zwiebeln, Tamarindenpaste, Öl und Chilipulver. Neben dem Reis spielen auch die Reisnudeln eine wichtige Rolle. Sie werden in verschiedenen Größen und Stärken hergestellt. Die größten heißen *nangyi*, die kleineren *nanthay* und die flachen *nanpya*. Nudeln werden mit einer dünnen Sauce gewürzt und kommen zusammen mit Huhn, Fisch, Garnelen und Gemüse auf den Tisch. Sehr beliebt sind auch Nudelsalate, die zusammen mit Suppe gegessen werden.

Die Ehre, Burmas unbestrittenes Nationalgericht zu sein, gebührt der *mohinga*, der Nudelsuppe. Dieses bekömmliche, würzige Gericht, das vom Frühstück an zu jeder Tageszeit genossen wird, haben angeblich schon die Pyu vor 2000 Jahren geschlürft. Nach dem Originalrezept wird sie aus folgenden Zutaten zubereitet: Fisch, ein Stück vom Bananenstamm, Koriander, Chili, Knoblauch, Zitronengras, Ingwer, Enteneier, Zwiebeln, Fischsauce, Salz, Erdnussöl, Pfeffer, Reispulver, geröstetes Chilipulver, Gelbwurz und Nanthay, die kleinen Reisnudeln. Die Mohinga funktioniert ein bisschen wie ein Barometer der Wirtschaftslage: In schlechten Zeiten wird an den Zutaten gespart. Zurzeit muss sie immer öfter ohne das kostspielige Erdnussöl und die Enteneier auskommen. Dass die Burmesen gerne naschen, ist unübersehbar. Gebratene Bananen – je kleiner die Bananen, umso süßer –, Kokoskuchen, der süße Grießpudding *sanwin makin*, der Klebereis und das Seetang-Gelee *kyaukkyaw* sind süße Sünden.

Regional unterscheidet sich die Küche Burmas stark. In Niederburma wird viel Fisch gegessen, im weit von der Küste entfernten Shan-Gebiet hingegen dominieren Nudeln, und es gibt Obst und Gemüse wie in Europa. Eine typische Mon-Mahlzeit besteht aus Reis, würzigem Curry, einer milden Suppe, gekochtem Gemüse mit Garnelenpaste und Gebratenem. Man sitzt am Boden, das Essen vor sich auf einem niedrigen runden Tisch. Wenn Gäste da sind, wird die Hausfrau nur servieren, aber nicht mitessen. Sie isst erst, wenn alle anderen fertig sind. In den weniger fruchtbaren Bergregionen im Norden, in denen der Trockenreis nur einmal im Jahr geerntet wird, ist naturgemäß auch die Küche ärmer. Fantasie allerdings fehlt ihr auch dort nicht. Es kann schon vorkommen, dass knusprig gebratene Heuschrecken oder andere Insekten als eiweißreiche Delikatesse angeboten werden.

In den ländlichen Gebieten sind die Märkte der zentrale Umschlagplatz für Obst, Gemüse und Gewürze. Frauen müssen oft stundenlange Fußmärsche in Kauf nehmen, um ihre Waren verkaufen zu können, aber für viele ist das die einzige Möglichkeit, zu Bargeld zu kommen. Auf den Märkten mischen sich die unterschiedlichsten Düfte, Farben und Geräusche zu einer ganz eigenen Atmosphäre. Das meist am Boden ausgelegte Angebot ist überwältigend. Es reicht beim Gemüse von Auberginen über Bambussprossen zu Salat, Brokkoli, Chinakohl, Kürbis, Sellerie, Bohnen, Knoblauch, Lotuswurzeln, Ingwer, Okra, Süßkartoffeln, Gurken und Sojabohnen bis zum Zitronengras mit seinem kräftigen, säuerlichen Aroma. Und bei den Früchten von der riesigen Jackfruit über Kokosnuss, Mango, Papaya, Pomelo, Tamarinde und Wassermelone bis zum Rahmapfel mit seinem cremeartigen süßen Fruchtfleisch.

Jackfruits werden bis zu einem Meter lang, bis 40 Kilo schwer und ähneln – auch im Geruch – der Durian-Frucht

Übelriechend, aber innen vollkommen

Eine der eigenartigsten Früchte ist die Durian. Die große, grüne Frucht mit ihren kurzen Stacheln ist so übel riechend, dass sie die Luft ganzer Häuser in kurzer Zeit verpestet. Viele Hotels verbieten ihren Gästen, die «Stinksocke» aufs Zimmer mitzunehmen. Wer sich überwindet, die Durian zu kosten, erlebt allerdings seine Wunder. Wie der englische Naturforscher und Evolutionist Alfred Russel Wallace (1823–1913), der als erster Europäer versuchte, den Geschmack der Durian zu beschreiben: «*Ein würziger, butteriger, stark nach Mandeln schmeckender Eierrahm gibt die beste allgemeine Idee davon, aber dazwischen kommen Duftwolken, die an Rahmkäse, Zwiebelsauce, braunen Xereswein und anderes Unvergleichbares erinnern; dann ist der Brei von einer würzigen, klebrigen Weichheit, die sonst keinem Ding zukommt, die ihn aber noch delikater macht. Die Frucht ist weder sauer noch süß noch saftig, und doch empfindet man nicht den Mangel einer dieser Eigenschaften, denn sie ist vollkommen, so wie sie ist. Sie verursacht keine Übelkeit und bringt überhaupt keine schlechte Wirkung hervor, und je mehr man davon isst, desto weniger fühlt man sich geneigt aufzuhören. Durian essen ist in der Tat eine neue Art von Empfindung, die eine Reise nach dem Osten lohnt.*»

terra magica

Shan-Staat
Das asiatische Alpenvorland

An dem Versuch, Burma durch ein funktionierendes Verkehrssystem zu erschließen, scheiterten schon die Briten. Die Ledo Road, die von Indien durch den Kachin-Staat führen und an der chinesischen Grenze die Burma Road erreichen sollte und deren Bau ab 1942 so viele Menschenopfer forderte, dass sie Ein-Mann-pro-Meile-Straße genannt wurde, war nur kurze Zeit befahrbar, dann verschlang sie der Dschungel. Die «Todesbahn» über den Drei-Pagoden-Pass zum River Kwai in Thailand, bei deren Bau 1942 ebenfalls Tausende von Menschen umkamen, war überhaupt nur 16 Monate in Betrieb. Einzig die 1190 Kilometer lange Burma Road, die von Mandalay nach Südchina in die Provinz Yünan führt und zu deren Bau ab 1937 rund 160 000 Chinesen eingesetzt waren, funktioniert auch heute noch.

Die Burma Road ist allerdings die einzige Verkehrsverbindung im Norden Burmas, die den Namen Straße verdient. In den Süden des Shan-Staates per Bus oder Auto anzureisen, ist schon mühsam genug, in den Osten, an die Grenze zu China, weiterzufahren, ist praktisch unmöglich. Die rund 500 Kilometer lange Strecke von Taunggyi nach Kengtung ist im besten Fall in zwei bis drei Tagen zu bewältigen – in der Trockenzeit. In der Regenzeit dauert es mindestens zwei Wochen. Fazit: Wer in den Shan-Staat will, tut gut daran zu fliegen.

Das Erste, was jeder macht, der auf dem kleinen Flughafen von Heho ankommt, ist tief Luft holen. Nach der drückenden Schwüle von Rangun oder Mandalay wirkt die Luft des immerhin 1400 Meter hoch liegenden Ortes wie ein frischer, belebender Gruß aus den Alpen. Da spielt es keine Rolle mehr, dass der Flughafen von den technischen Errungenschaften der letzten 50 Jahre unberührt geblieben ist, dass es weder Sicherheitseinrichtungen noch elektronische Gepäckkontrollen gibt und die Gepäcksstücke von Hand geöffnet und vorgezeigt werden müssen.

Die Landschaft im Süden des Shan-Gebietes wirkt offen und frei. Es ist ein Hochplateau mit lang gezogenen, welligen Hügeln. Das entzückte schon die Briten. Sie nannten diese Region liebevoll «die burmesische Schweiz». Damit hatten sie gar nicht so Unrecht. Die für das übrige Burma so typischen Reisterrassen sind in dieser Höhenlage verschwunden, und die klare Luft lässt die Farben besonders kräftig strahlen, das Rot der Lateritböden und das Grün der Äcker und Felder. Auch was auf den riesigen Anbauflächen gedeiht, weckt heimatliche Gefühle. Wogende Weizenfelder ziehen sich sanfte Hügel hinauf, dann wieder Maisäcker oder lange Gemüsefelder mit Zwiebeln, Knoblauch, Kohl, Kraut, Blumenkohl oder Kartoffeln. Alles wie im guten alten Europa.

Bei den Pindaya-Höhlen allerdings ist Asien wieder voll spürbar, mit all seinen Rätseln und Geheimnissen. Ein von

Bilder nächste Doppelseite, Seiten
82, 83 und Doppelseite 84/85
Stadt Sagaing mit dem Sagaing-
Hügel, südwestlich der Stadt Mandalay:
- **Pagoden U Min Kyaukse und Ponnya Shin**
- **Stupa der Pagode Ponnya Shin**
- **Blick vom und Blick auf den Sagaing-Hügel**
- **drei Bilder der Kaunghmudaw-Pagode (nahe der Stadt)**

terra magica

terra magica

terra magica

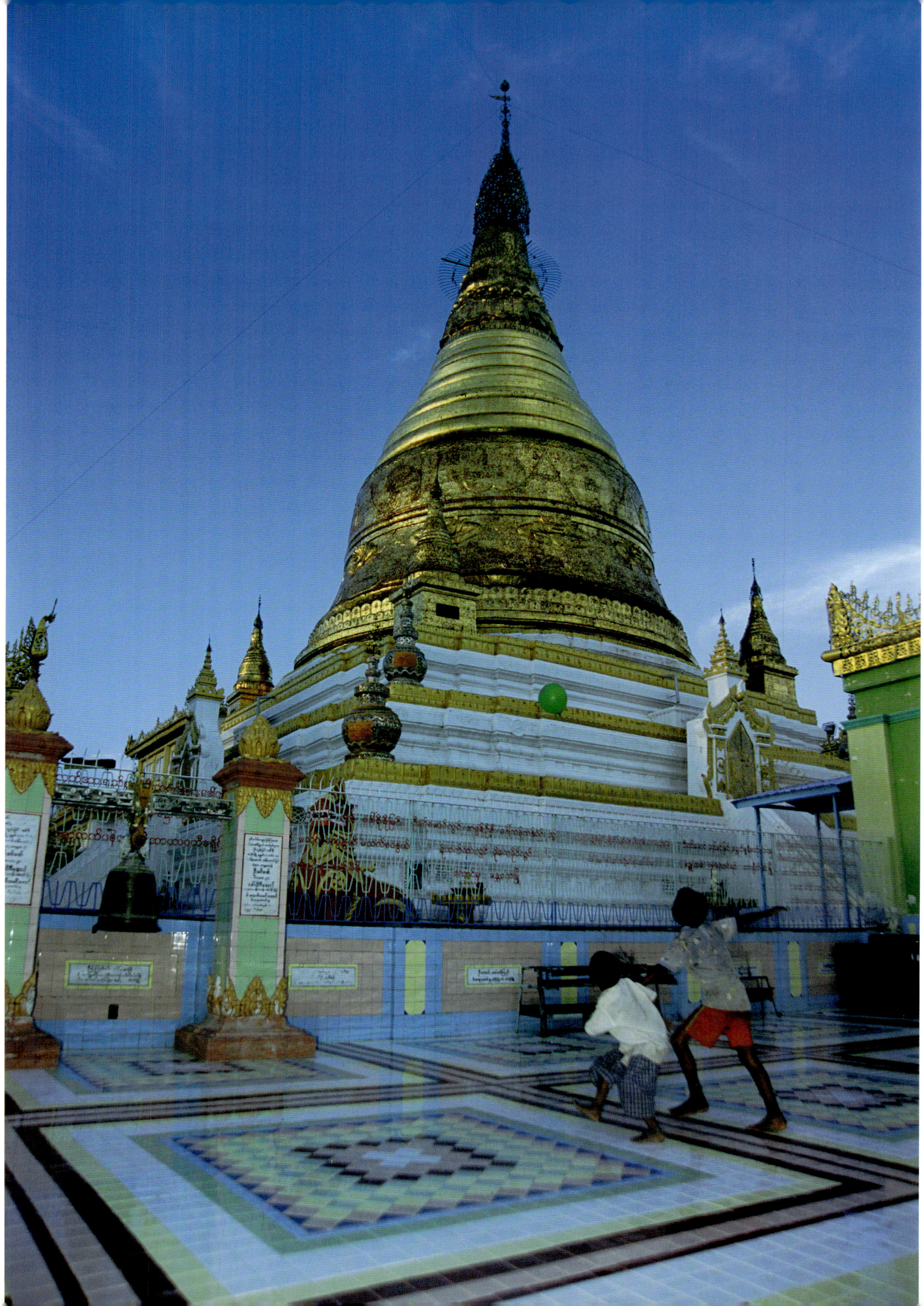

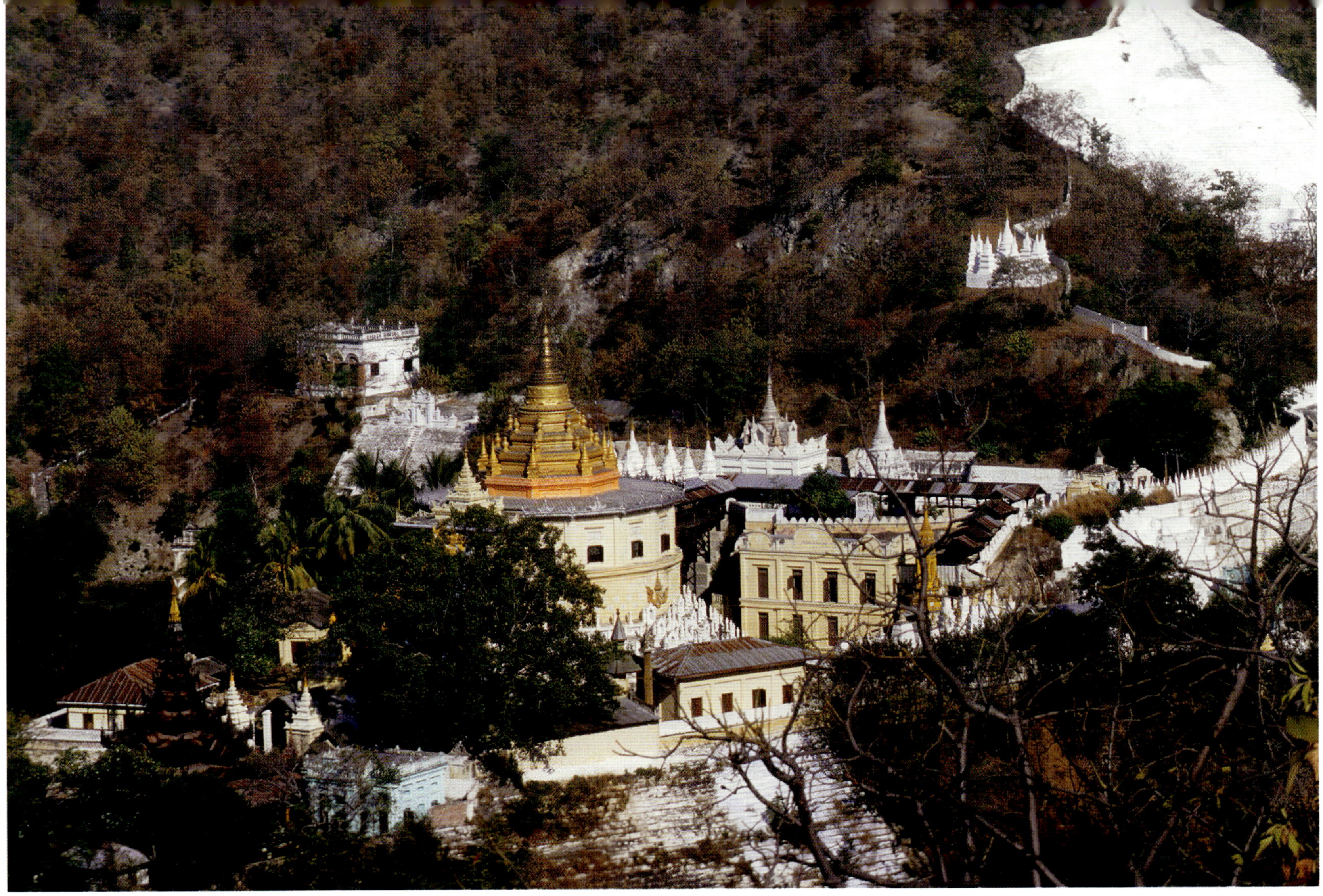

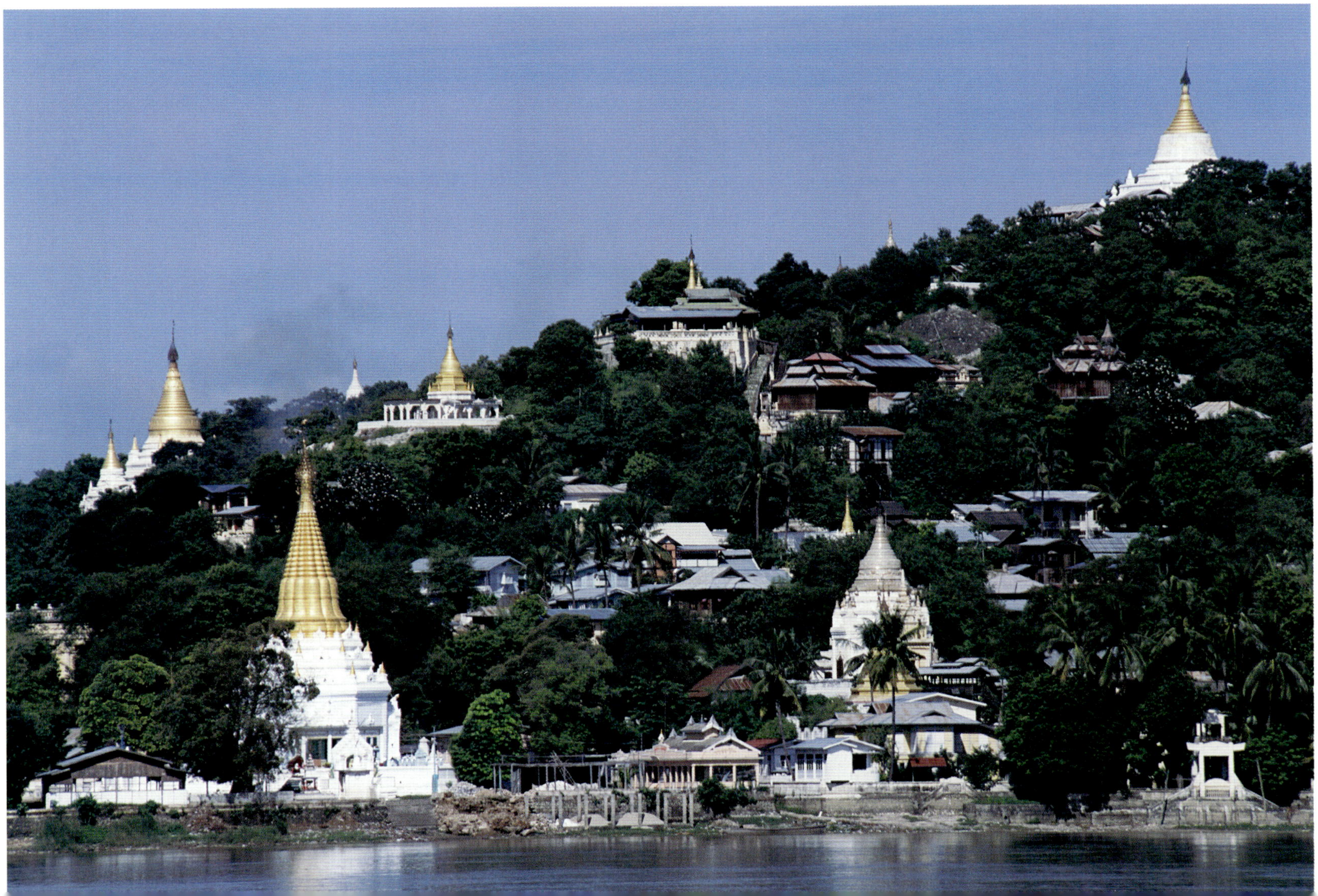

terra magica

terra magica

weitem sichtbarer, überdachter Aufgang führt hinauf zum Eingang der Tropfsteinhöhle. In der ersten großen Höhlenkammer steht die vergoldete Shwe-U-Min-Pagode, und um sie herum liegt ein Irrgarten von unglaublichen 8000 Buddhafiguren. Die meisten der teils aus Stein, teils aus Holz gefertigten Figuren stammen aus dem 18. Jahrhundert.

Riesenspinne mit sieben Prinzessinnen

Und eine gruselige Legende gibt es auch: Sieben Prinzessinnen sollen nach einem Bad im See von einer Riesenspinne in der Höhle gefangen gehalten und von einem schönen Prinzen befreit worden sein. Der mutige junge Prinz tötete die Spinne mit einem Pfeil und heiratete die schönste der Prinzessinnen.

Ähnlich märchenhaft geht es auch um den Inle-See zu. Dieser nur zwei, höchstens drei Meter tiefe grünblaue See ist nicht nur wegen seiner anmutigen Umgebung etwas ganz Besonderes. Er ist der Schauplatz für ein pittoreskes Panoptikum, bestehend aus Einbeinruderern, springenden Katzen, Menschen, die auf dem Wasser leben und Gemüsebeeten, die auf Reisen gehen. Wahrscheinlich hat alles damit begonnen, dass die Intha, ein besonders fleißiges und erfindungsreiches Volk im Süden Burmas, eines Tages von den ständigen Kämpfen zwischen Thai und Burmesen genug hatten und nach Norden zogen. Sie siedelten sich um den Inle-See an – und im See selbst. Dort leben sie heute noch, wie eine morgendliche Bootsfahrt von Nyaungshwe aus beweist.

Bilder rechts und nächste Doppelseite
Ava (In-Wa), 300 Jahre lang Landeshauptstadt:
  • **Steinkloster Maha Aungmye Bonzan**
    • **Teakholzkloster Bagaya Kyaung**
      mit goldenem Buddha

terra magica

terra magica

terra magica

Durch einen Kanal, der ständig von üppig wuchernden Wasserhyazinthen freigehalten werden muss, geht es in rund sechs Meter langen Booten auf den See hinaus. Um diese Tageszeit, wenn die Luft windstill und die Oberfläche des Sees spiegelglatt ist, sind die Einbeinruderer unterwegs. Sie balancieren auf dem Heck ihrer Boote auf einem Bein, mit dem anderen betätigen sie ein Paddel und bewegen das Boot damit vorwärts. Sobald sie bemerken, dass sich im klaren Wasser etwas bewegt, werfen sie ein konisches Bambusgestell mit Netzen aus, scheuchen den Fisch mit einem Stock auf, bis er sich im Netz verfängt, und ziehen es dann blitzschnell hoch. Weil sie für alle diese Handgriffe beide Hände brauchen, ist es eigentlich ganz logisch, dass sie eine Technik entwickelten, um mit einem Bein zu rudern.

Aber das ist nur eine der höchst merkwürdigen Techniken, die am Inle-See praktiziert werden. Die andere besteht darin, den See als Garten zu nützen. Die Inthas haben eine Methode gefunden, die Humusschicht, die sich im Laufe von mehreren Jahrzehnten in Ufernähe zwischen dem Geflecht von Wasserhyazinthen und Seegras bildet, in rund 20 Meter langen und etwa zwei Meter breiten Flächen auszustechen, per Boot in den See zu schleppen und dort mit Bambusstangen zu verankern. Auf diesen leicht schwankenden Beeten ziehen sie alle möglichen Gemüsesorten wie Tomaten, Blumenkohl oder Stangenbohnen. Und Blumen, vorwiegend bunte Astern, die als Opfergaben für Pagoden und Tempel verwendet werden. Gepflegt werden die schwimmenden Beete von Booten aus. Der unübersehbare Vorteil dabei ist, dass sich das Gießen der Pflanzen erübrigt, denn sie holen sich ihr Wasser selbst aus dem See.

Ideale Lebensbedingungen bietet der See aber nicht nur dem Gemüse, sondern auch den Menschen. Mitten im See liegen ganze Dörfer. Ihre bis zu zweistöckigen Häuser stehen auf Stelzen und sind nur per Boot durch Wasserstraßen erreichbar. Von den Hauptkanälen zweigen Seitenkanäle ab, meist durch Holzzäune begrenzt. Das Dorfleben funktioniert trotzdem wie am Schnürchen. Morgens fahren Kinder in ihrer grün-weißen Uniform in kleinen Booten zur Schule, an gewissen Tagen werden schwimmende Märkte abgehalten, und ganze Handwerksbetriebe leisten volle Arbeit.

Eine große Schmiede zum Beispiel erzeugt die besten Macheten, Scheren und Messer, eine Kleinfamilie produziert begehrte Cheroot-Zigarren, und Seidenwebereien haben sich auf die komplizierte Ikat-Technik spezialisiert. In einer Weberei arbeiten sogar rund hundert Frauen an Webstühlen. Ein Betrieb stellt aus den Stängeln der Lotusblüten Fäden für Stoffe her, die zu feinsten Tüchern und Schals verarbeitet werden, in der Qualität vergleichbar mit Kaschmir.

Mönche dressieren Hauskatzen

Ideen entwickelt am Inle-See aber nicht nur die profane Bevölkerung. Auch die Geistlichkeit lässt sich etwas einfallen. Im Kloster Nga Phe Kyaung, das übrigens auch für seine Sammlung von Buddhastatuen im Shan-Stil berühmt ist, beschäftigen sich die Mönche damit, Katzen zu dressieren. Tatsächlich haben sie es in dieser Kunst weit gebracht. Die kleinen Zimmertiger springen durch Reifen und führen Besuchern ihre Kunststücke ohne Scheu vor.

Ein ganz besonderer Ort ist Indein, wenige Kilometer westlich vom Ufer des Inle-Sees. Schon die Zufahrt vom See aus ist höchst romantisch. Man fährt im Boot einen Fluss landeinwärts, der sich in lieblichen Mäandern dahinschlän-

Bilder rechts, nächste Doppelseite und Seiten 94, 95
Pagan (Bagan), Burmas bedeutendste archäologische Stätte:
• *Tempel und Stupas in der Zone C*
• *fünf Bilder von ähnlichen, aber nicht denselben Tempeln*
• *Kloster Tant Kyi Taung mit Wächterelefant*
• *kleines Kloster. Fahrt auf dem Irrawaddy*

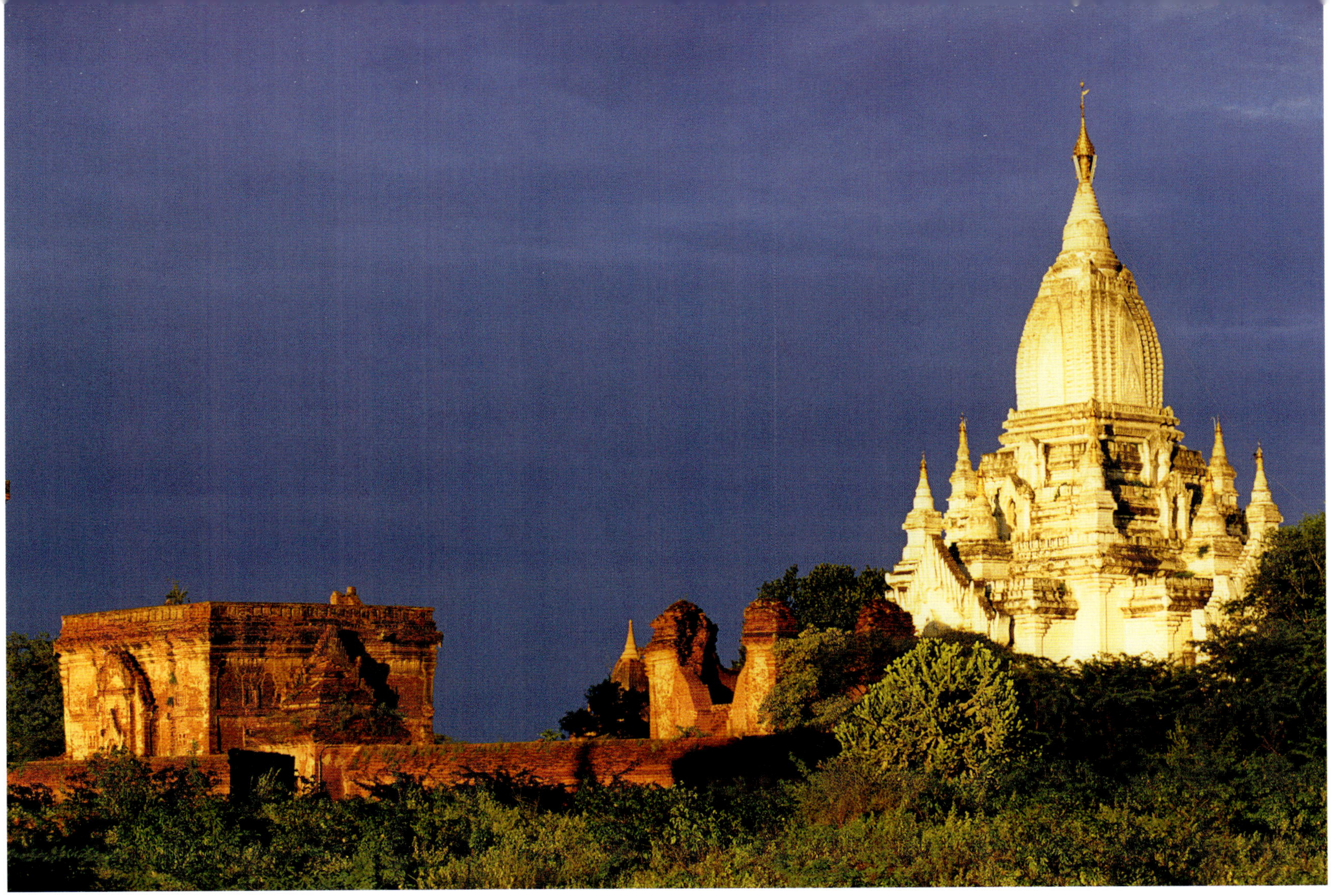

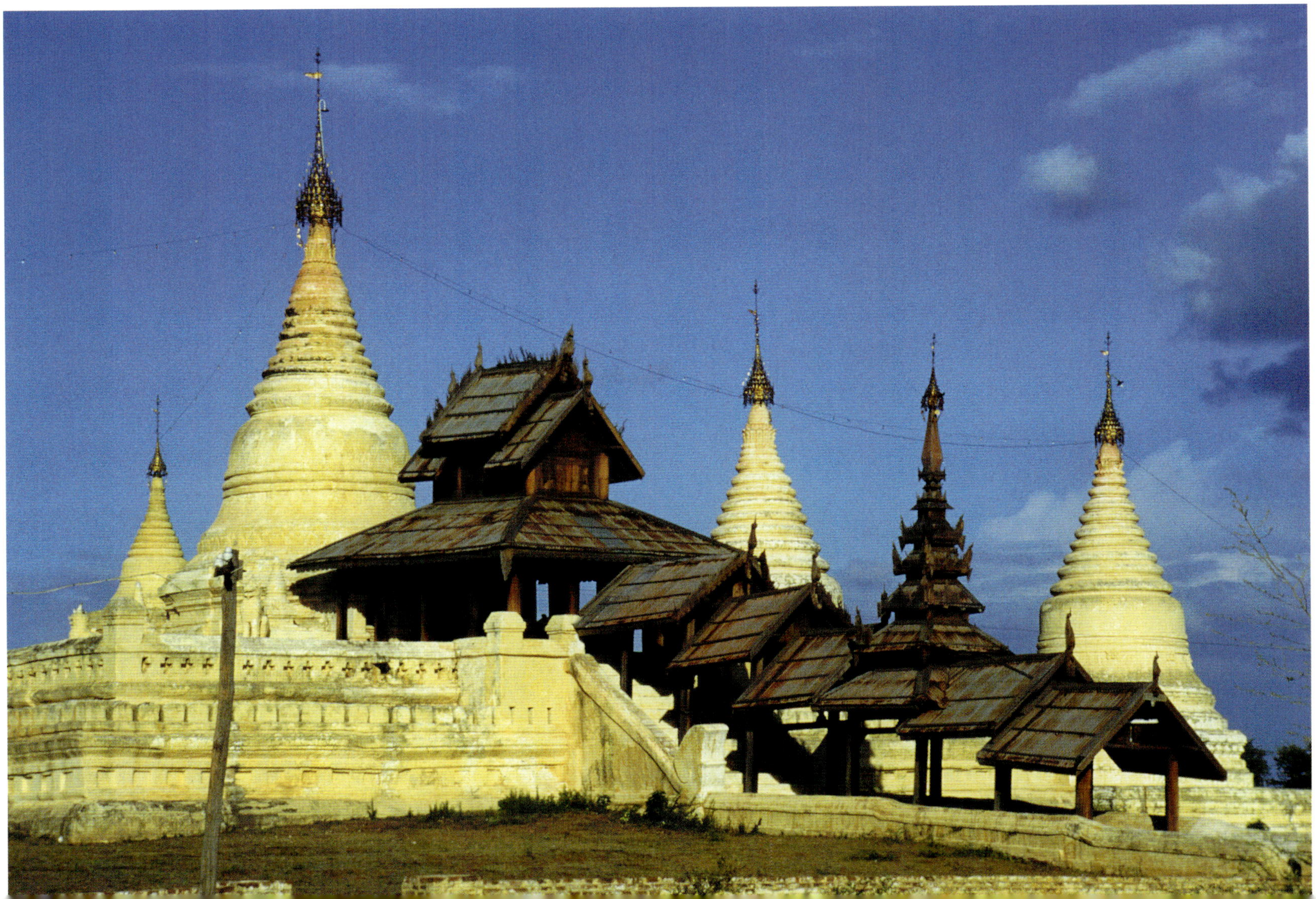

terra magica

terra magica

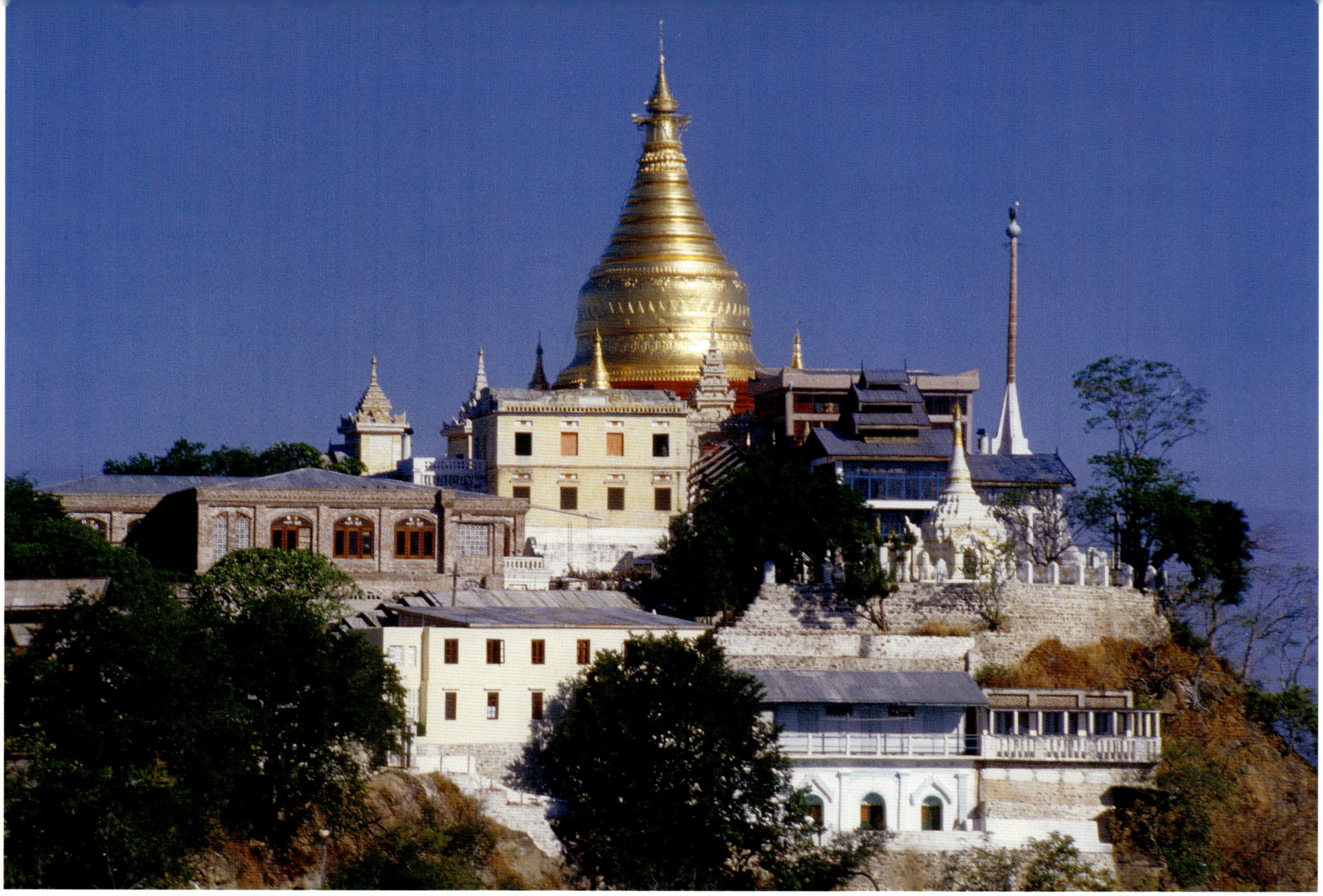

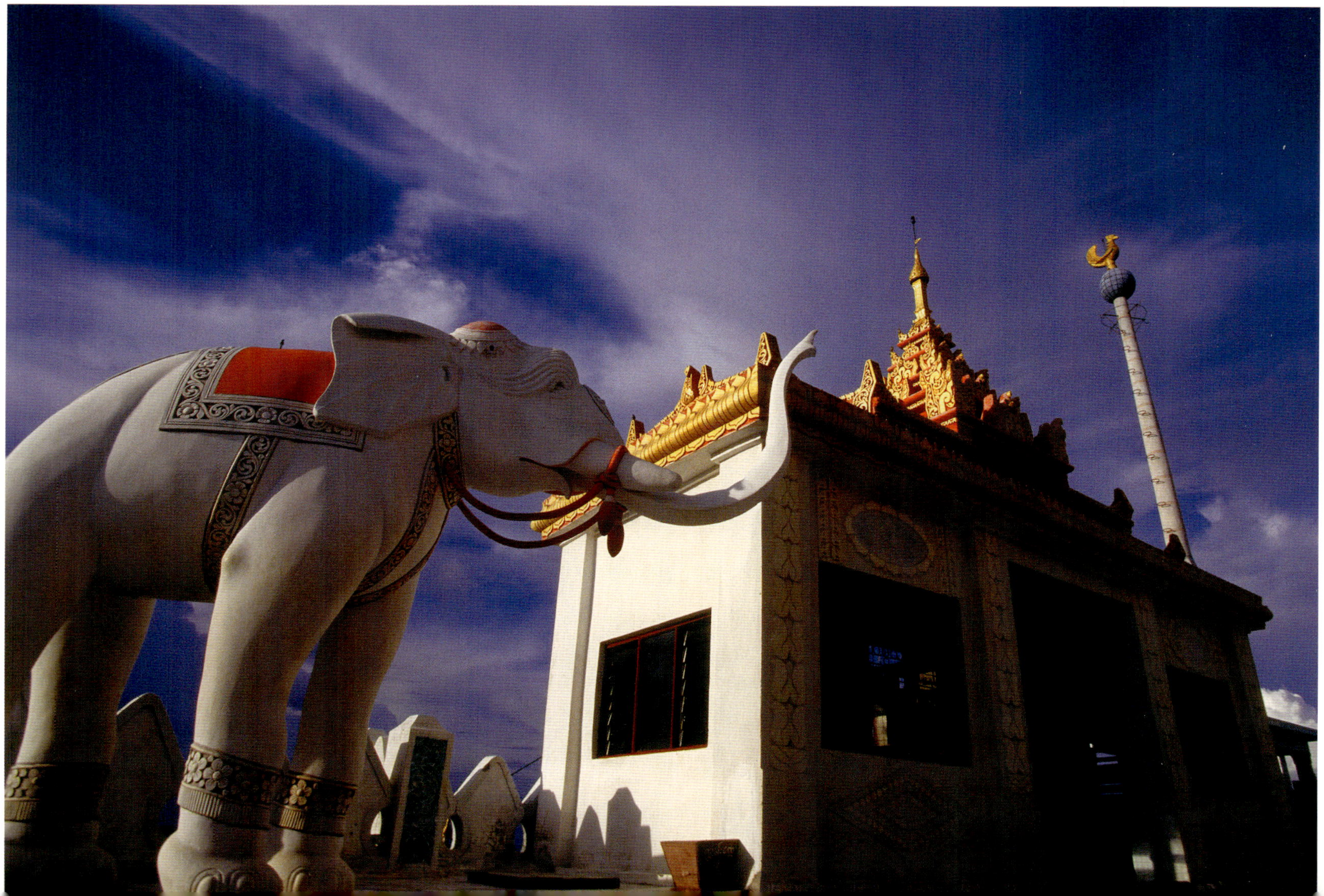

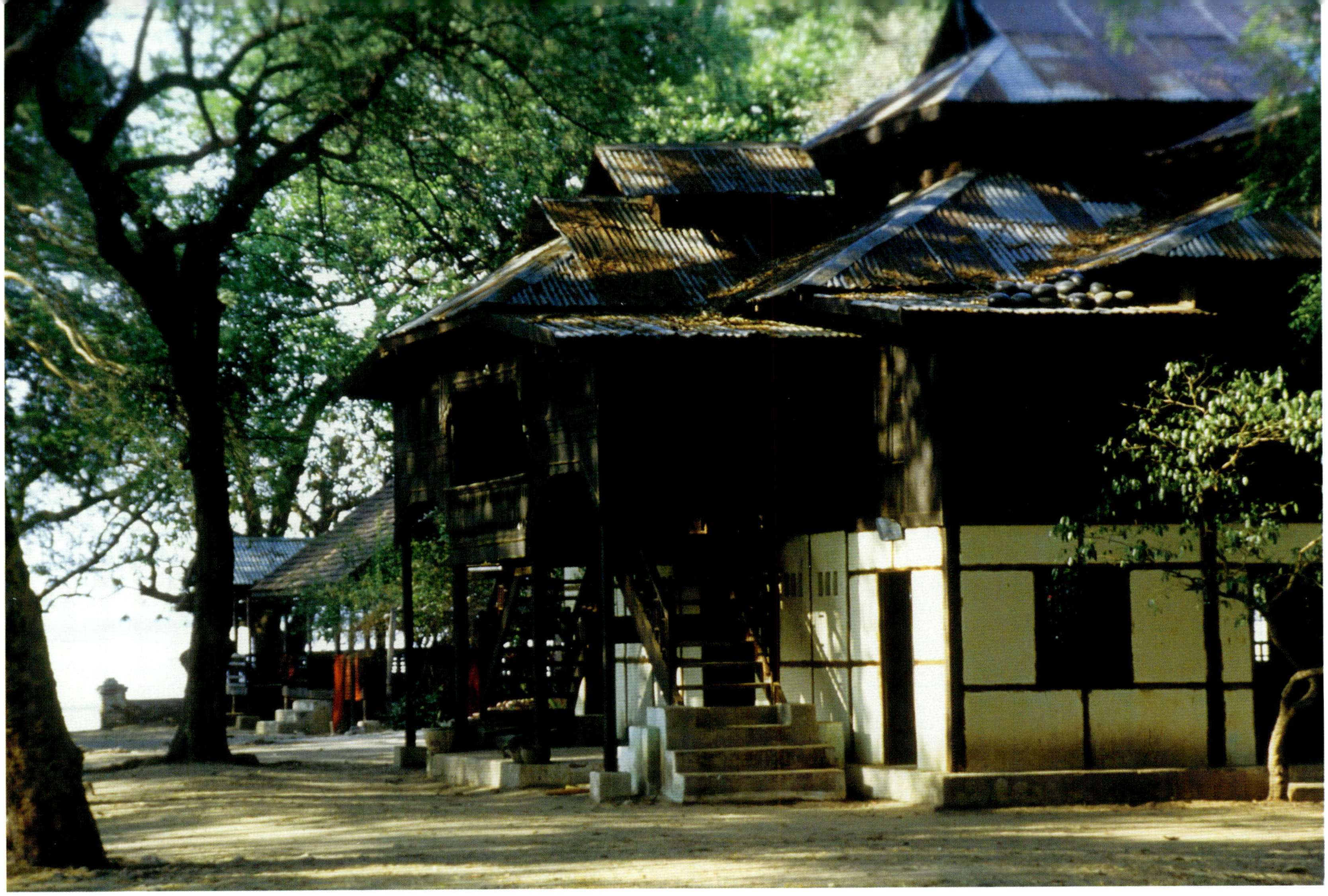

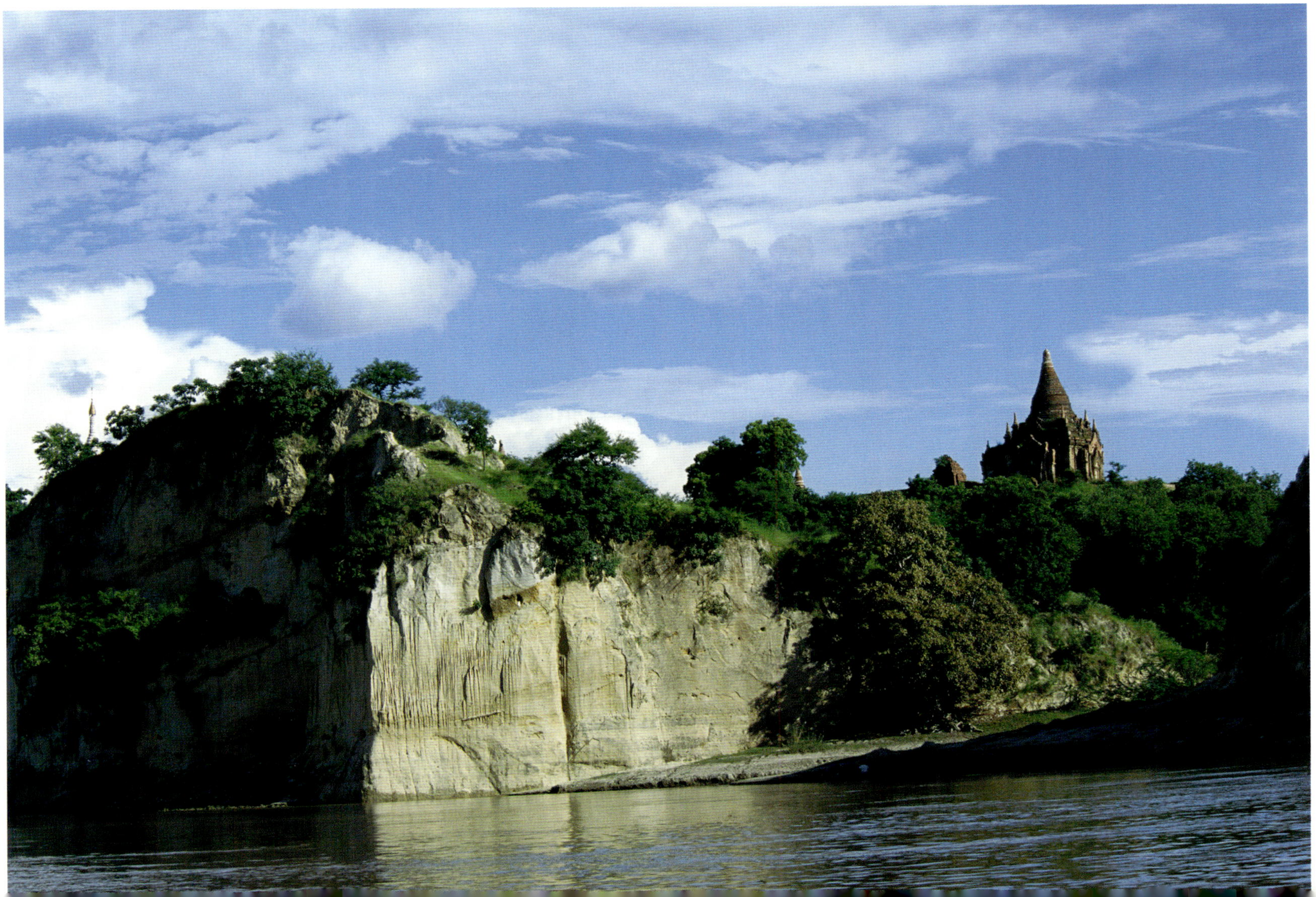

gelt, manchmal in ruhige, zum Fischen geeignete Becken aufgestaut und dann wieder mit Brücken überspannt, von denen fröhliche Kinder herunterwinken. Das Boot passiert ein Spital, eine Schule und eine Stelle, an der sich Wasserbüffel besonders gern im Schlamm suhlen. Auch Indein selbst ist ein ruhiger, idyllischer Ort, in dem es sich nett herumspazieren lässt. Etwas außerhalb des Dorfes wartet aber noch eine Sensation. Dort führt ein überdachter Aufgang auf einen Hügel mit einem schön vergoldeten Stupa. Die Steinstufen sind schief, alt und verfallen. Zu ihren beiden Seiten reihen sich Hunderte von kleinen Pagoden, auch sie verwittert, oft durch Risse entstellt, aus denen Pflanzen wuchern. Dazwischen liegen, wie beiläufig ausgestreut, völlig intakte Steinreliefs im Gras herum. Auch das Bambuswäldchen hinunter zum Fluss wirkt wie seit Jahrhunderten unverändert. Und am Fluss waschen Pa-O-Frauen wie einst lachend und singend ihre Wäsche – «oben ohne» selbstverständlich.

Wer die Tempelanlage von Indein gestiftet hat, ist längst vergessen. Vermutet wird, dass es ein Shan-Fürst im 17. Jahrhundert war. Damals scheinen Stiftungen dieser Art irgendwie in Mode gewesen zu sein, in Kakku gibt es sogar einen Pagodenwald mit 2500 Stupas.

Seit ein Teil des ehemaligen Opiumdreiecks für Touristen geöffnet wurde, kann man auch Kengtung ganz im Osten des Shan-Staates besuchen – per Flugzeug selbstver-

Bilder rechts, nächste 6 Seiten und Doppelseite 102/103
Gebiet um Pagan, sakrale Bauten und Alltag:
• **rote und weiße Pagoden, goldene Stupas**
• **Zigarrenmacherinnen. Weberin**
• **Pagode Tant Kyi Taung**
• **Leben im Dorf Pagan**
• **bald vom Grün überwachsene Ruinen**
• **Ananda-Tempelanlage mit einem der vier Buddhas von zehn Meter Höhe**

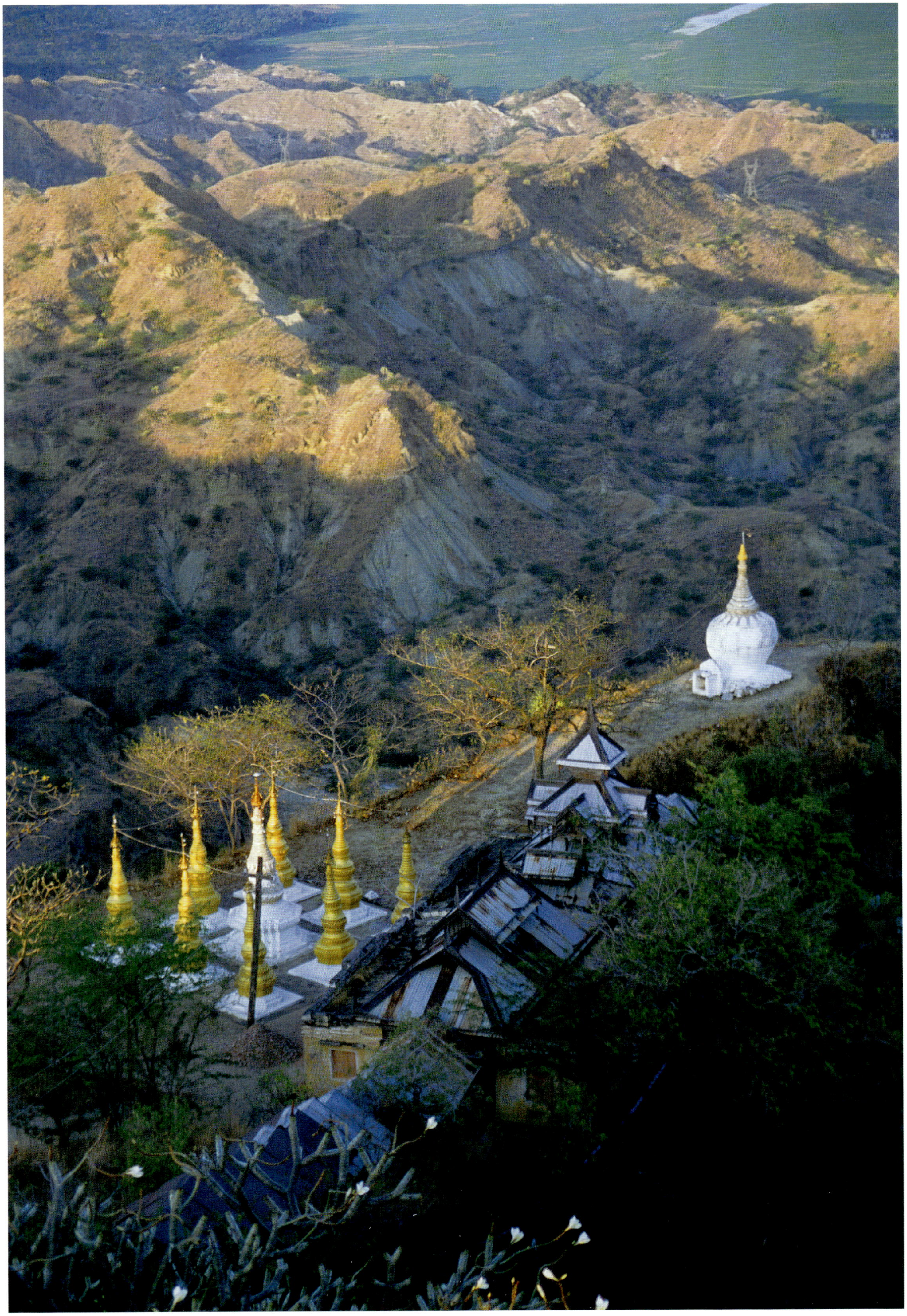

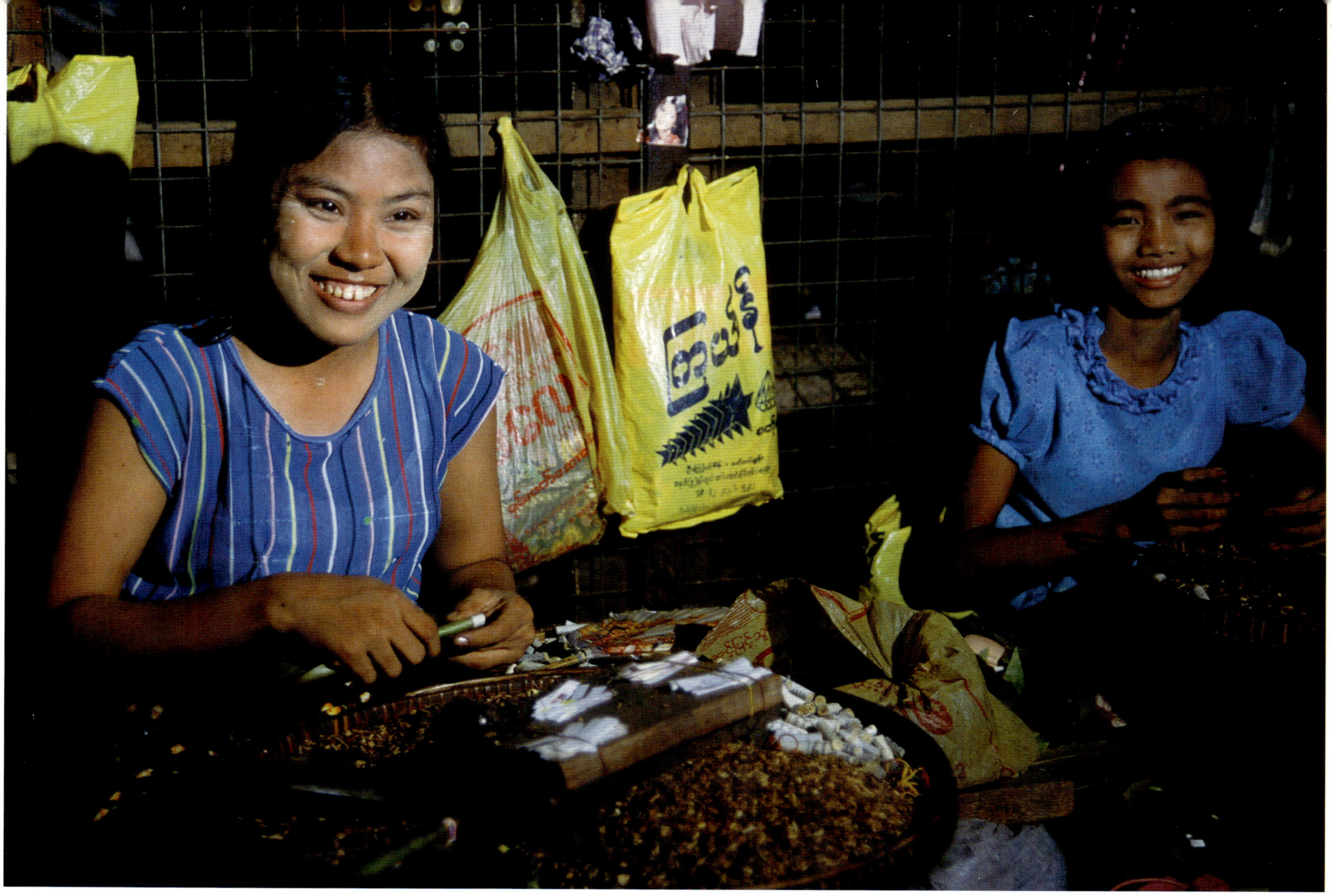

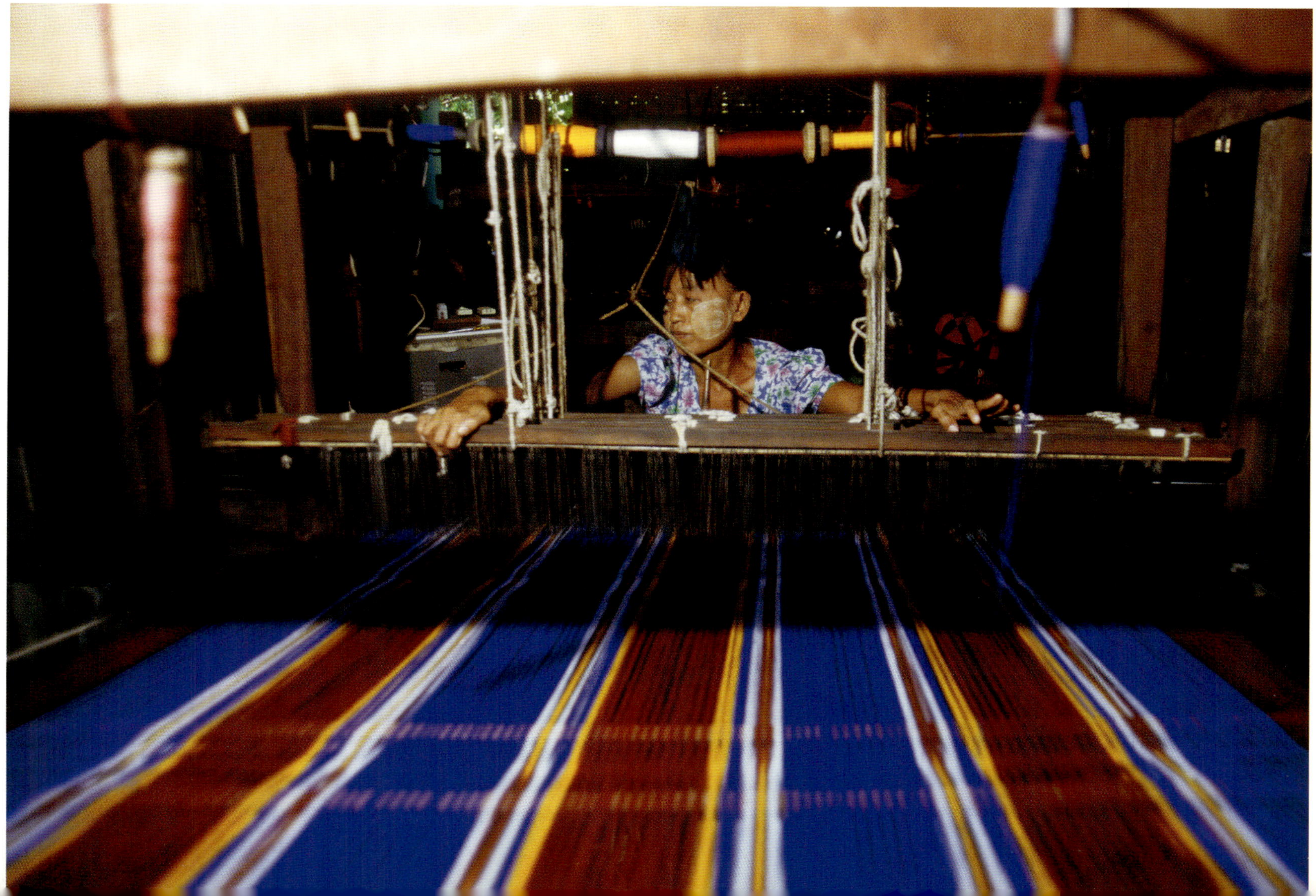

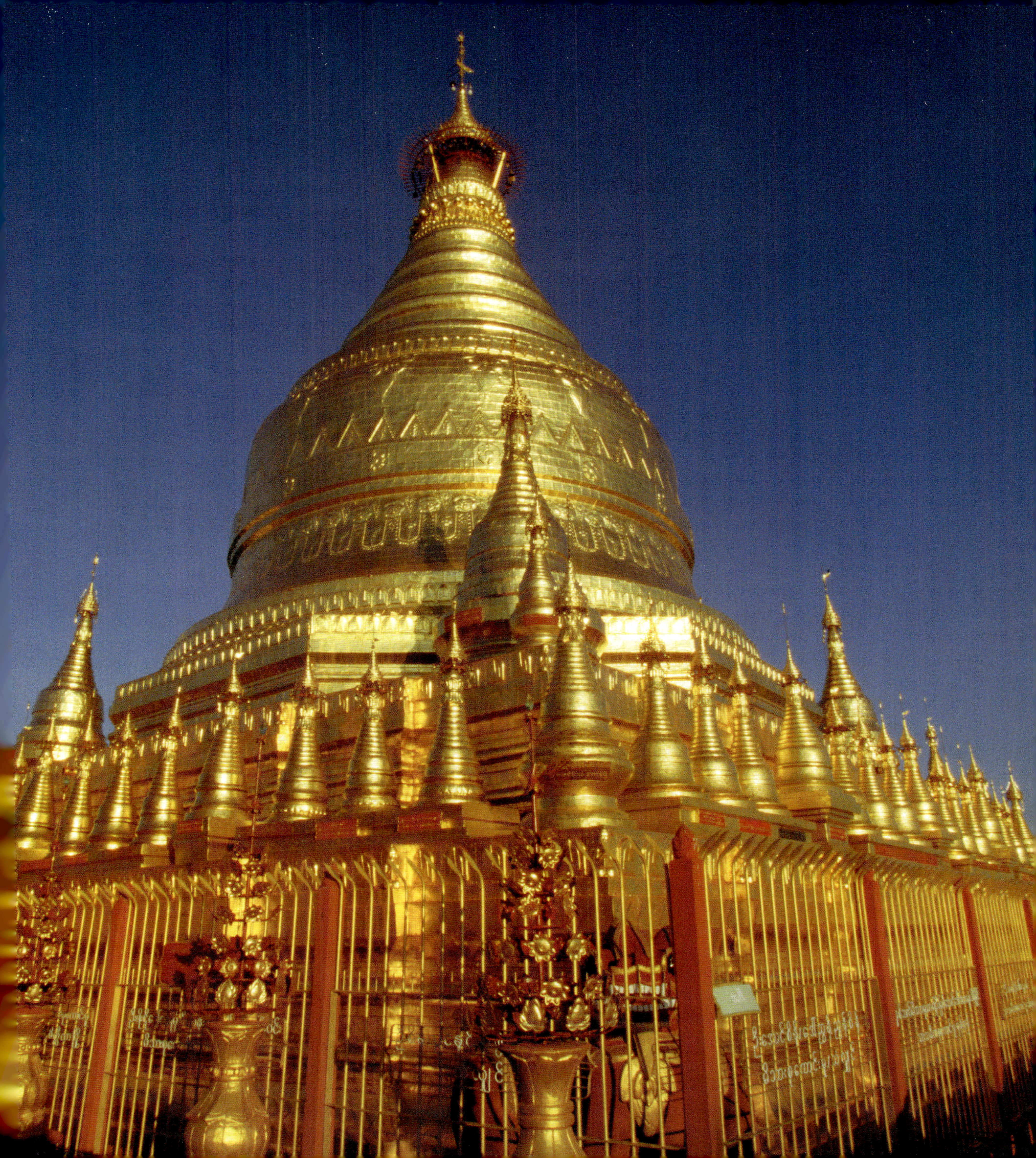

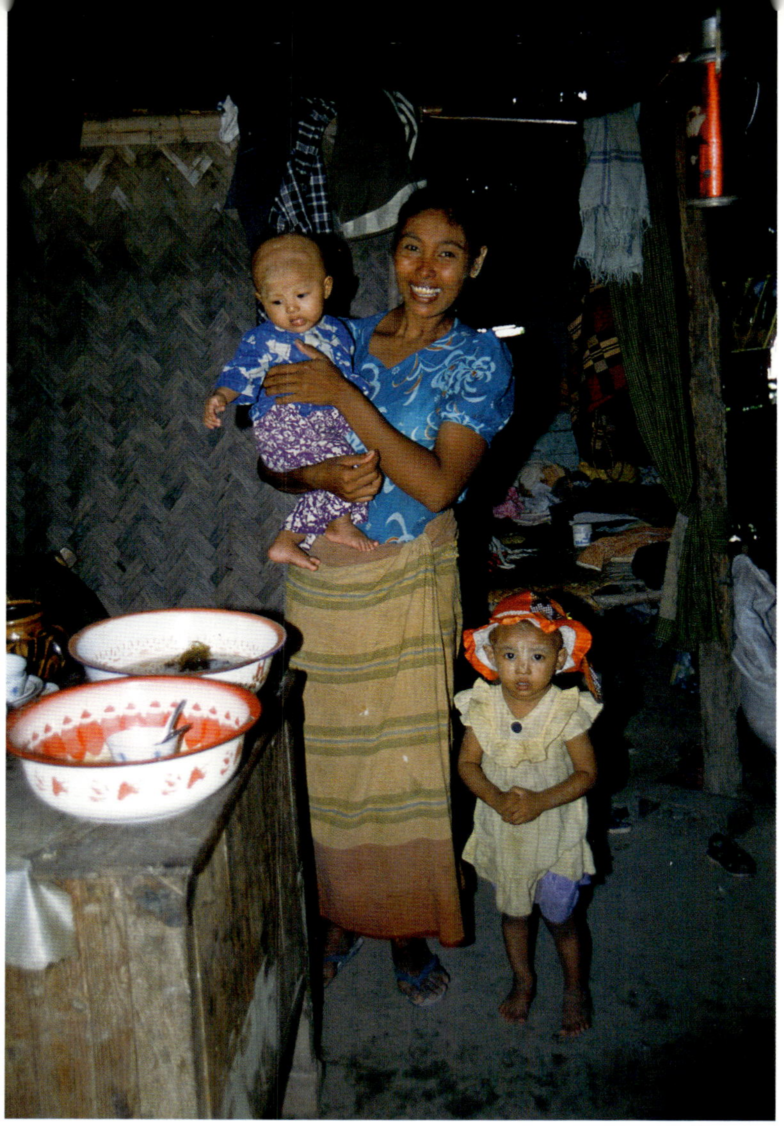

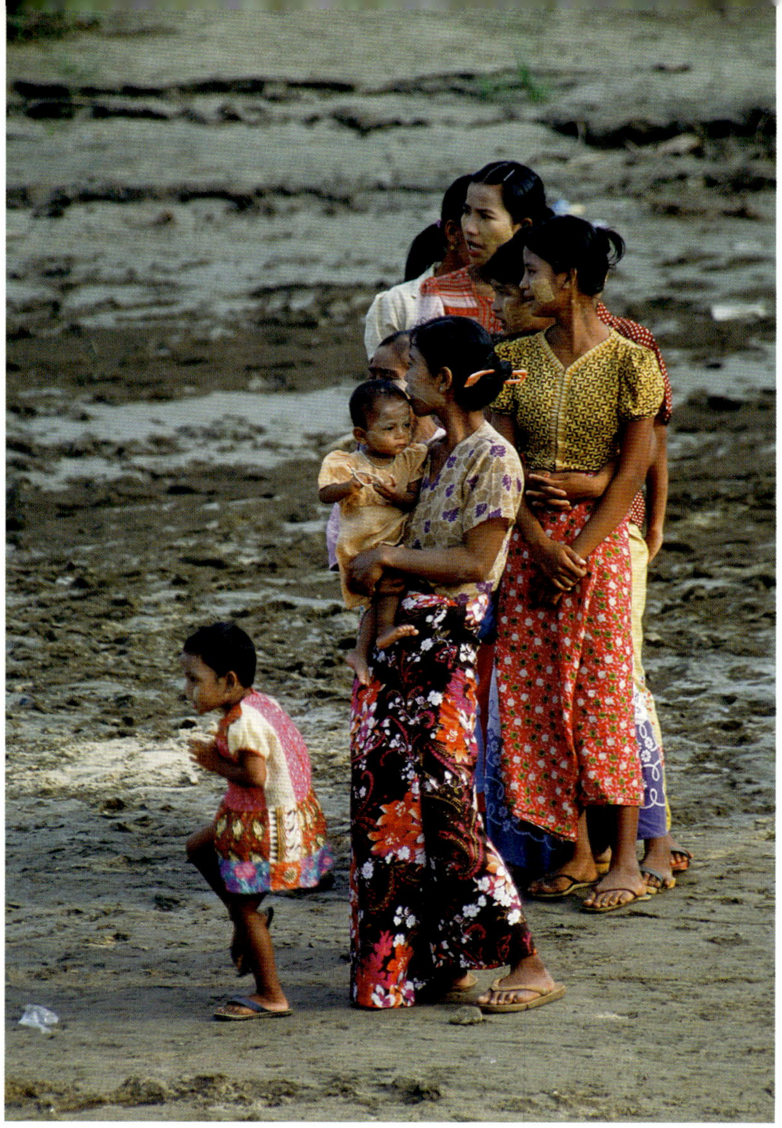

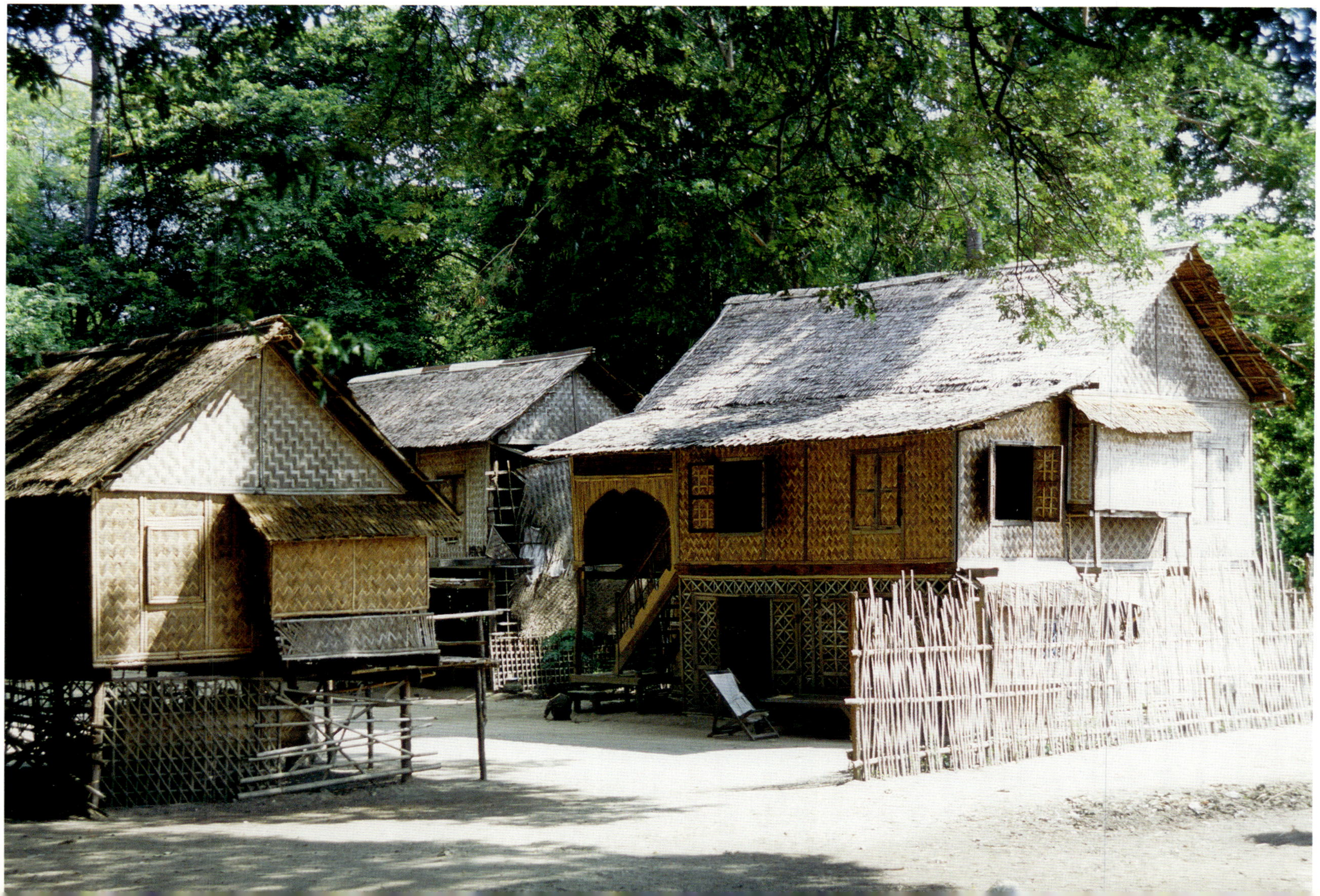

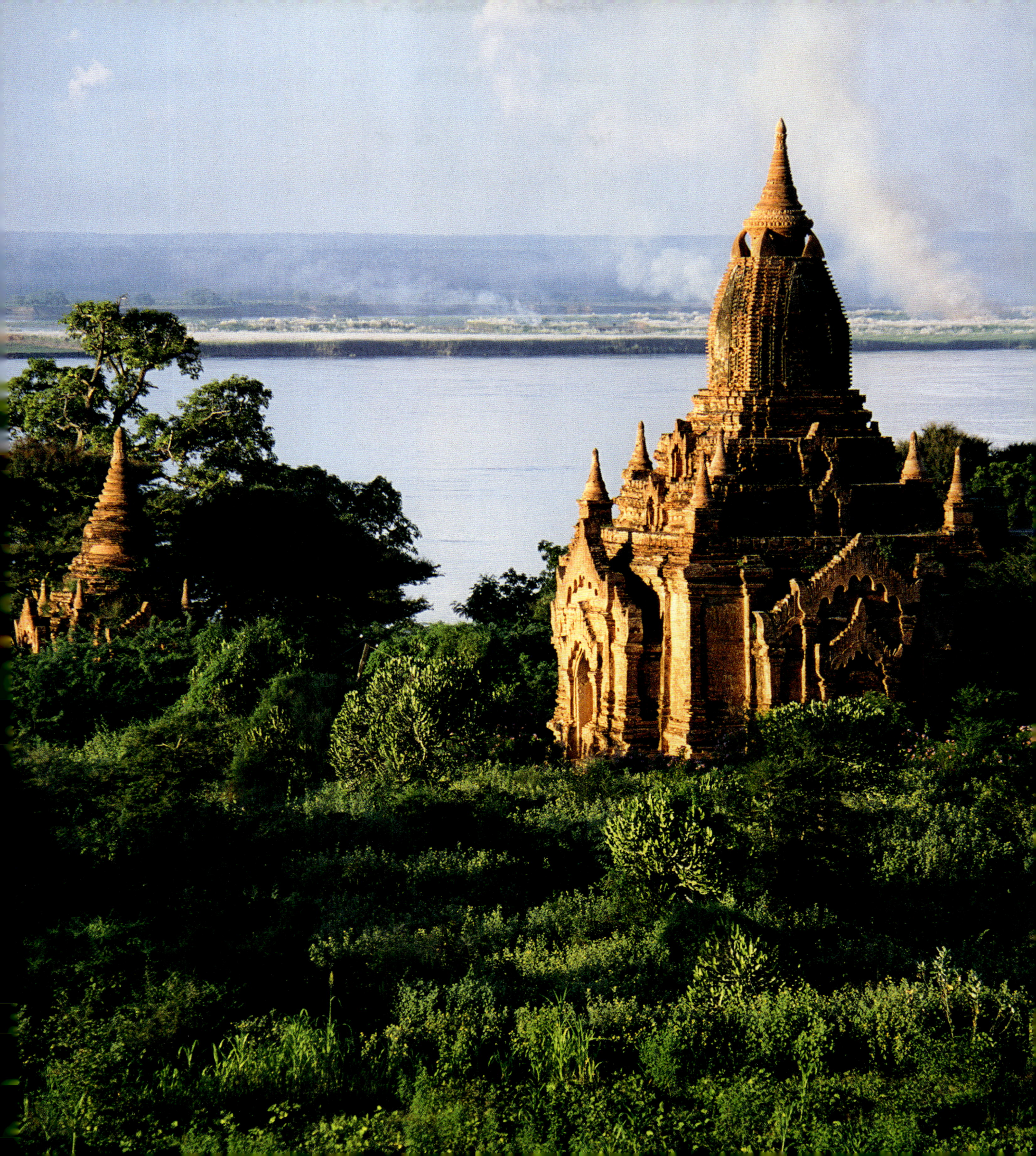

terra magica

terra magica

ständlich. Es ist eine typische Kleinstadt auf 750 Meter Höhe, umgeben von 2000 Meter hohen Bergketten. Die Hauptattraktionen von Kengtung sind der Naung-Tung-See in der Mitte der Stadt, der Tempel Wat Jong Kham und der Wasserbüffelmarkt.

Die Ruhe von Kengtung ist nur scheinbar. Unweit der Stadt befindet sich das zweitgrößte Drogenanbaugebiet der Welt. In den umliegenden Bergen agieren nach wie vor diverse Armeen, und das Gebiet entlang der chinesischen Grenze ist in der Hand von Wa-Fürsten. Sai Leun war lange einer von ihnen, die USA führten ihn auf der Liste der zehn gefährlichsten Drogenbarone. Vor einigen Jahren aber wurde der Saulus zum Paulus. Er ließ große Mengen Opium verbrennen, baute ein Antidrogenmuseum, arrangierte sich mit der Regierung und wurde seriös.

Seit Sai Leun in der Grenzstadt Mongla sein erstes Casino eröffnete, veränderten sich der Ort und seine Umgebung schlagartig. Wo einst die kaum zugänglichen primitiven Dörfer der Akha lagen, führt jetzt eine breite asphaltierte Straße in den Ort. In einem regelrechten Bauboom entstanden Casinos, ein Golfplatz, Hotels, Pensionen und Pagoden. Da in China das Glücksspiel verboten ist, kommen pro Tag bis zu 10 000 Chinesen über die Grenze. Und russische Prostituierte haben den Braten auch schon gerochen. So weit ist es entlang der Burma Road im nördlichen Shan-Staat noch nicht.

Bilder rechts, nächste beiden Seiten
und Doppelseite 108/109
Weitere Impressionen in Pagan und seinem Umland:
• Die Shwezigon-Pagode ist 60 Meter hoch
und fast tausend Jahre alt
• Shwesandaw-Pagode, erbaut ab 1057
• Auf 1500 Meter Höhe steht die Tempelanlage
mit Kloster des Berges Popa
• Landleben am Fluss und auf den Straßen

terra magica

terra magica

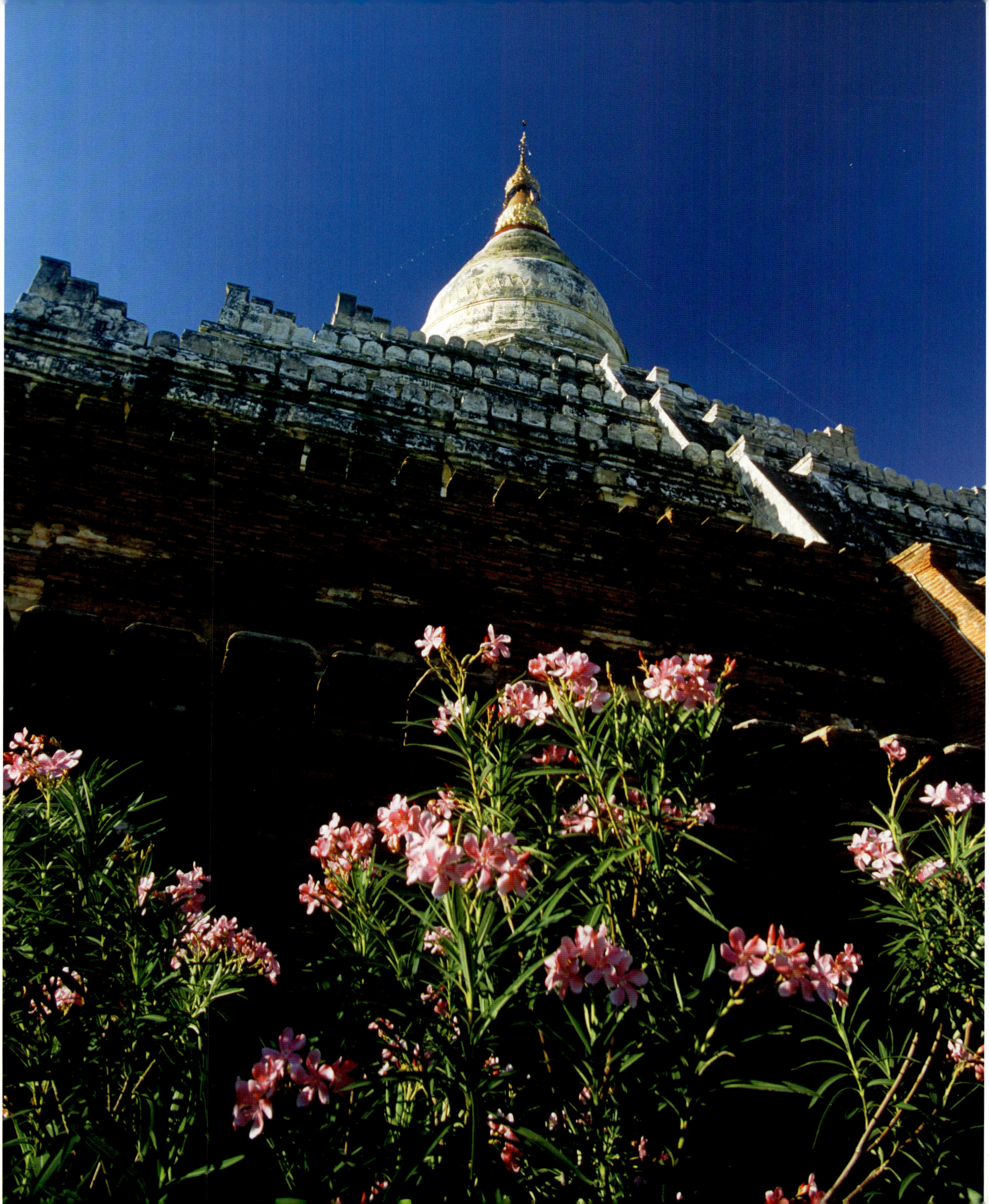

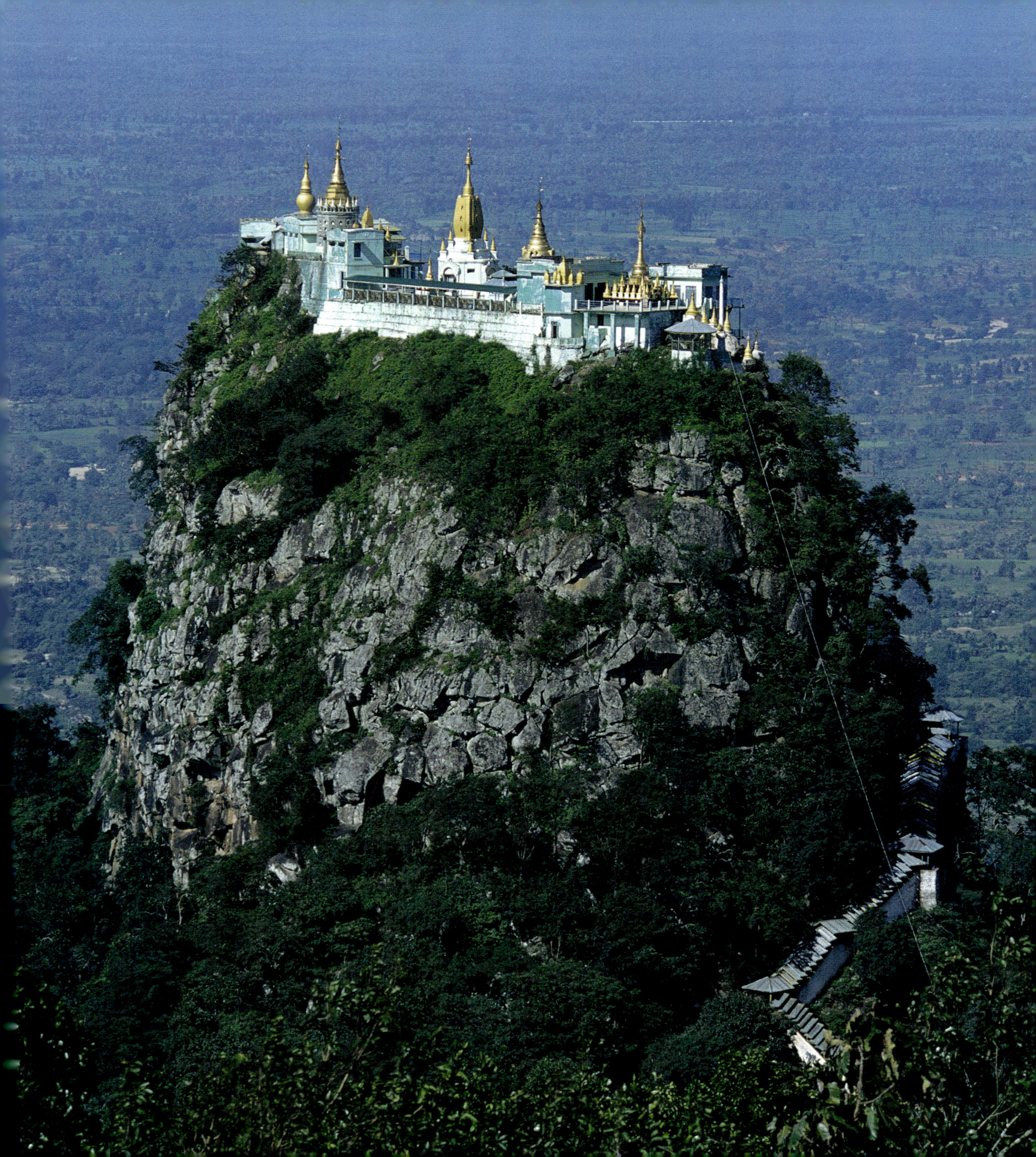

terra magica

terra magica

Sobald sich die Straße von Mandalay in das rund 1000 Meter hohe Maymio hochgeschraubt hat, gibt es auch hier ein Aufatmen – die Luft ist merklich frischer und kühler. Das wussten auch schon die Briten zu schätzen. Sie bauten sich in diesem Luftkurort wunderschöne Landhäuser. Auf einer Droschkenfahrt durch Maymio kann man gut hundert Villen im schottischen Stil bewundern. Einige wurden inzwischen zu Hotels umgebaut, allen voran das ursprünglich 1906 errichtete Candacraig. Eine echte Sehenswürdigkeit ist auch der Botanische Garten, der 1917 angelegt wurde.

Die Burma Road ist seit kurzem wieder eine echte Handelsroute. Aus China rollen Lastwagen mit allen Arten von Plastikwaren, Kassetten- und Videorecordern heran. Zwischendurch gibt es immer wieder Polizeikontrollen, um das prächtig florierende Geschäft der Schmuggler zu behindern, sie richten aber nicht viel aus. Parallel zur Burma Road verläuft die Eisenbahnlinie nach Lashio – über die Meisterleistung englischer Ingenieurskunst, den Gokhteik-Viadukt, der aus Sicherheitsgründen lange von Ausländern nicht fotografiert werden durfte.

In Hsipaw, der gemütlichen Kleinstadt, in der Inge Eberhard, die aus Kärnten stammende Frau des letzten Fürsten, lebte, hat dieser neue Handel noch keine grundlegenden Veränderungen bewirkt. In Lashio, der 100 Kilometer von der Grenze entfernten Stadt, hingegen schon. Dort blüht das Geschäft. Aber das ist kein Wunder, denn die Bevölkerung besteht zu zwei Dritteln aus Chinesen. Und die beweisen nicht nur im Norden Burmas ihre Geschäftstüchtigkeit.

Bilder rechts und nächste 3 Doppelseiten
Stadt Kengtung (heißt auch Chiang Tung und Kyaing Tong) im Südosten des Shan-Staates:
- **Kloster Wat Chiang Ying und Zentralpagode**
- **Glanz in der Pagode Wat Jong Kham**
- **religiöse und weltliche Stadtbilder**
- **Häuser, Wohnräume und ein junges Mädchen**

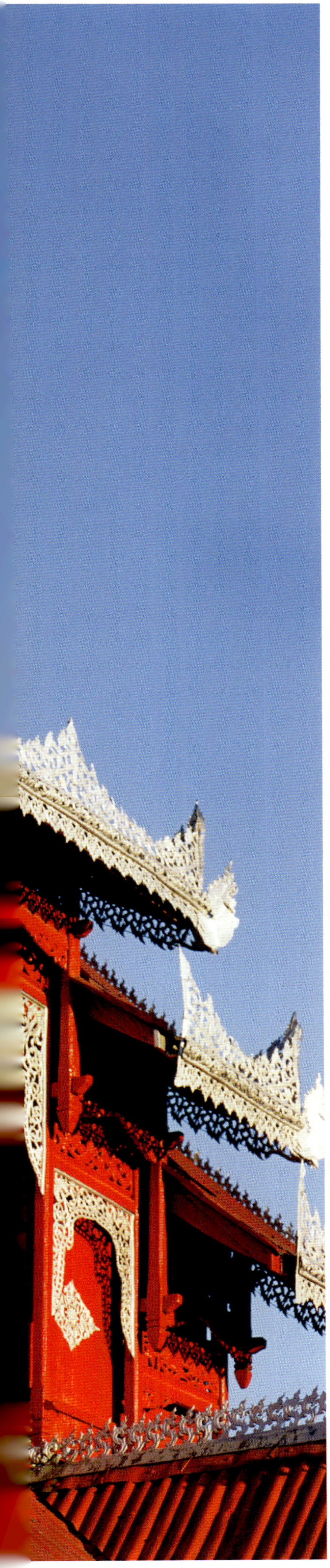

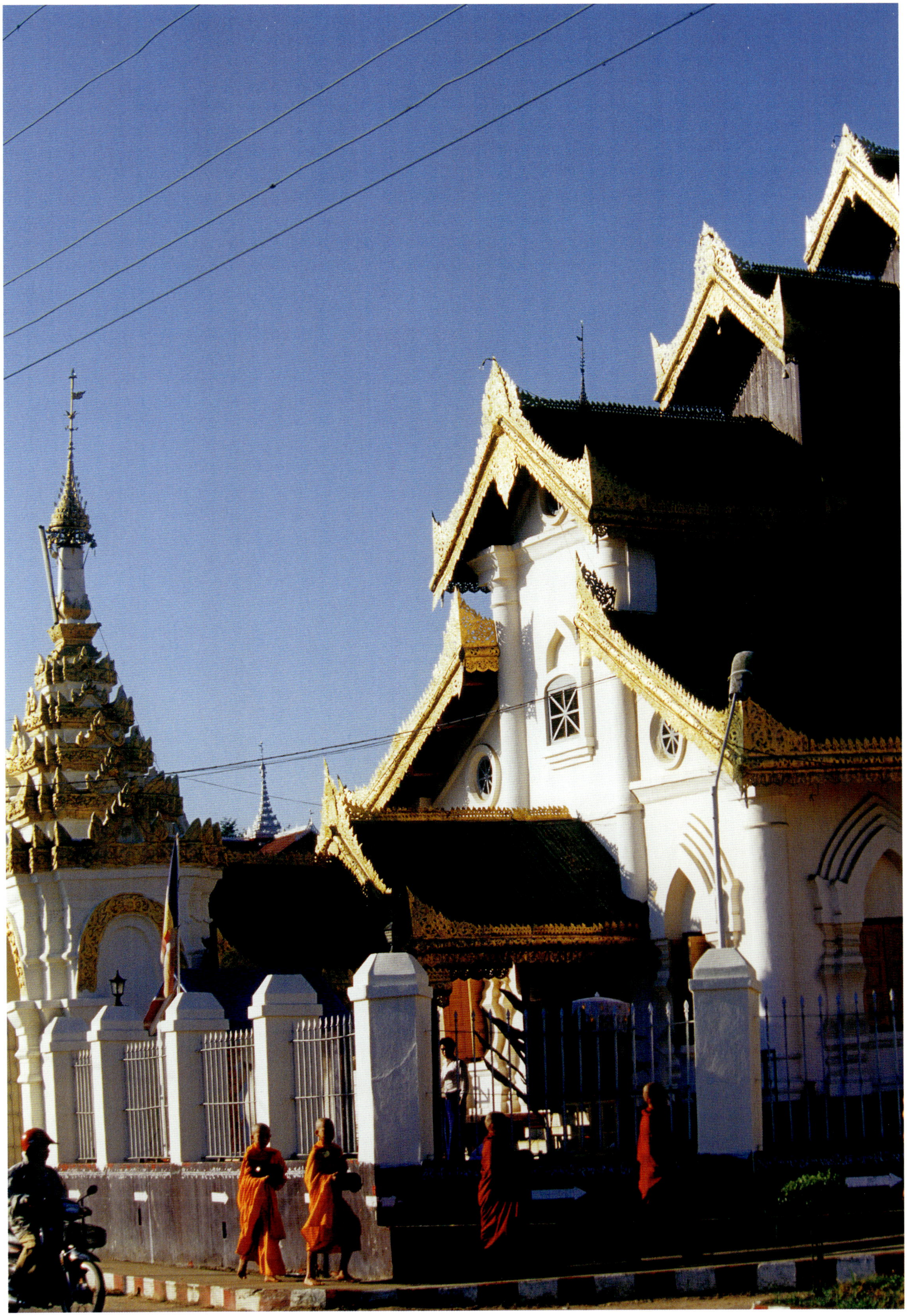

terra magica

terra magica

terra magica

terra magica

115

terra magica

terra magica

Mandalay
Die einst märchenhafte Königsstadt

Mandalay – der Name dieser Stadt hat einen besonderen Zauber. Große Literaten und Reisende vergangener Tage haben die zweitgrößte Stadt Burmas mit goldenen Worten als märchenhaft gerühmt. Heute zeigt sich an ihrem Beispiel, wie tief die Kluft zwischen Dichtung und Wahrheit sein kann. Zwar glänzen goldene Pagoden und weiße Stupas nach wie vor in der Sonne, viel mehr ist von der alten Pracht aber nicht übrig geblieben.

Die Straßen streng im Schachbrettmuster angeordnet und durchnummeriert, statt schöner, alter Teakholzhäuser Betonbauten im asiatischen Einheitsstil, überall Scharen von Radfahrern auf den meist ungeteerten Straßen und die Luft heiß, trocken und staubig. König Mindons märchenhaftes Mandalay wirkt heute wie ein großes Dorf.

Dabei hat es eine zwar kurze, dafür aber umso glanzvollere Vergangenheit hinter sich. Am 13. Februar 1857, einem selbstverständlich von Astrologen festgelegten Datum, legte König Mindon, der zwei Jahre zuvor durch einen Staatsstreich an die Macht gekommen war, den Grundstein für die neue Hauptstadt des burmesischen Reiches. Er zog damit einen dicken Strich unter die bisherigen Intrigen und Brutalitäten des Königshauses und setzte ein Zeichen für einen Neubeginn in Gerechtigkeit und Frieden.

Dem Volk gegenüber begründete König Mindon seinen Entschluss als «Weisung von oben». Buddha selbst sei auf dem Mandalay Hill erschienen und habe prophezeit, dass 2400 Jahre nach seinem Tod am Fuße des Hügels eine Stätte der buddhistischen Lehre entstehen werde. Dieser Zeitpunkt sei jetzt gekommen. Also zwang er die 150 000 Einwohner der bisherigen Hauptstadt Amarapura unter Androhung der Todesstrafe dazu, in das zwölf Kilometer entfernte Mandalay überzusiedeln. Der alte Palast und viele der schönen alten Teakholzhäuser kamen mit. Innerhalb von zwei Jahren wurde alles zerlegt und in der neuen Stadt wieder aufgebaut. Neue Häuser, vorwiegend aus Teakholz, und unzählige Pagoden und Tempel mit Glöckchen und Goldspitzen kamen dazu. Alles so prachtvoll, dass Mandalay nur noch die «goldene Stadt» genannt wurde. Um den von einer acht Meter hohen und drei Meter dicken Mauer und einem 52 Meter breiten Wassergraben umgebenen Palast, der nach buddhistischer Tradition die «Mitte des Universums» darstellen sollte, vor Schaden zu bewahren, ließ König Mindon 52 Menschen opfern und an vorbestimmten Stellen begraben. Sie sollten als Schutzgeister über den Palast wachen. Leider erfüllten sie ihre Aufgabe schlecht.

Nach dem Tod König Mindons kam Thibaw, ein besonders brutaler und grausamer Herrscher, an die Macht. Und 1885 nahmen die Briten Mandalay ein. Sie schickten Thibaw ins Exil nach Indien und machten Burma zu einem Teil des Britischen Empire. Die Kämpfe zwischen Briten und Japanern im Zweiten Weltkrieg und spätere Großfeuer gaben der Stadt den Rest. Tausende Pagoden und Klöster, selbst der Königspalast, wurden zerstört, einiges wurde allerdings in den 1990er Jahren im alten Stil wieder aufgebaut.

Bilder rechts und nächste Doppelseite
Städtchen Pindaya im Süden des Shan-Staates:
• ein Bauer und seine Helfer
• Haupteingang zur Höhlenpagode Shwe U
Min. Stupas noch und noch am Höhlenberg

terra magica

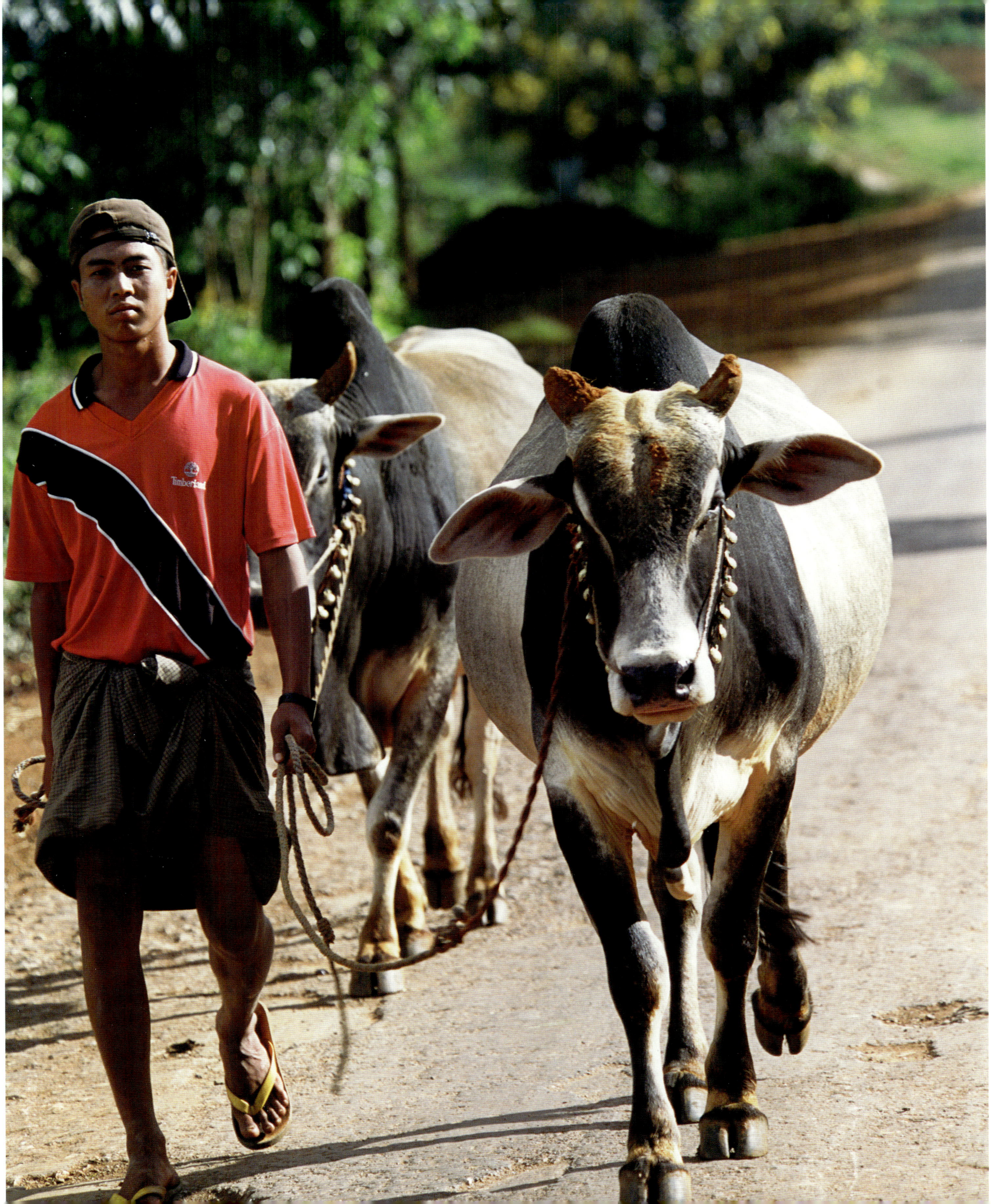

terra magica

terra magica

Zurzeit ist Mandalay wirtschaftlich im Aufwind. Seit der Handel in Burma nicht mehr staatlich kontrolliert ist, kommen reiche chinesische Händler und lassen sich in der Stadt nieder. Das lässt die Grundstückspreise hochschnellen und nimmt den alteingesessenen Bewohnern die Chance auf Investitionen, überall schießen aber Hotels, Restaurants und Geschäftszentren aus dem Boden. Für die Wa, bzw. deren Drogenbarone aus dem Norden des Shan-Gebietes, ist Mandalay überdies die nächstgelegene Stadt, um sich zu amüsieren. Für sie gilt weder Recht noch Gesetz. Sie regeln alles mit Geld, egal, ob einer von ihnen einen Fußgänger zu Tode fährt oder schwer alkoholisiert auf Menschen schießt. Davon aber erzählen die Hunderte von Glöckchen an den goldenen Dachspitzen der Mahamuni-Pagode kein Lied. Wenn sie sich leise im Wind bewegen, sprechen sie mit silberheller Stimme von Liebe und Andacht und begrüßen die frommen Besucher. Diese ziehen am Eingang der Pagode Schuhe und Strümpfe aus und nähern sich dem 3,80 Meter hohen Buddha barfuß.

Viele hauchdünne Goldplättchen machen dick

Der Mahamuni-Buddha soll der Legende nach ein Abbild Buddhas sein, der mit 500 Mönchen in den Arakan gekommen war, um dort seine Lehre zu verbreiten. Heute ist der Mahamuni-Buddha die meistverehrte Figur des Landes. Ihr dürfen sich nur Männer nähern, und die kommen nicht mit leeren Händen. Sie bringen hauchdünnes Blattgold mit, das sie auf die Figur aufkleben, denn das erhöht das Karma, das Lebenskonto der guten Taten. Die Goldschicht ist bis zu 15 Zentimeter dick, das hat den «Erleuchteten» im Laufe der Jahre um seine schlanke Linie gebracht. Auf seine Körperpflege wird dennoch geachtet. Jeden Morgen um vier Uhr früh putzen Mönche die Zähne des Mahamuni.

Mandalay gilt als Stadt des Handwerks. Jede Zunft hat ihr Viertel, allein 50 Familien fertigen Blattgold. Aus ihren Werkstätten dringen die lauten Schläge der Steinhämmer. Immerhin neun Stunden lang werden die sorgfältig zwischen Bambus- und Reisstrohpapier geschichteten und in Lederpäckchen verschnürten Goldstücke bearbeitet, bis sie zu den hauchdünnen Blättchen werden, die in der Luft schweben könnten. In einem anderen Viertel meißeln Steinmetze Buddhastatuen aus Marmor, breit grinsende für den Export oder gütig lächelnde für den heimischen Markt. In anderen Straßen ziehen Reihen von Mädchen goldene Fäden durch große Stickereien, bearbeiten junge Männer grüne Jadesteinbrocken oder schnitzen an kleinen Kunstwerken aus Teakholz.

Der Irrawaddy, die Verkehrs- und Lebensader von Burma, begrenzt Mandalay im Westen. An seinem Ufer macht die Großstadt Pause. Hier fließt das Leben langsam und träge wie das Wasser: Bambushütten stehen windschief am Ufer, Kähne, Hausboote und große Bambusflöße gleiten langsam vorüber, Frauen mit bunten Turbanen tauchen ihre Wäsche in die braunen Fluten, und Wasserbüffel suhlen sich im seichten Wasser des Ufers. Der Mandalay Hill, der 236 Meter hohe Hügel im Norden der Stadt, schaut zu.

Die beste Zeit für den Mandalay Hill ist, wenn sich der Tag seinem Ende zuneigt. Auf dem Weg liegt die oft als «das größte Buch der Welt» bezeichnete Kuthodaw-Pagode. Ihre 729 weiß getünchten, in ordentlichen Reihen angeordneten kleinen Stupas wölben sich schützend über den Marmorplatten, in die König Mindon den gesamten Tripitaka-Kanon

Bilder rechts und nächste 3 Doppelseiten
Pindaya, Höhlenpagode Shwe U Min:
Inmitten über 8000 Buddha-Skulpturen,
harmonisch eingebettet zwischen Stalaktiten und
Stalagmiten in hohen bis ganz kleinen Höhlen,
lässt es sich intensiv meditieren

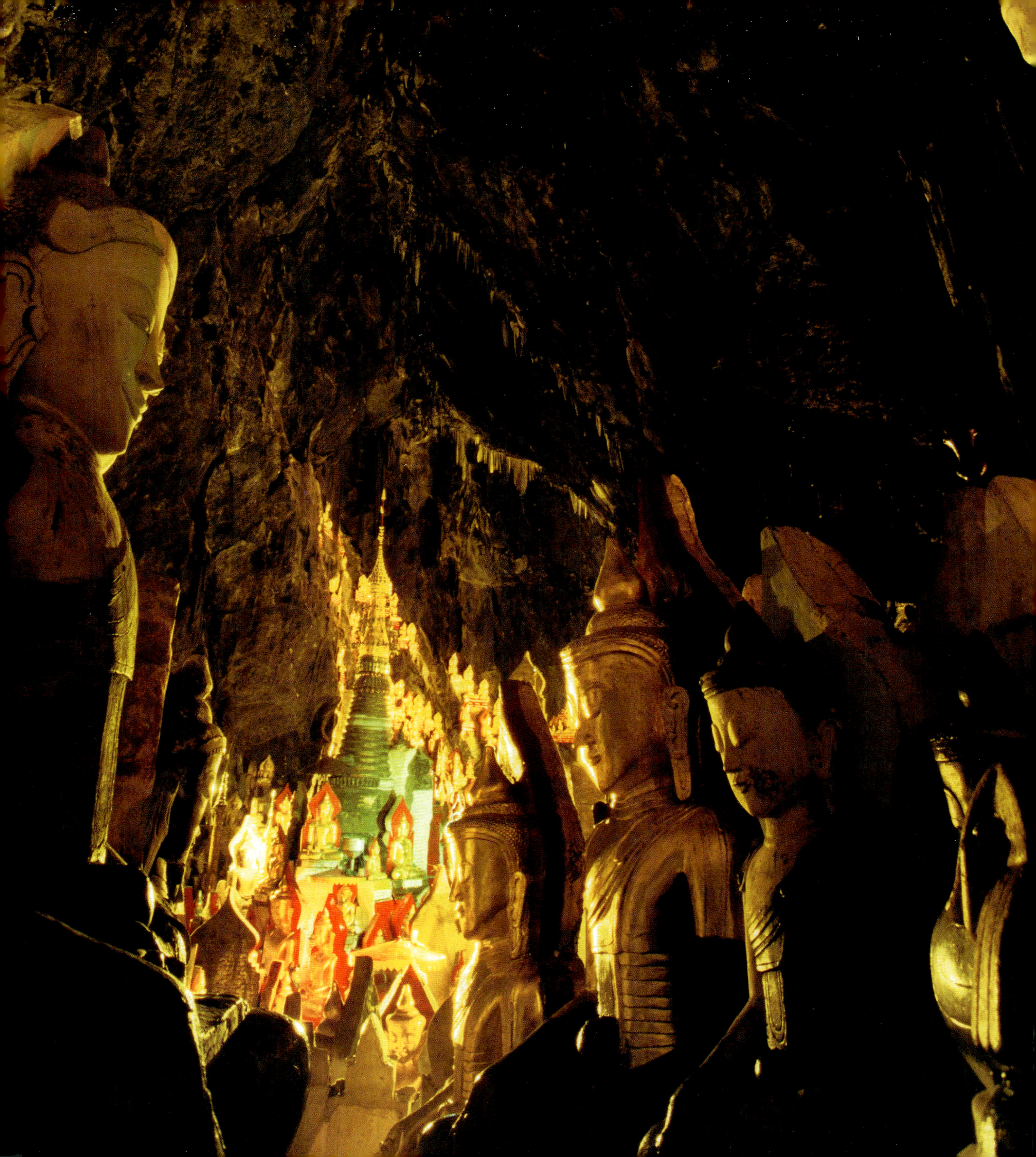

terra magica

terra magica

terra magica

terra magica

terra magica

terra magica

einmeißeln ließ. Das Bild von den weiß getünchten Stupas, die sich mit ihren goldenen Spitzen vom dunkelblauen Himmel abheben, noch im Kopf, geht es den überdachten Treppenaufgang zum Mandalay Hill hinauf. Natürlich könnte man auch einen Pick-up bis zum Parkplatz unterhalb der Spitze nehmen und dann per Rolltreppe und Lift zur Aussichtsterrasse fahren, irgendwie sind die 1729 Stufen aber Ehrensache.

Die Aussicht vom Mandalay Hill aber lohnt alle Mühen. Im Westen schlängelt sich die Silberader des Irrawaddy durch die mit glitzernden Tempeln und Pagoden übersäten Sagaing-Hügel und Mingun, im Norden erstrecken sich unendlich weite Reisfelder, im Osten reihen sich die mit Dunstschleiern verhangenen blauen Ketten der Shan-Berge aneinander, und zu Füßen des Hügels liegt die Stadt Mandalay mit ihrer gewaltigen Palastanlage und den vielen Pagoden. Wenn dann noch die Sonne vor dem Untergehen immer größer wird und von Dunkelrot ins Purpur wechselt, dann sind der Zauber und die Magie dieser Landschaft perfekt.

Dass dieser Eindruck nicht der zufällige Glücksfall eines flüchtigen Augenblicks ist, sondern tatsächlich ein Teil dieser Landschaft, zeigt sich bei den Ausflügen in die Umgebung von Mandalay. Die alte Königsstadt Amarapura im Süden von Mandalay hat zwar an touristischen Sehenswürdigkeiten nicht wirklich viel zu bieten, die zahlreichen Seiden- und Baumwollwebereien verleihen der Stadt aber einen exotischen Reiz. In vielen Straßen hängen Bündel von Seide in verschiedensten kräftigen Farben, und aus den Höfen der Häuser ist das Klappern der Webstühle zu hören, auf denen

Bilder rechts und nächste Doppelseite
Pindaya:
• **Blick vom Höhlenberg auf Stadt und Natthamikan-See**
• **Blick von oben auf eine Welt weißer Stupas**

terra magica

terra magica

terra magica

die schönsten Festtag-Longyis des Landes entstehen. Berühmt sind auch die Bronzegießereien der Stadt, in denen Zimbeln, Gongs, Statuen und Buddhafiguren hergestellt werden.

Beim Taungthaman-See im Süden der Stadt sorgt ein Staudamm dafür, dass er das ganze Jahr über Wasser führt. Etwas ganz Besonderes ist die 1,2 Kilometer lange U-Bein-Brücke. Erbaut um 1850, ist sie die längste Teakholzbrücke der Welt. Die in einer nahezu endlos scheinenden Linie aneinander gereihten dicken Stelzen der 1086 Stämme, die auf der langen Brücke winzig klein wirkenden Menschen und das interessante Spiel von Sonne und Schatten verleihen ihr einen eigenwilligen Reiz. Diese Eigenwilligkeit setzt sich auch auf der östlichen Seite der Brücke fort. In der Kyauktawgyi-Pagode füllt eine überdimensionale Buddhastatue aus hellem Marmor den Raum bis an die Decke und lässt dem Besucher kaum Luft zum Atmen.

Teakholzbrücken, Teakholzklöster

Nach Inwa, in das Juwel unter den Königsstädten Burmas, gelangt man üblicherweise mit einer Fähre über den Myitnge-Fluss. Die Überfahrt ist zugleich eine Reise in die Vergangenheit, denn am anderen Ufer scheint die Zeit stillzustehen. Es gibt weder Autos noch Zeichen moderner Technik, man fährt in Pferdedroschken durch eine ländliche Idylle. Und besucht in aller Beschaulichkeit den ehemaligen

Bilder rechts, nächste Doppelseite und Seiten 138, 139
Beim und auf dem Inle-See im Süden des Shan-Staates:
• fruchtbares Land und furchtlose junge Büffelreiterin
• Wohnen und Markt auf dem See
• Kloster und Stupa von Nampan und Pilger auf dem Weg dorthin
• Minepyo-Kloster. Elegante Ruderinnen

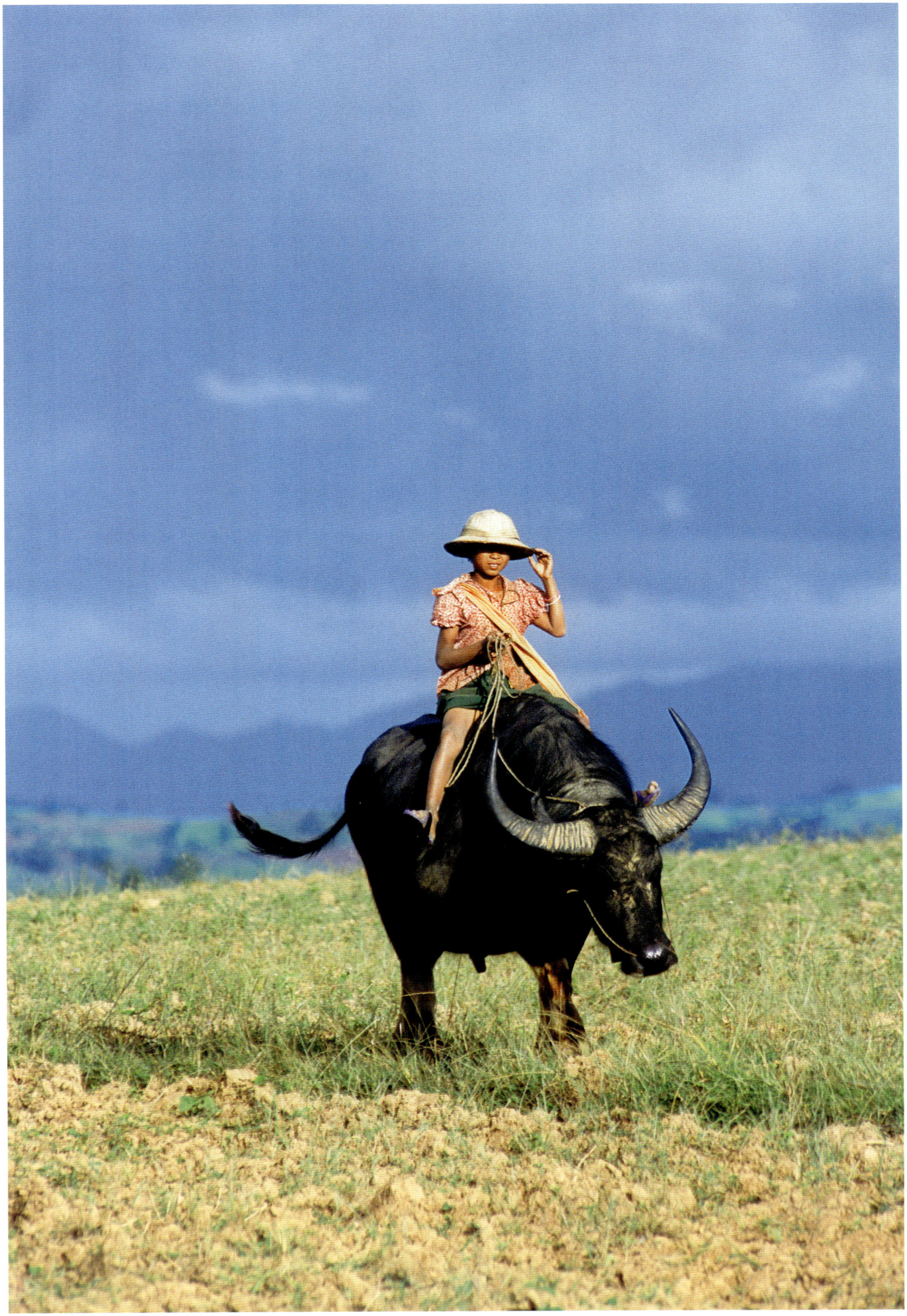

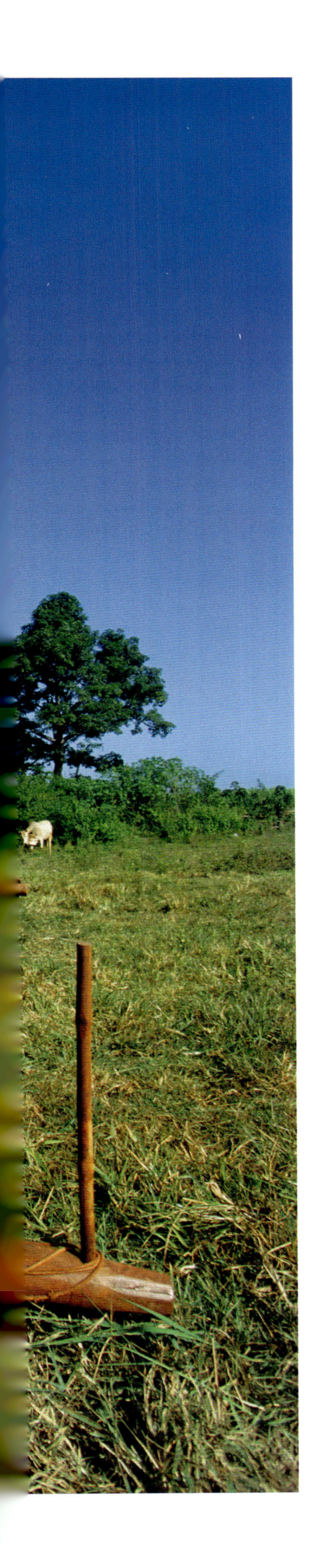

terra magica

terra magica

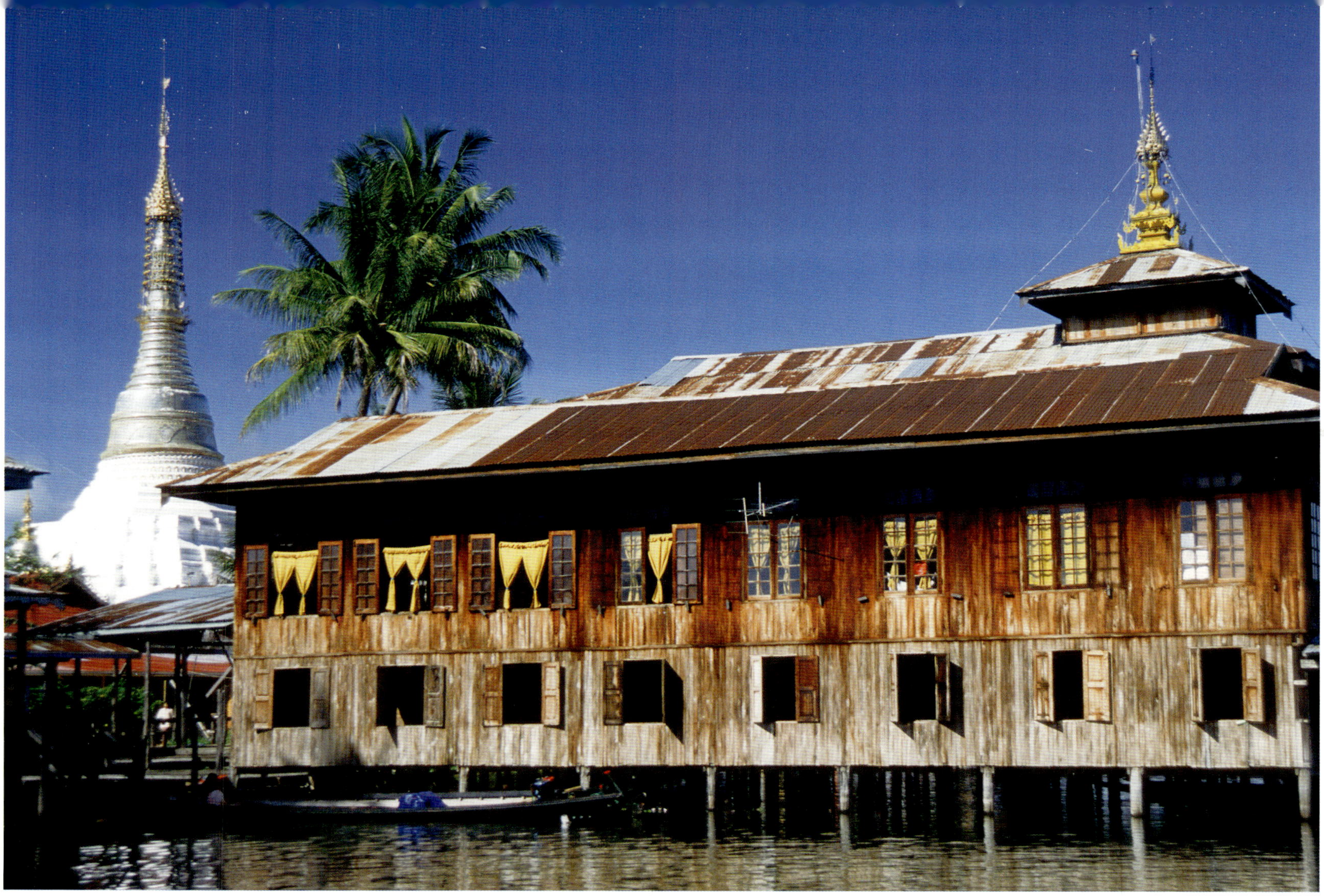

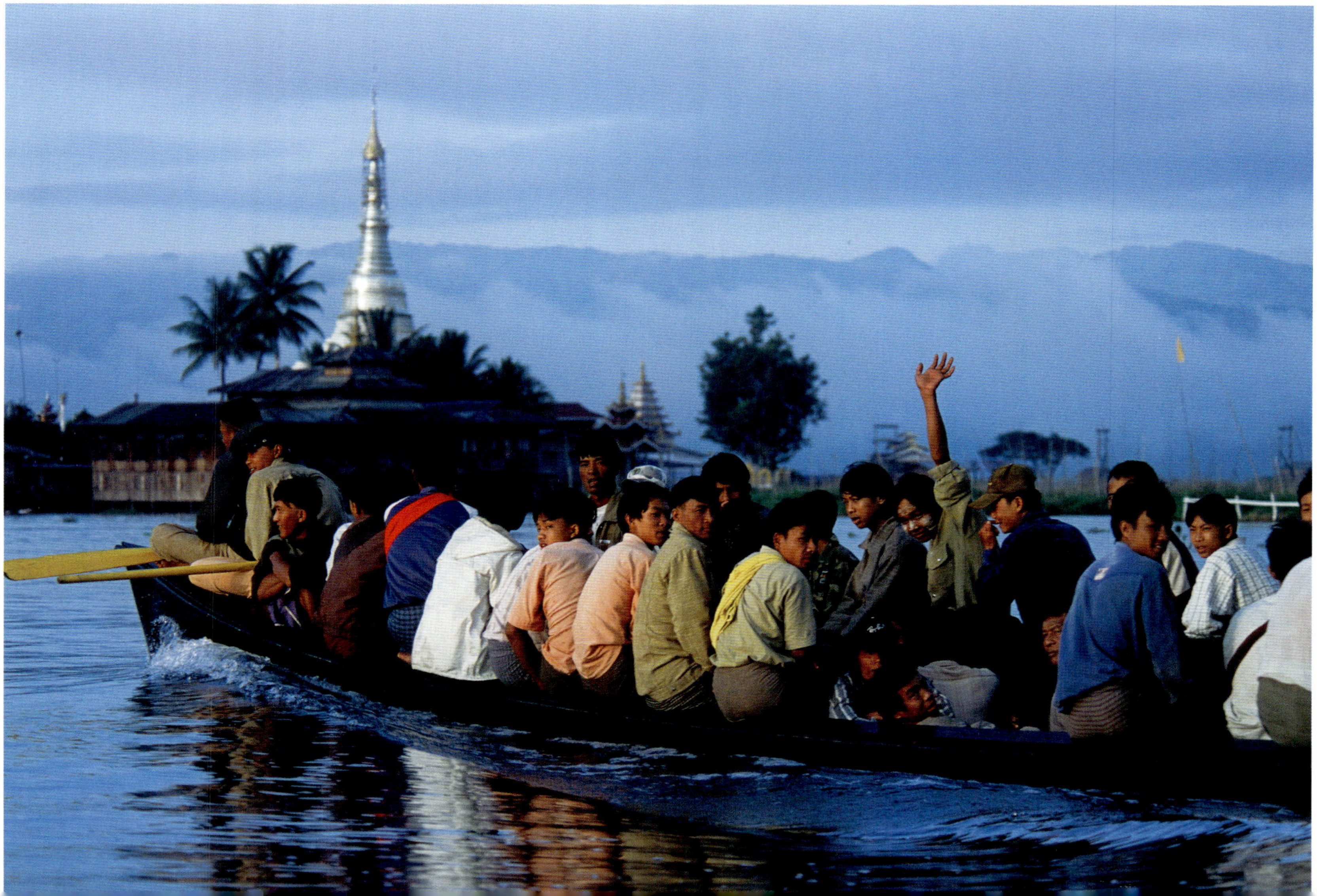

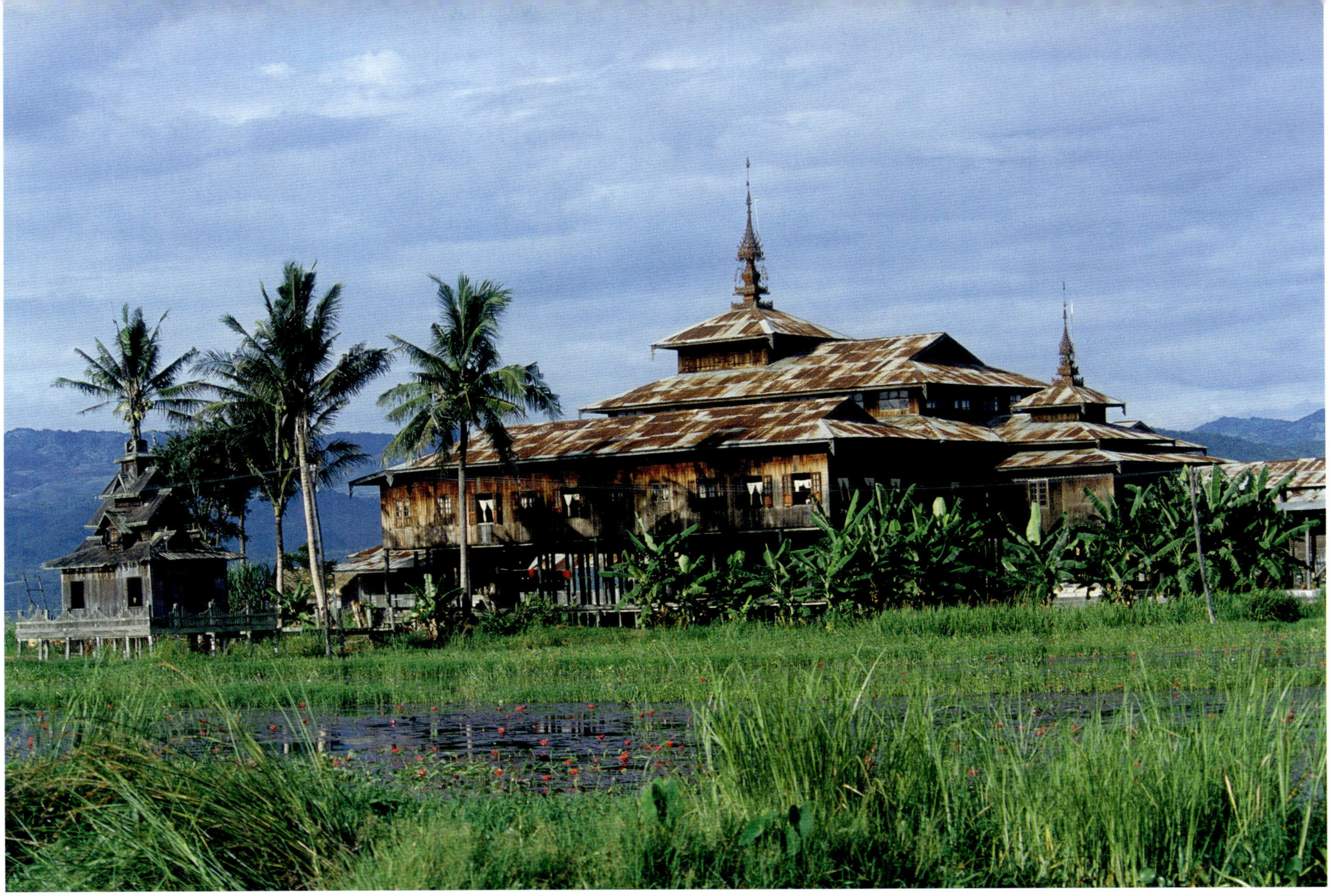

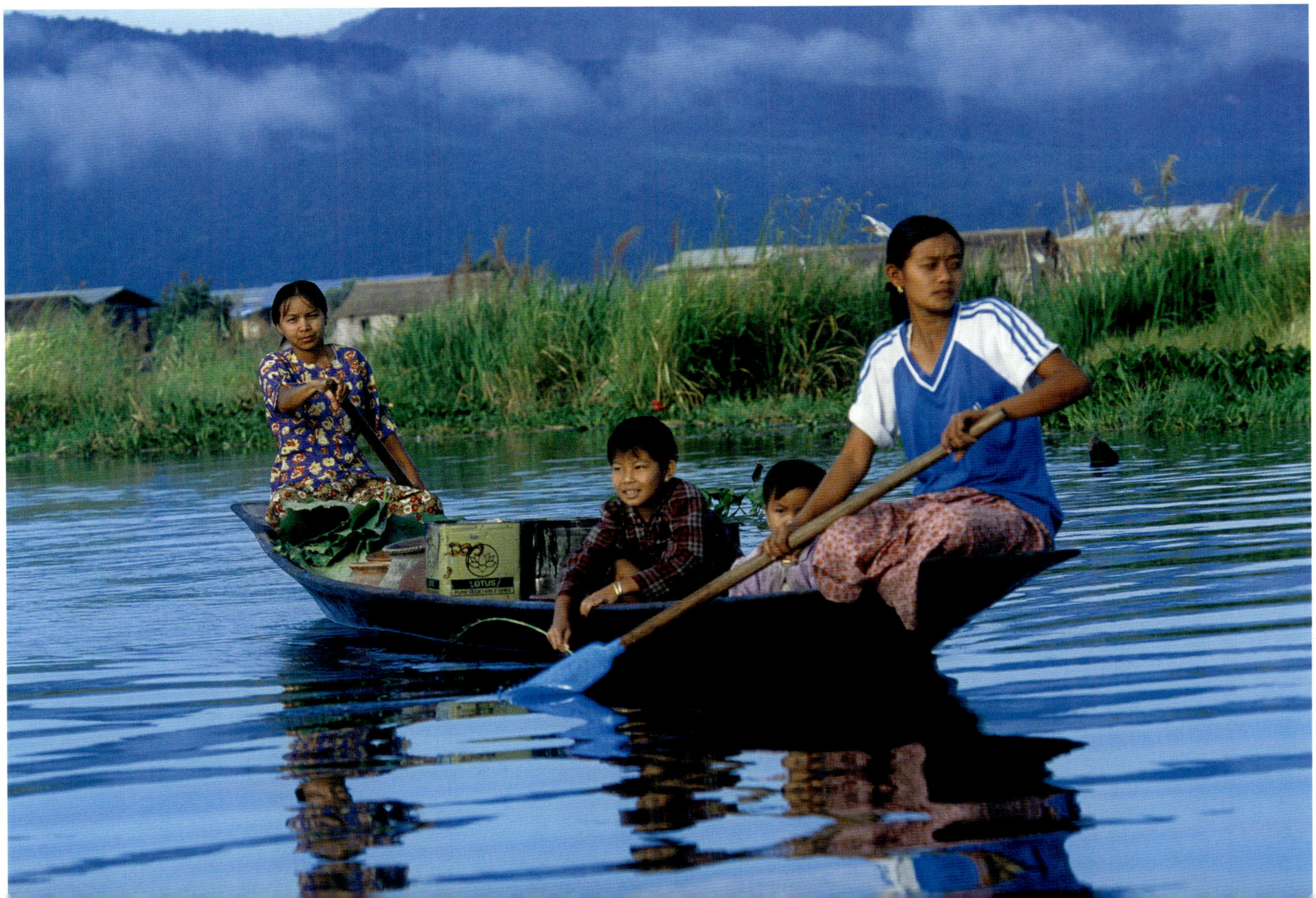
LOTUS

Königspalast mit seinen rechteckig angelegten, zum Teil gebogenen Seiten, den innerhalb der Palastanlage errichteten Wachturm Nanmyin, der seit dem Erdbeben von 1838 eine so starke Schlagseite hat, dass er «der schiefe Turm von Inwa» genannt wird, und das Kloster Bagaya Kyaung, das mit seinen 267 mächtigen Teakholzpfeilern zu den schönsten Teakholzklöstern des Landes zählt.

Ein starker Kontrast ist die von den Engländern 1934 erbaute Inwa-Brücke. Sie schwebt mit ihren Bögen und Verstrebungen aus Stahl selbstbewusst und kühl über dem langsam und bedächtig dahinfließenden Irrawaddy, ein Beispiel moderner Technik. Gerade über diese Brücke führt der Weg nach Sagaing, ins Zentrum des buddhistischen Glaubens. Und in eine Welt, die wie von einem überirdischen Stab berührt und verzaubert daliegt. Der Irrawaddy, die zahllosen mit duftenden Frangipanis, Tamarinden und Mangobäumen bewachsenen Hügel, die leichten, alles in ein warmes Licht hüllenden Dunstschleier und die aus dem Grün aufblitzenden weißen Mauern und goldenen Spitzen der Hunderten von Tempeln, Pagoden, Stupas und Klöster, all das ergibt ein Bild von vollendeter Lieblichkeit.

Glocke eines Größenwahns

In den Sagaing-Hügeln leben 5000 Mönche und Nonnen in rund 600 Klöstern. Das bewirkt, dass die Landschaft Frieden, Gottvertrauen und Frömmigkeit ausstrahlt. Und das zu jeder Tageszeit. In der Kühle des frühen Morgens, wenn die Mönche mit ihren Bettelschalen in langen schweigenden Reihen aus den Klöstern kommen, in der Mittagshitze,

Bilder rechts und nächste Doppelseite
Am und auf dem Inle-See:
• Landschaft am Südende. Fischer
• in Dorfpagoden essen unter Buddhas Blicken

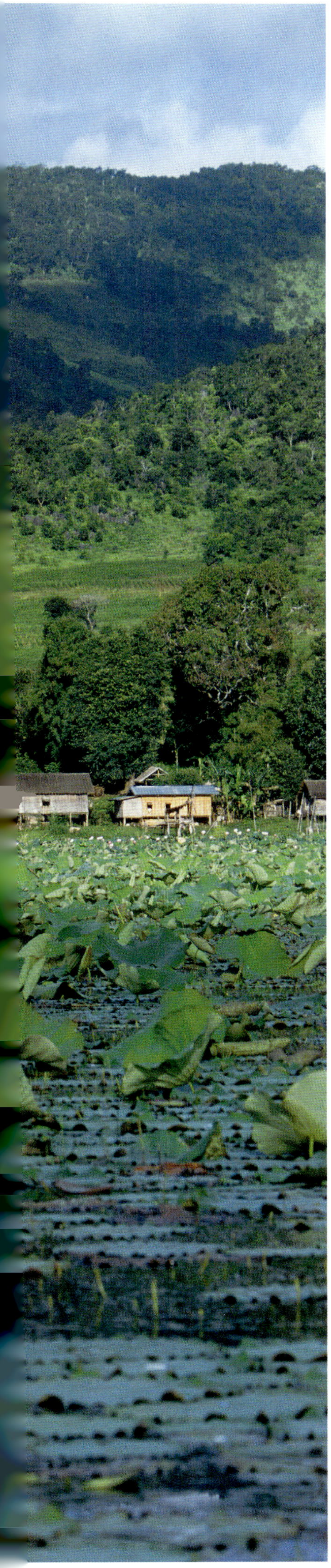

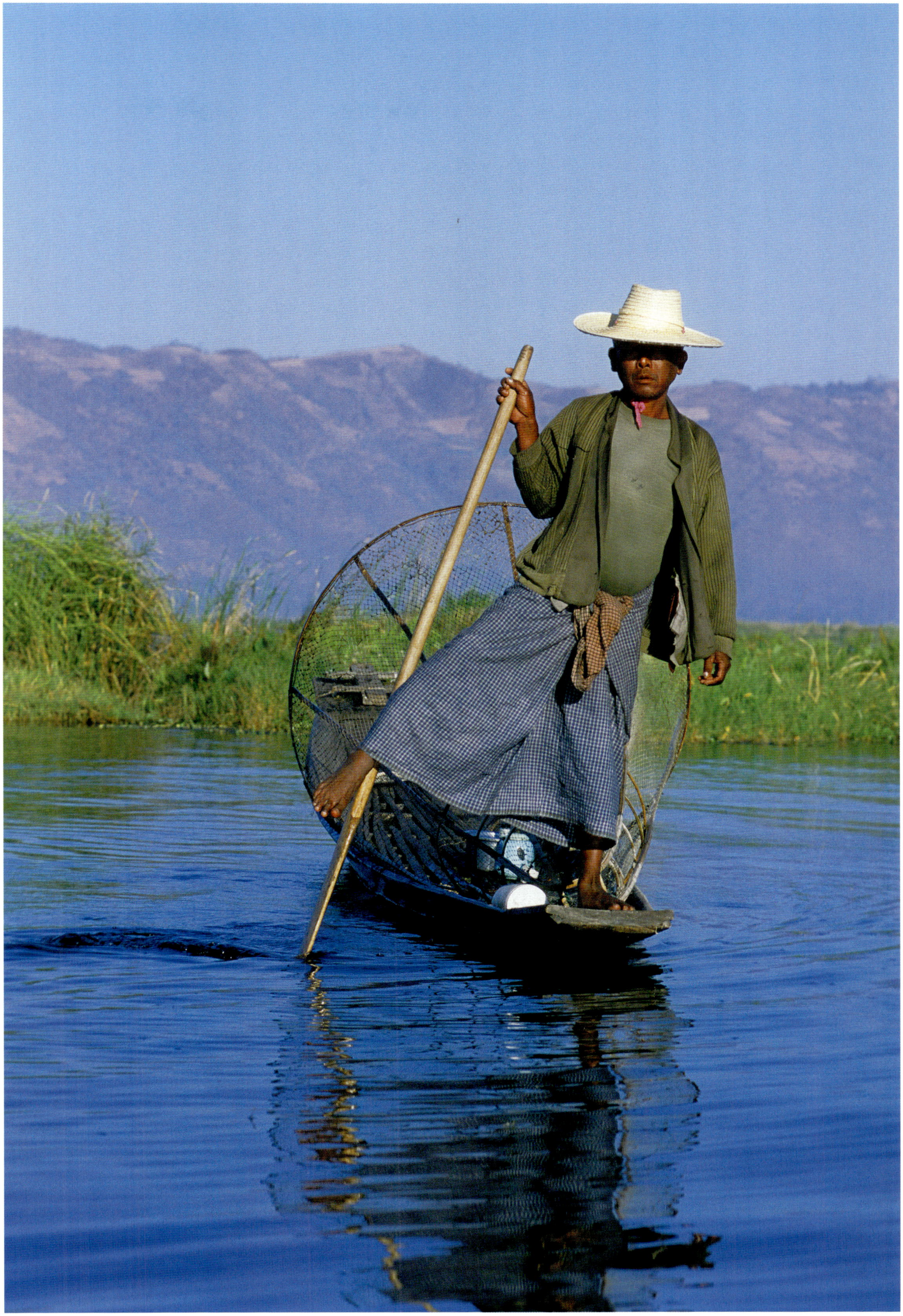

terra magica

terra magica

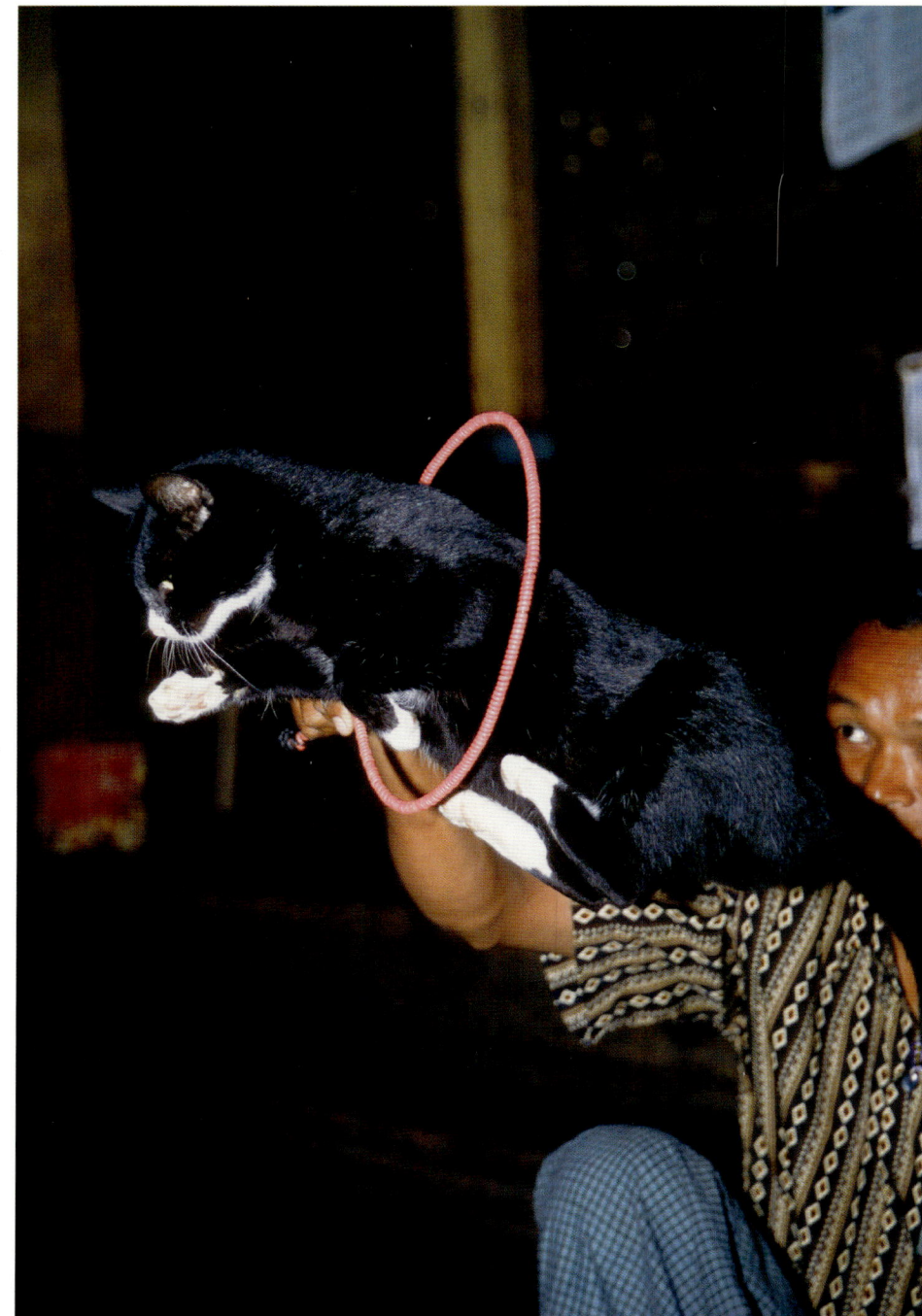

Im Kloster Nga Phe Kyaung am Inle-See: Delikatessen auf dem Klostertisch – dressierte Klosterkatze

wenn die hellen Stupa-Glöckchen und die Gebete der Mönche zu hören sind, und am Abend, wenn die untergehende Sonne die ganze Landschaft in ein irrational schönes Licht taucht. Und Wunder um Wunder beleuchtet – wie Mingun am nördlichen Ende der Sagaing-Hügel am Ufer des Irrawaddy. In diesem idyllischen Dorf mit der größten intakten Glocke der Welt steht ein echtes Mahnmal des Größenwahns. König Bodawpaya begann Ende des 18. Jahrhunderts, mit Zehntausenden von Zwangsarbeitern die größte Pagode der Welt zu errichten.

Der Bau blieb unvollendet, die 72 Meter breite Basis erreichte aber immerhin eine Höhe von 50 Metern. Jetzt ragt sie in ihrer breiten Masse dunkel auf, die Ziegelmauern zerfurcht von den Jahren und den Erdbeben. Ein krasser Gegensatz zu den schneeweißen Zuckergusswellen der Hsinbyume-Pagode, die dem mythischen Berg Meru nachempfunden ist. Die Wellen der sieben Terrassen symbolisieren die sieben Gebirgszüge um den Berg Meru. Dem Besucher aber vermitteln sie einmal mehr den Eindruck, in dieser Gegend dem Himmel sehr nah zu sein.

terra magica

Pagan
Zauberhaftes «Pagodien»

Wie nicht von dieser Welt: Pagan entzieht sich westlicher Logik und Vernunft. Das rund 40 Quadratkilometer große Tempelareal ist ein überdimensionales Gesamtkunstwerk mit Bildern und Farben, Gerüchen und Geräuschen, die alle Sinne gefangen nehmen. Schon der erste Eindruck fasziniert: Das weite, offene Land, über dem sich der Himmel azurblau spannt, die blauen Ketten der Berge weit im Hintergrund, der Silberlauf des Irrawaddy, die trockene, gelbrote Erde, das zähe, hartblättrige Gebüsch und dazwischen die schier unendliche Zahl von Stupas aus dunkelrotem Ziegel und die goldglänzenden Kuppeln von üppig verzierten Tempeln. Und das alles ab dem späteren Vormittag wie unter einer riesigen, schützenden Glocke aus Hitze, Staub und Stille, die nur durch das Zirpen der Zikaden durchbrochen wird.

Der Ort Pagan selbst ist heute nur noch eine Kleinstadt, aber keine im üblichen Sinn mit Zentrum und umliegenden Wohnbezirken, sondern eher eine Aneinanderreihung mehrerer verschiedener Dörfer, in denen plötzlich und unvermittelt alte Tempelanlagen auftauchen. Das wirtschaftliche Zentrum ist Nyaung U, rund fünf Kilometer nördlich von Old Pagan. So klein Pagan heute auch wirkt, so groß ist seine Vergangenheit. Pagan war die Hauptstadt des ersten Reiches Burmas, und das hatte immerhin schon ähnliche Ausmaße wie der heutige Staat.

Wann genau Pagan gegründet wurde, lässt sich nicht mehr exakt sagen. Wahrscheinlich ist, dass an dieser Stelle schon eine Stadt der Pyu bestanden hat und dass die Bamar im 9. Jahrhundert in diesem Gebiet ein kleines Fürstentum errichteten. Wann das goldene Zeitalter der Stadt hingegen begann, weiß man genau: Es war mit König Anawrahta, der 1044 den Thron bestieg, nachdem er seinen Vorgänger und Halbbruder in einem Duell getötet hatte. Anawrahta wurde 1056 von einem Mon-Mönch, Shin Arahan, zum Buddhismus bekehrt. Und zwar so restlos und vollständig, dass er es als sein oberstes Ziel ansah, die Tripitaka, die heiligen Schriften, in seinen Besitz zu bringen. Er führte wegen dieser Schriften Krieg gegen die Mon, besiegte sie und zerstörte ihre Hauptstadt Pegu. Die Tripitaka ließ er im Triumphzug auf dem Rücken von 32 weißen Elefanten nach Pagan schaffen.

Die heiligen buddhistischen Schriften waren aber nicht Anawrahtas einziger Kriegsgewinn. Seine Armee brachte auch 30 000 gefangene Mon nach Pagan, unter ihnen die intellektuelle Elite und zahlreiche Handwerker und Künstler. Ihre Ansiedlung ermöglichte den nahezu obsessiven Bau von Tausenden von Monumenten, Pagoden, Tempeln und Klöstern. Innerhalb von 250 Jahren entstanden über 10 000 religiöse Monumente, Stiftungen von Königen, hohen Staatsbeamten oder reichen Kaufleuten, die hofften, auf diesem Weg ihre Chancen auf eine gute Wiedergeburt erhöhen zu können.

Mit dem Beginn des 13. Jahrhunderts begann der Abstieg Pagans. Interne Probleme machten das Land verletzlich

Bilder nächste beiden Doppelseiten
Der Inle-See ist Schauplatz des jährlichen dreiwöchigen Oktoberfestes mit Pagoden und Schreinen auf vielen Booten. Hauptfestschiff dieses dem huhnähnlichen königlichen Vogel Hintha gewidmeten Festes ist die königliche Barke

terra magica

ဖြစ်ကြသော ဦးဘတင်ဒေါ်တင်မြနှင့် မဟာသရေစည်သူ ဦးခင်မောင်မြ ဒေါ်ခင်တင်တို့အား

terra magica

terra magica

terra magica

terra magica

und angreifbar – ausgerechnet zu einem Zeitpunkt, in dem von Norden her die Mongolen nachdrängten. 1287 wurde Pagan von den Reiterhorden des Kublai Khan überrannt. Die Stadt, vor allem die aus Holz errichteten säkularen Gebäude, gingen in einem Meer lodernder Flammen auf. Das Pagan-Reich zerfiel bald darauf in viele kleine Königreiche und Fürstentümer. Die Stadt selbst wurde auch später nicht mehr aufgebaut.

Viele Pagoden, Tempel und Stupas haben die Veränderungen des Irrawaddy-Flusslaufes und die Attacken von Hitze, Wind und Erdbeben im Lauf der Jahrhunderte nicht überlebt. Über 2000 dieser Monumente aber sind erhalten geblieben. So zählt Pagan heute mit Machu Picchu in Peru und Angkor Wat in Kambodscha zu den größten archäologischen und religiösen Stätten der Welt. Viele der religiösen Bauten werden mit Hilfe von Spenden der burmesischen Bevölkerung renoviert, nicht immer kunstgerecht, oft sogar höchst naiv und dilettantisch. Der Zweck aber ist derselbe wie vor über tausend Jahren: die Aussicht auf eine bessere Wiedergeburt.

Mit dem Ballon über Tempel und Pagoden

Kaum ein Besucher wird den Versuch unternehmen, alle Tempel und Pagoden Pagans zu besichtigen. Es geht auch nicht um Vollständigkeit, sondern um den Gesamteindruck. Heute gibt es die Möglichkeit, diesen schwebend zwischen Himmel und Erde zu gewinnen, bei einer Ballonfahrt. Sie wird vor allem in den Morgen- und Abendstunden zu einem unvergesslichen Erlebnis, wenn die Sonne das ganze Areal in ein besonderes Licht taucht.

Die klassische Methode, Pagan kennen zu lernen, ist aber eine Kutschenfahrt. Sie führt auf dem Weg zu den religiösen Monumenten auch mitten hinein ins ländliche Leben, denn auf den staubigen Straßen zwischen den einzelnen Dörfern sind neben Lastwagen und Fahrrädern auch Ochsenkarren und mit bunten Longyis bekleidete Fußgänger unterwegs. Die Männer tragen ihre Werkzeuge, die Frauen gehen besonders aufrecht, weil sie auf dem Kopf ihre Lasten balancieren.

Aus der Fülle der religiösen Bauten ragen einige besondere Fixpunkte heraus. Besonders beeindruckend ist der Ananda-Tempel. Der riesige Komplex aus Stein, rotem Ziegelstein und Gold ist nicht nur ein Meisterwerk der Mon-Architektur, er enthält auf seinen Terrassen auch auf 537 vollständig erhaltenen, gebrannten Tontafeln die gesamte Jataka-Geschichte, die Sammlung über die frühen Inkarnationen Buddhas. Der Rang, der heiligste Ort zu sein, gebührt der Shwezigon-Pagode, denn sie besitzt Buddhareliquien, einen Zahn und mehrere Knochen. Aber es gibt noch andere Superlative: So ist der Dammayangyi-Tempel der größte, der Thatbyinnyu ist mit 61 Metern der höchste und der Gawdawpalin der eleganteste.

Und einen finstersten gibt es auch: Den flussaufwärts von Pagan gelegenen romantisch verwitterten Felsenhöhlentempel Kyaukgu Umin, den man am besten per Boot erreicht. Der Backsteintempel aus dem 12. Jahrhundert beherbergt eine große sitzende Buddhastatue, zu deren beiden Seiten Gänge zu Meditationshöhlen und in ein Netz von unterirdischen Gängen und Tunnels führen, in dem Verfolgte einst Zuflucht fanden.

Die Landschaft im Süden von Pagan ist karg und trocken. Der harte Boden gibt kaum Ertrag, das macht das Le-

Bilder rechts und nächste beiden Seiten
In Burmas westlichstem Staat Arakan (Rakhine), Stadt Myohaung (Mrauk U):
• **Lokamanaung-Pagode. Ngapitema-Tempel nördlich der Stadt. Ratanathinka-Tempel**
• **Tinamanaung-Pagode. Dukkanthein-Pagode**
• **Shitthaung-Pagode, außen und innen**

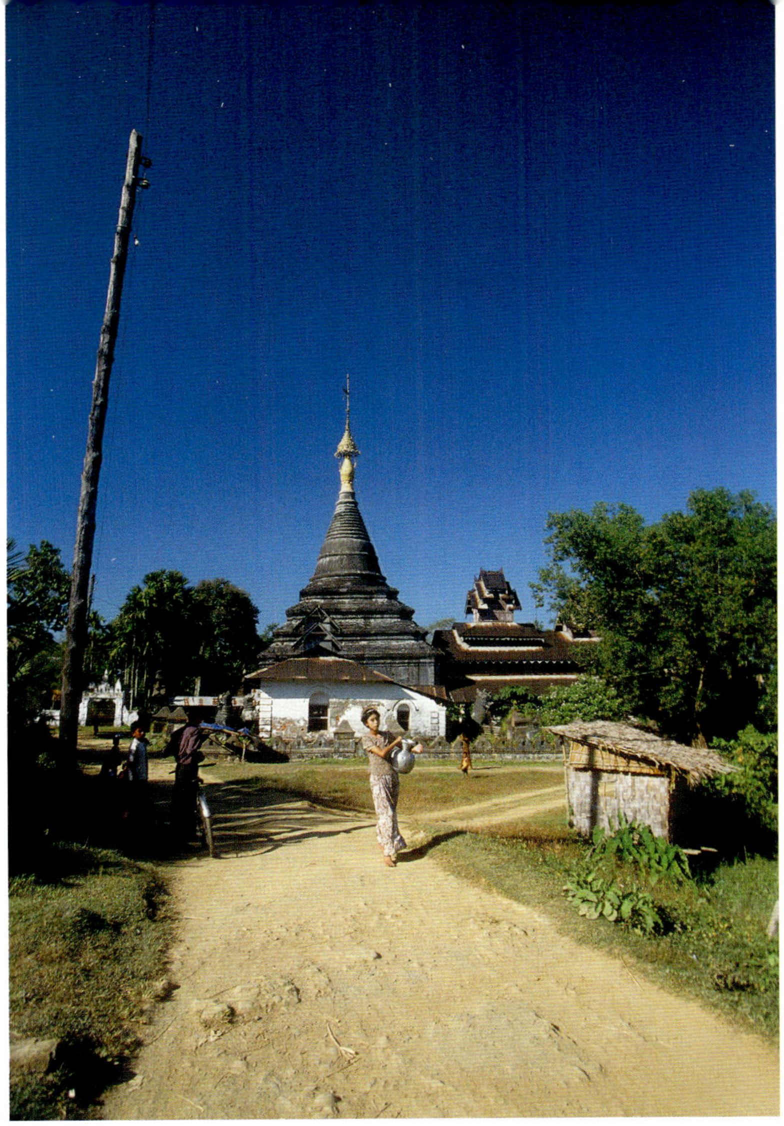
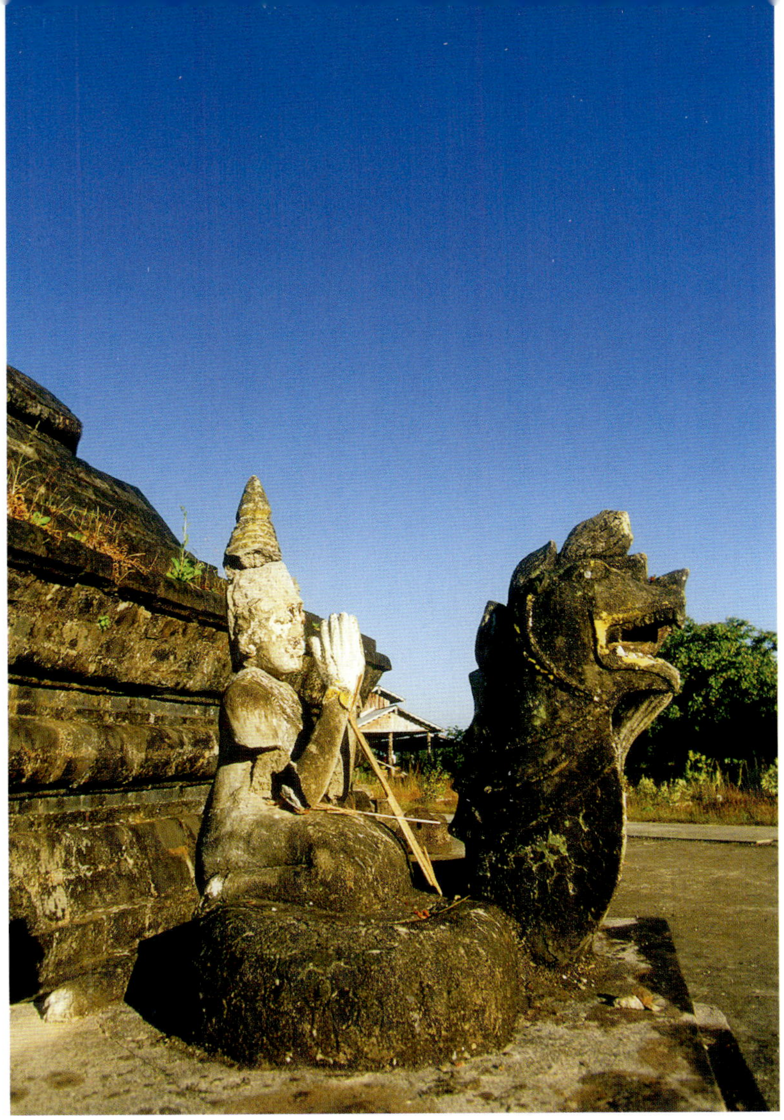
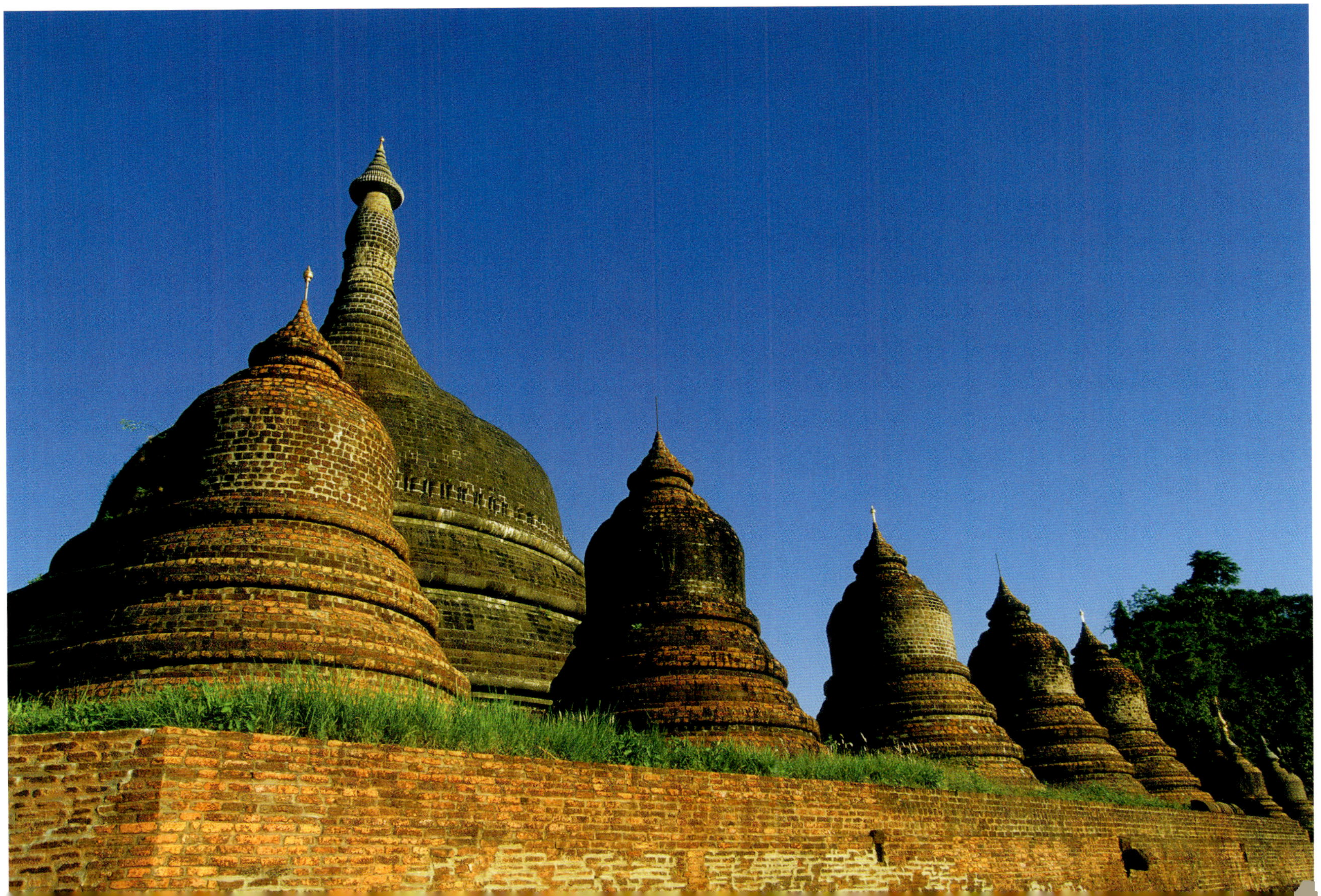

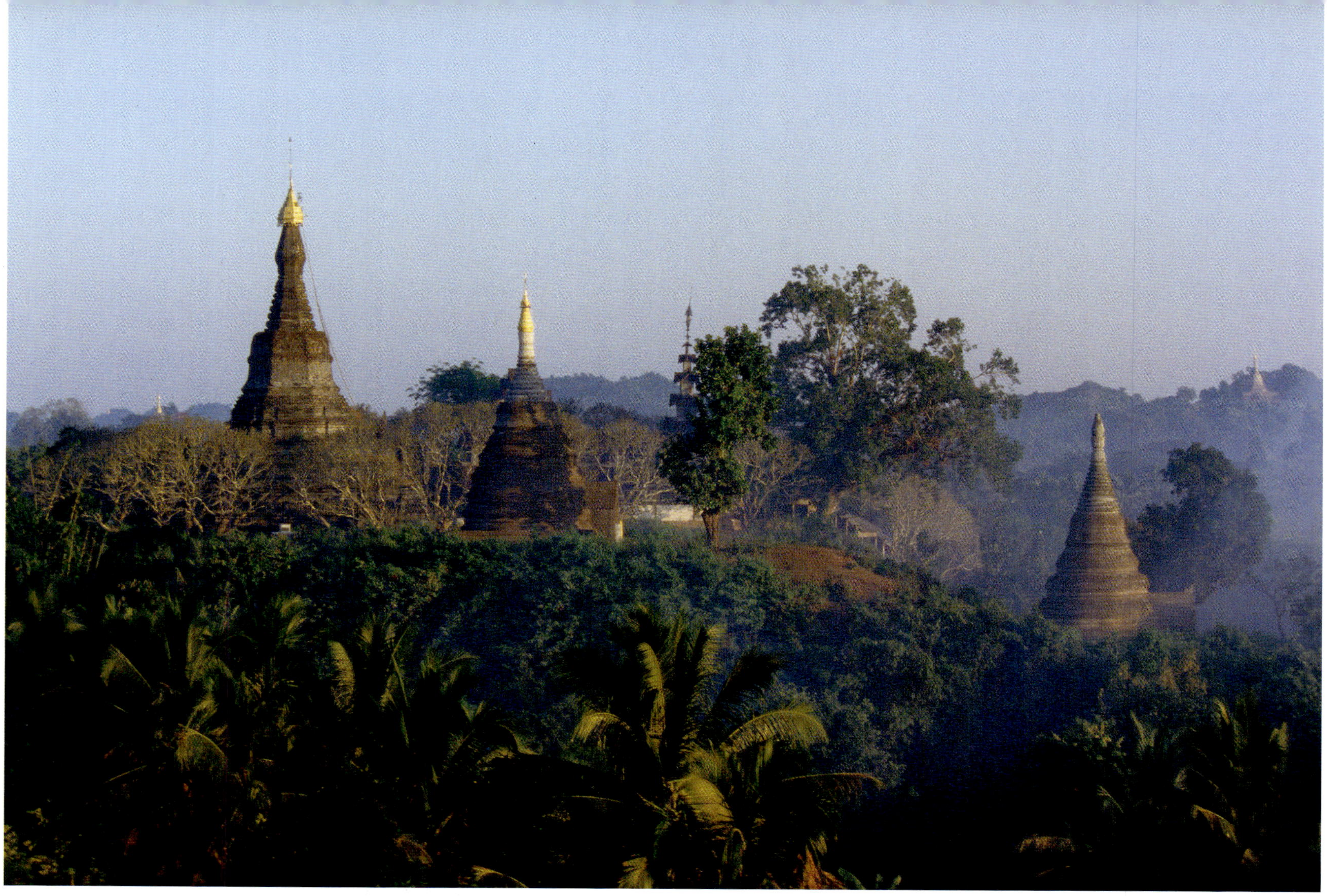

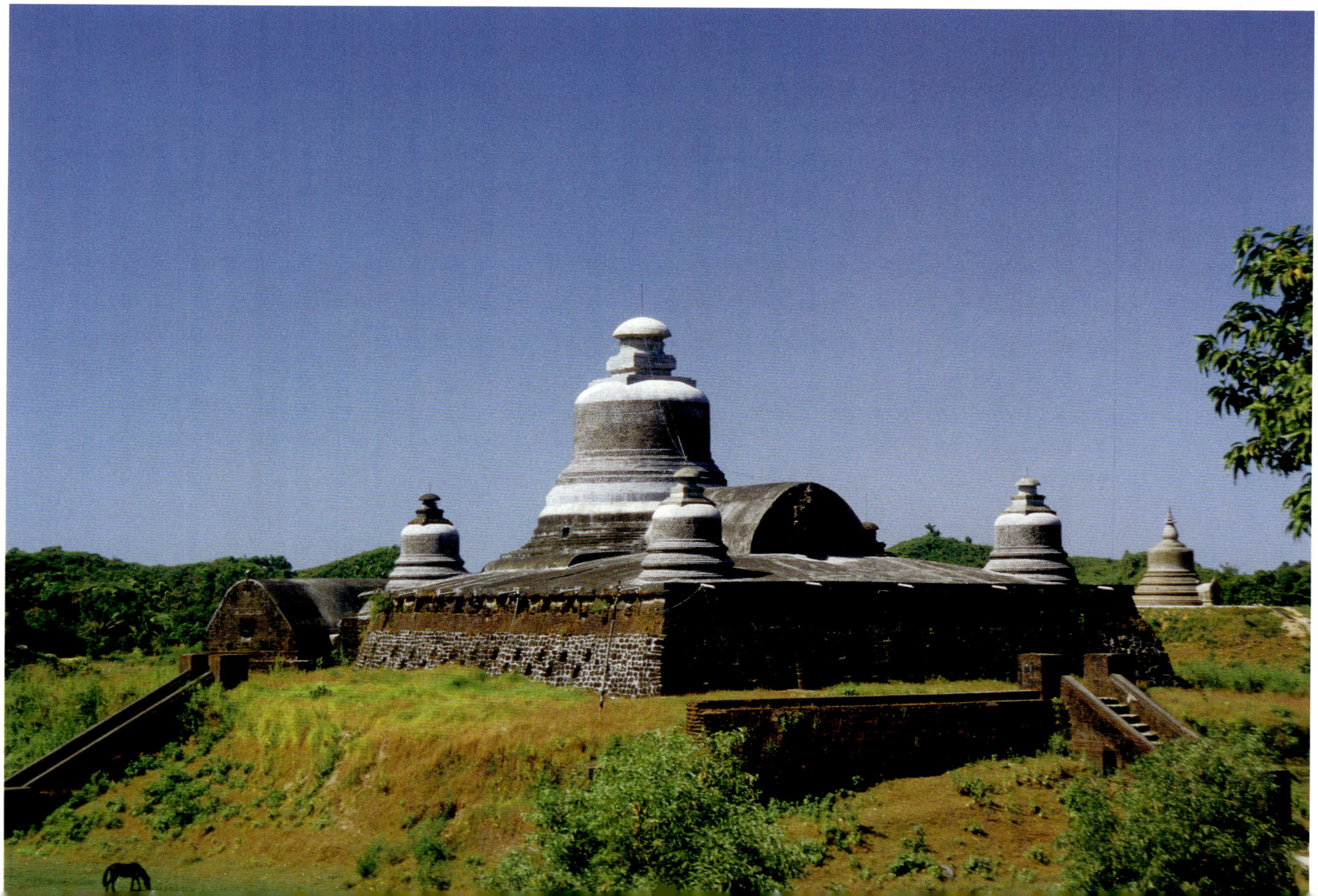

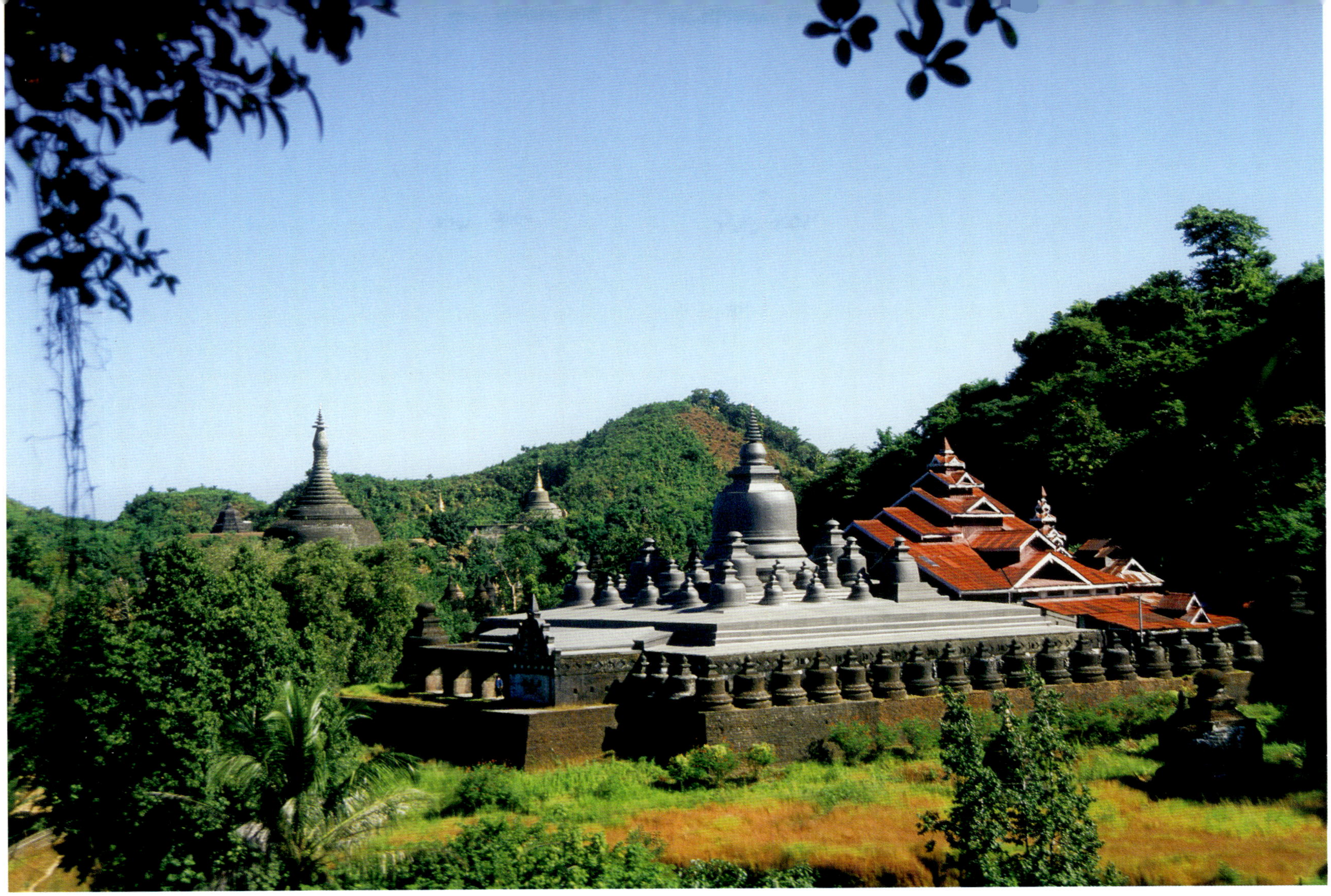

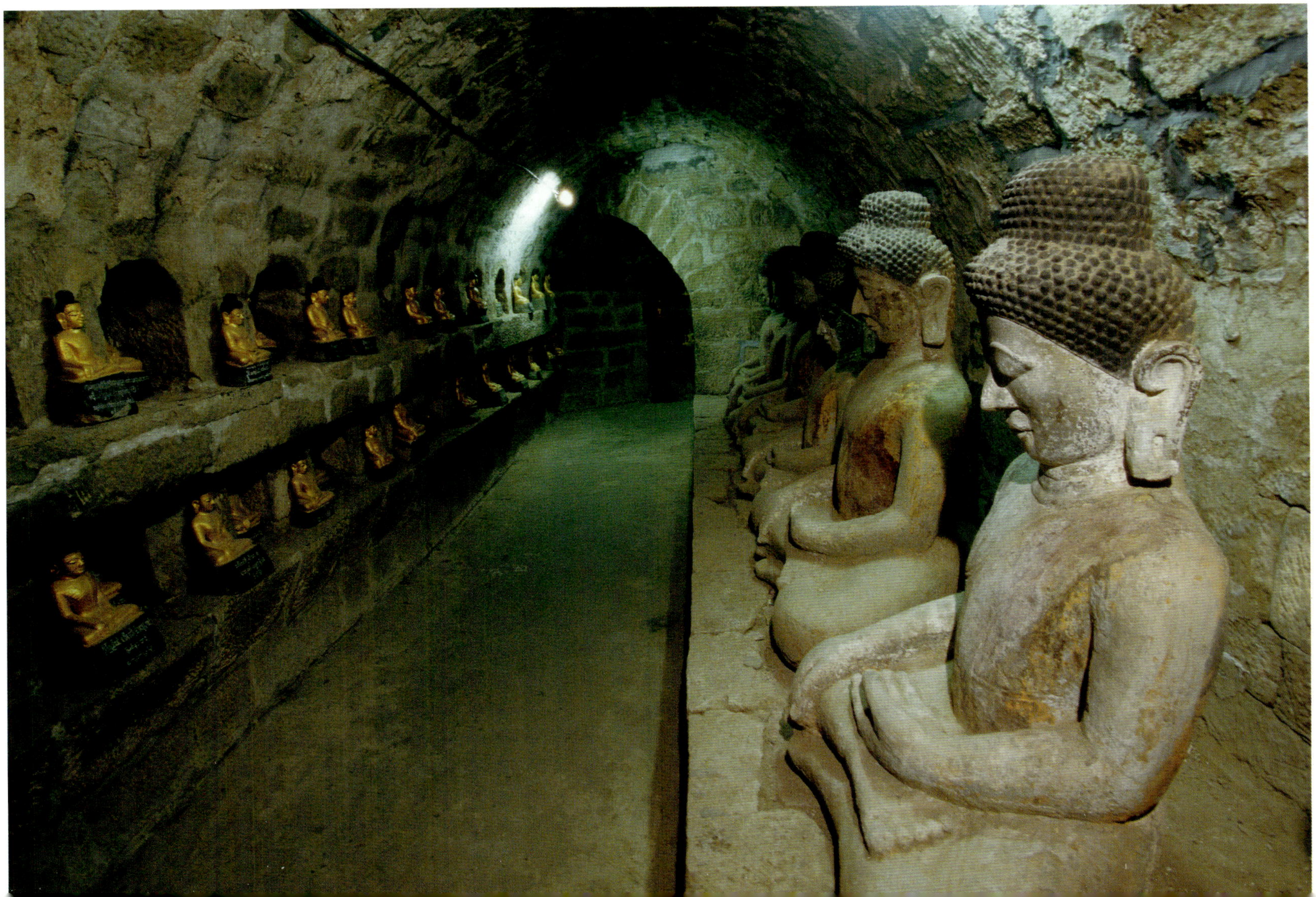

ben der Bauern schwer. Lediglich die Palmyrapalme gedeiht gut, aus ihrem Saft werden Zucker und Palmwein gewonnen. Etwa 50 Kilometer südöstlich von Pagan ragt ein weithin sichtbarer Berg aus der waldigen Landschaft auf, es ist der 1518 Meter hohe Vulkankegel des Berges Popa. Das Wort *popa* kommt aus dem Sanskrit, bedeutet «Blume», und das mutet in dieser kargen Umgebung merkwürdig an. Seine Richtigkeit hat es dennoch, denn in der Vulkanerde des Kegels gedeihen die vielfältigsten und buntesten Blumen, darunter zahlreiche Orchideen.

Die Blumen sind aber nicht das einzig Merkwürdige am Popa-Berg. Rund um den steil aufragenden Kegel soll es seit Menschengedenken nicht mit rechten Dingen zugehen. Um den Berg ranken sich zahlreiche Geschichten von Dämonen, Geistern, mythischen Wesen und obskuren Begebenheiten. Von alters her gilt der Popa-Berg als Wohnort der Nats. Und da es für die gläubigen Buddhisten Burmas immer noch von entscheidender Bedeutung ist, die guten und bösen Geister milde zu stimmen, ist er ein wichtiger Wallfahrtsort.

Freche Bettelaffen

Entsprechend bunt geht es im Pilgerdorf am Fuße des Berges zu. Dort drängen sich Menschenmassen, und es wimmelt von Imbiss- und Verkaufsständen. Auch die überdachten Treppen hinauf bis zum 737 Meter hohen Daung Kalat sind kein Ort der beschaulichen Ruhe. Da der Aufstieg recht beschwerlich ist, bieten Getränkeverkäufer ihre Waren lautstark an, dazu fordern Affen frech ihre Leckerbissen. Auf dem Gipfel des Popa-Berges steht eine Unzahl von Stupas und Schreinen. In den verschiedenen Nat-Schreinen werden *nat pwes* abgehalten, Feste, bei anderen deponieren Pilger Blumen und Geschenke. Reich beschenkt wird immer Kyawswa. Er verbrachte sein Leben mit Hahnenkämpfen

Die Andaw-Pagode von Myohaung hütet einen Zahn von Buddha

und Trinken, starb an den Folgen des übermäßigen Alkoholgenusses und gilt nun als der Schutz-Nat der Trinker und Vagabunden. Er ist über und über mit Rum- und Whiskyflaschen behängt.

Auch wer von Kyawswa nichts zu erbitten hat, wird an dieser Pilgerstätte reich beschenkt: mit der Aussicht auf die weite, trockene Ebene, die sich nahezu bis ins Unendliche erstreckt.

terra magica

Arakan
Grün, feucht und voller Rätsel

Die bis zu 3000 Meter hohe Gebirgskette des Arakan Yoma wirkt nach Osten hin wie ein starker Schutzwall. Das hat den Arakan (Rakhine) seit je von den Einflüssen aus dem Kernland Burmas abgeschirmt. Der Westen hingegen, das Flachland am Golf von Bengalen, war schon aus geografischen Gründen immer offen für Fremdes und Neues. Er orientierte sich am indischen Subkontinent, nahm Menschen auf, die von dort zuwanderten und erwies sich als guter Nährboden für die Kulturen und Religionen, die sie mitbrachten. Buddhismus, Hinduismus und Islam fanden in diesem Land sehr früh begeisterte Anhänger.

Weltoffen ist der Arakan nur in den Küstengebieten. Die zur Monsunzeit regenreichste Region Burmas, in der auch Stürme immer wieder schwere Verwüstungen anrichten, besitzt zwar noch kein funktionierendes Netz von Straßenverbindungen, in die Städte Sittwe und Sandoway gibt es aber von Großstädten wie Rangun oder Mandalay aus regelmäßige Flüge. Die Weiterreise allerdings erfordert Pioniergeist – dafür führt sie in ein Burma, das sich mancherorts wie vor Hunderten von Jahren präsentiert, unverfälscht, exotisch und eindrucksvoll.

Weite Teile des gebirgigen Chin-Staates im Norden sind für Touristen aus Sicherheitsgründen zwar gesperrt, aber nicht alle. Viele der Gebiete sind, wenn überhaupt, dann nur zu Fuß oder mit dem Jeep erreichbar. In dieser Abgeschiedenheit konnten die rund 40 Untergruppen der Chin ihre Traditionen bis heute bewahren. Auch wenn viele von ihnen im Zuge der Kolonialisierung christianisiert wurden, ist der Geisterglaube weit verbreitet und finden von Schamanen geleitete Opferzeremonien statt, um die Geister positiv zu stimmen. Im Küstengebiet gibt es derlei längst nicht mehr.

«Geweih, das in den Fluss gefallen ist», so lautet der Name für den Hafen von Sittwe. Dieser Name ist nicht nur poetisch, sondern auch wahr. Der Ort war jahrhundertelang wirklich nur so bedeutend wie ein ins Wasser gefallenes Geweih. Seinen Aufstieg verdankte er erst den Engländern, die ihn Mitte des 19. Jahrhunderts ausbauten, und zwar zu einem Verwaltungszentrum und zu einem wichtigen Umschlagplatz für Handelsgüter, allen voran Reis.

Von den stolzen Bauten der Kolonialzeit ist in Sittwe nicht viel übrig geblieben. Was Hitze und Regengüsse überstanden hatte, ging im letzten Jahr des Zweiten Weltkrieges bei den heftigen Kämpfen zwischen den Alliierten und der japanischen Armee zugrunde. Eine gewisse Kolonialstadtatmosphäre ist trotzdem noch zu spüren. Wegen der vielen dunkelhäutigen Menschen vielleicht, der «Burmesen mit indischem Blut», zu denen auch die Rohingyas zählen, aus Bengalen eingewanderte Muslime. Und vielleicht auch wegen der vielen verschiedenen Religionen, die in dieser Stadt nebeneinander ausgeübt werden.

An Sehenswürdigkeiten hat Sittwe nicht viel zu bieten. Zu besuchen sind ein paar Pagoden und das Mahakuthala-Kloster. Interessant ist allerdings der Strand. Im Unterschied

Bilder nächste beiden Seiten
Myohaung, Stadt und Umland:
* *bei der Ratanamhankin-Pagode. Ratanamanaung-Tempel. Ernteszene mit Stupas im Hintergrund*
* *Buddha in freier Natur*

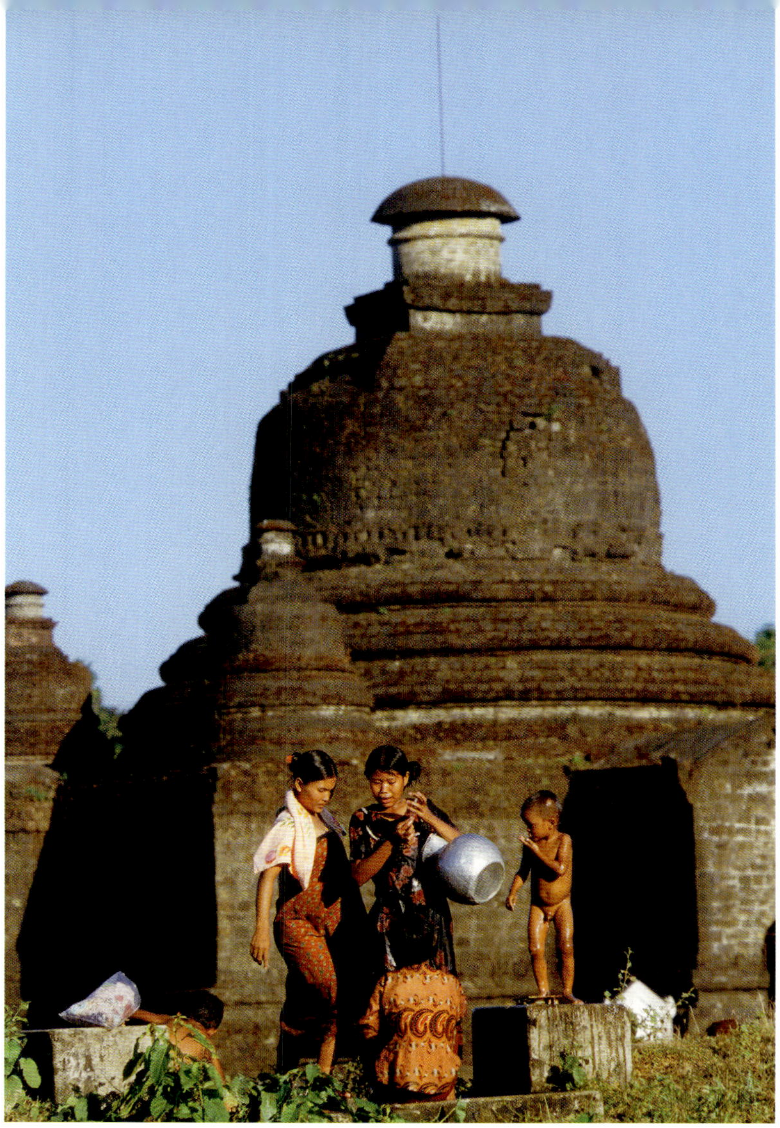
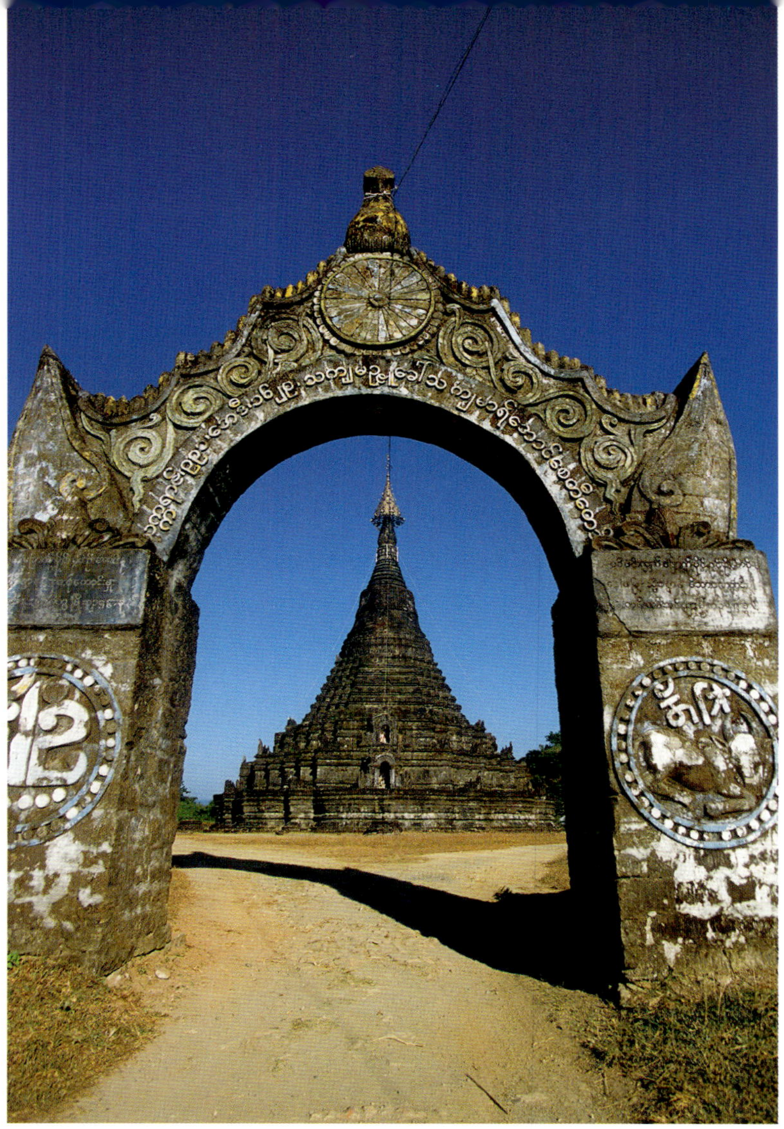
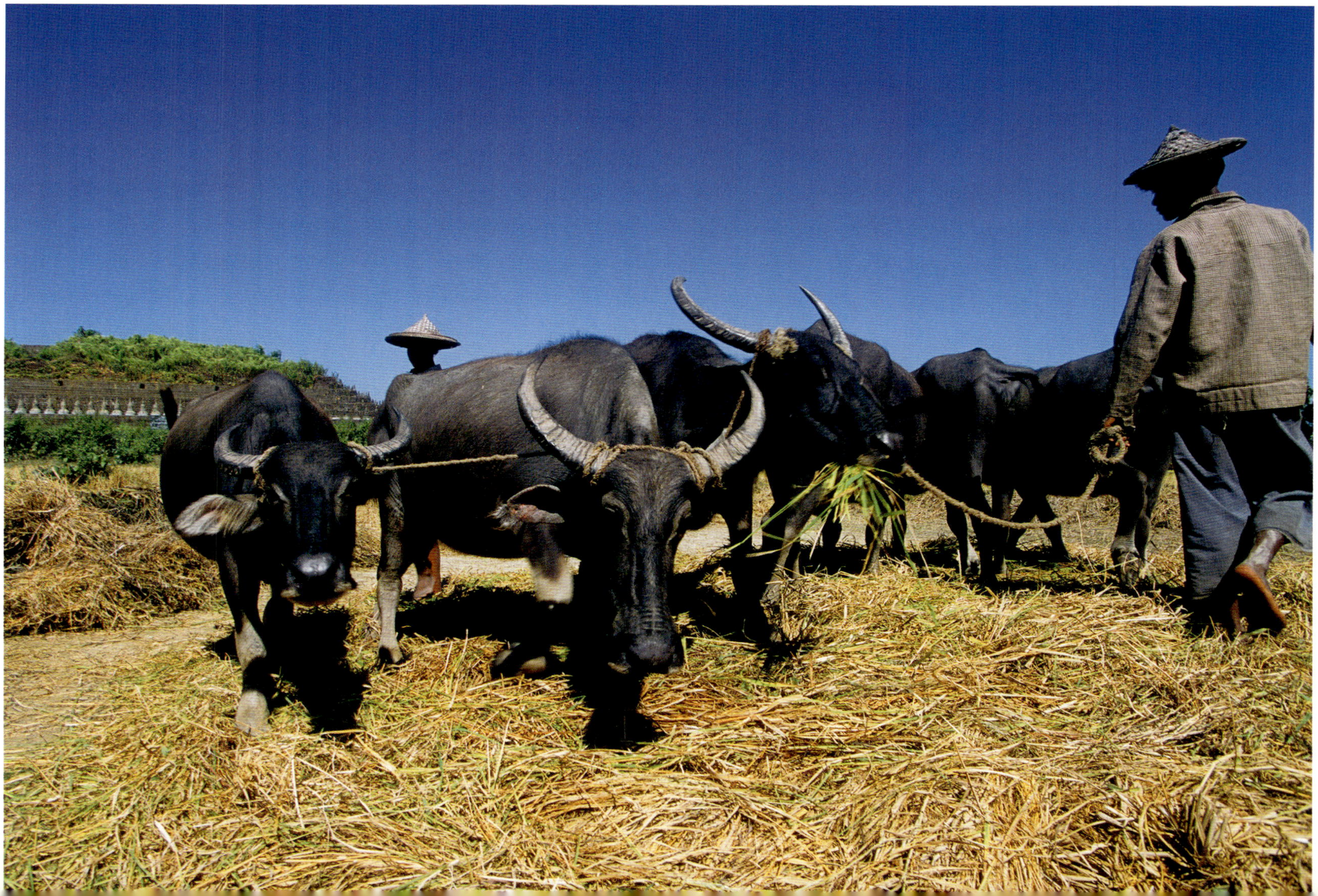

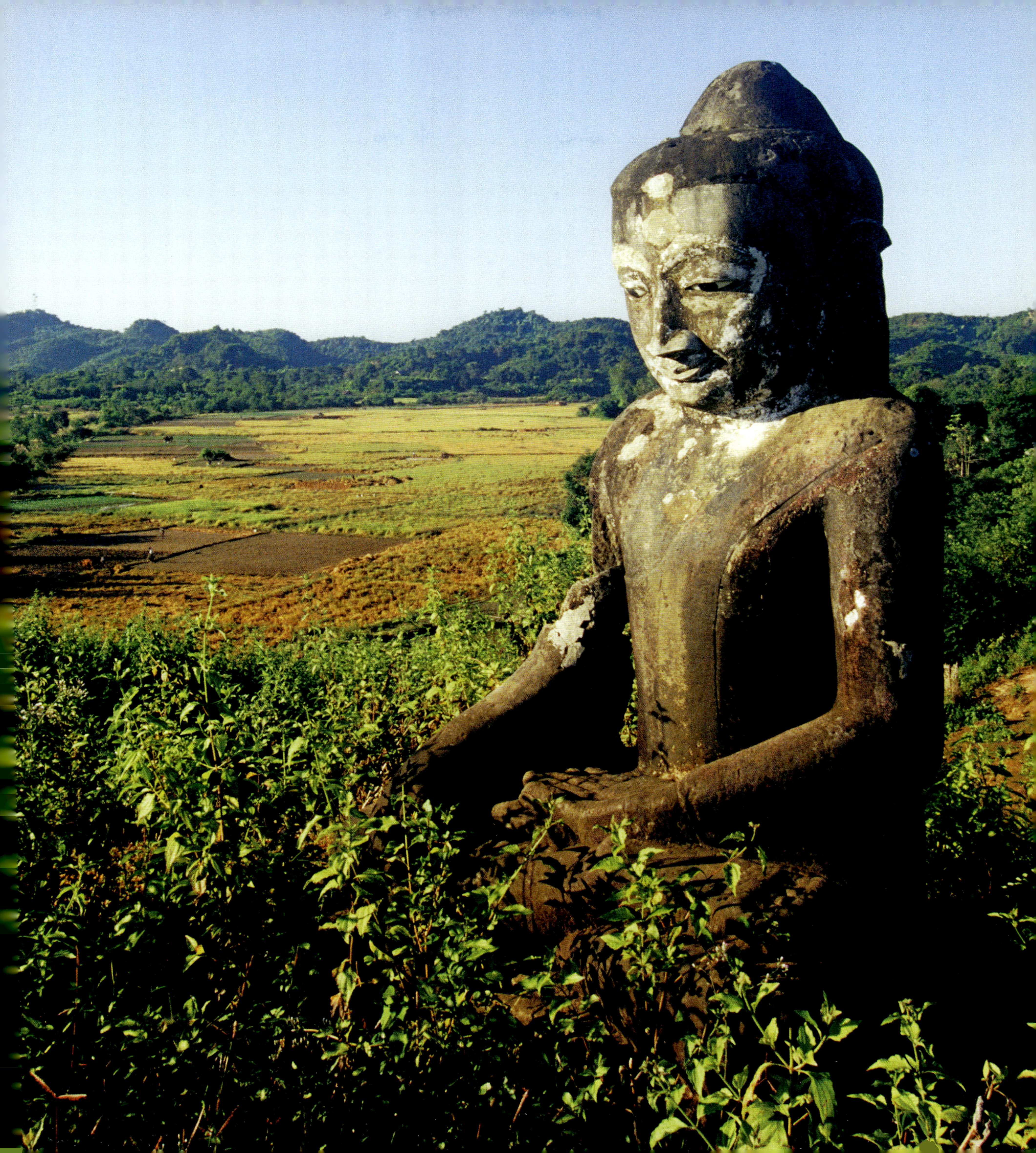

zum weiter südlich gelegenen Traumstrand von Ngapali, der sich in letzter Zeit immer mehr zu einem beliebten Urlauberziel entwickelt, hat er nicht weißen, sondern schwarzen Sand. Das Wasser ist aber trotzdem glasklar. Am schönsten ist Sittwe am Morgen, kurz vor Sonnenaufgang, wenn der Frühnebel noch wie ein Weichzeichner über der Stadt liegt und sie in ein sanftes Licht hüllt. Diese Stimmung erleben fast alle Besucher, denn Sittwe, die einst reichste und schönste Hafenstadt Burmas, gilt heute hauptsächlich als Tor nach Myohaung (Mrauk U). Und die Fähre in das einstige Zentrum eines mächtigen Königreichs legt schon in aller Früh ab.

Die staatlichen Fähren entsprechen exakt dem Klischee eines «Seelenverkäufers». Überfüllt, schmutzig und ungepflegt tümpeln sie zuerst in einem kleinen Hafenkanal nordwärts. Später biegen sie in den weiten Kaladan-Fluss ein, auf dem uralte Lastensegler auf dem Weg vom Irgendwo ins Nirgendwo sind. Vorbei an kleineren und größeren Dörfern, an palmenumstandenen Stelzenhäusern, weiß getünchten Pagoden und Wasserbüffeln, die sich in den gelben Fluten sichtlich wohl fühlen, geht die Reise nordwärts. Bis die Fähre im Lauf des Nachmittags in Myohaung eintrudelt. Nach sechs Stunden Fahrt oder sieben Stunden oder acht, je nach Wasserstand und je nach Lust und Laune der altersschwachen Maschinen.

Myohaung wurde Mitte des 15. Jahrhunderts von König Narameikhla gegründet. Die Stadt entwickelte sich rasch zu einem florierenden Handelszentrum. Das lag nicht nur an ihrer günstigen Lage am Wasser, sondern auch an den Umständen der Zeit: Vasco da Gama landete 1498 im südindischen Calicut, von da an bauten die Portugiesen ihr Handelsnetz aus, das ganz Asien umspannte. Myohaung profitierte davon, 350 Jahre lang.

Die Befestigungsanlagen von Myohaung galten lange als uneinnehmbar. Belagert wurden sie trotzdem immer wieder. Portugiesische Piraten, die sich im Golf von Bengalen festgesetzt hatten, berannten die Stadt ebenso wie der Vizekönig von Goa. Den Aufstieg des Arakan zu einer starken Macht in Burma konnte das nicht stoppen. Im Gegenteil. Im 17. Jahrhundert, in der Blütezeit des Arakan, gab es sogar Kriegszüge gegen Pegu, damals die Nummer eins in Burma, und gegen Moulmein.

Gegen Ende des 17. Jahrhunderts wurde der Arakan in die Machtkämpfe des bengalischen Herrscherhauses hineingezogen. Das destabilisierte das Land, die Könige wechselten in rascher Folge, der Arakan versank im Chaos. So wurde er zur leichten Beute für König Bodawpaya. Ihm gelang es in kürzester Zeit, Myohaung einzunehmen und den Arakan dem burmesischen Königreich einzugliedern. Damit ging eine lange und glanzvolle Epoche zu Ende. Viele ihrer steinernen Zeugen aber sind erhalten geblieben. Monumente von so großer Bedeutung, dass sie Myohaung in kunsthistorischer Sicht zu Burmas wichtigstem Ort nach Pagan machen.

Siebzig große Tempelanlagen

Dazu zählen die erhaltenen Teile der 30 Kilometer langen Wehranlage mit ihren Forts und Wasserspeichern, die zusammen mit den vielen verzweigten Kanälen und den umliegenden Hügeln einen perfekten Schutz für die Stadt bildete. Dann die Grundmauern der in drei Terrassen gebauten Palastanlage – deren prachtvolle Holzbauten allerdings im Laufe der Jahrhunderte mehreren Großbränden zum Opfer fielen. Und, selbstverständlich, die 70 großen Tem-

Bilder rechts und nächste beiden Seiten
Im Küstenstaat Arakan:
• **Boot auf und Büffel bei dem Fluss Kaladan**
• **Markt und Fischerhafen in Sittwe (Akyab)**
• **Laukananda-Pagode in Sittwe**

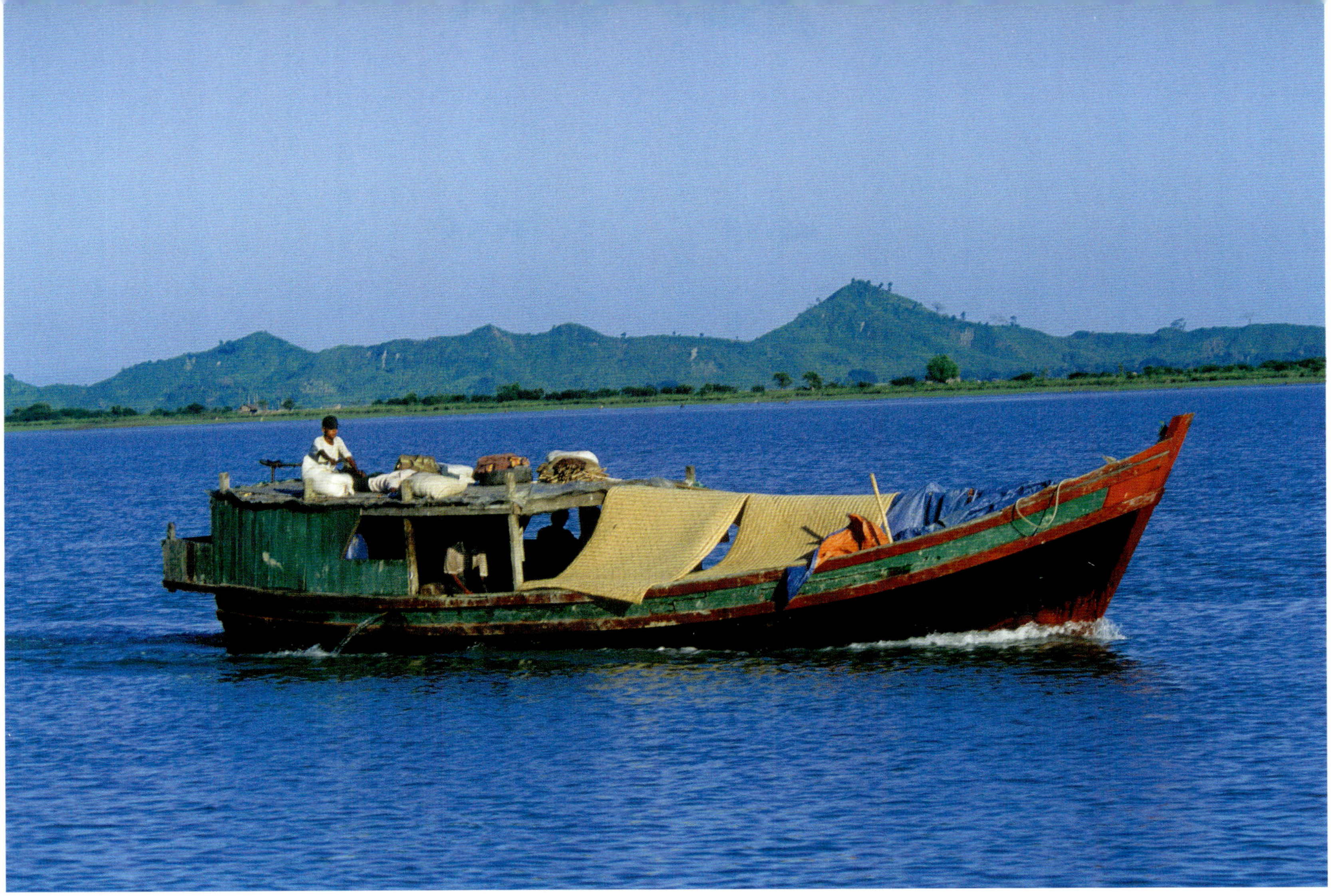

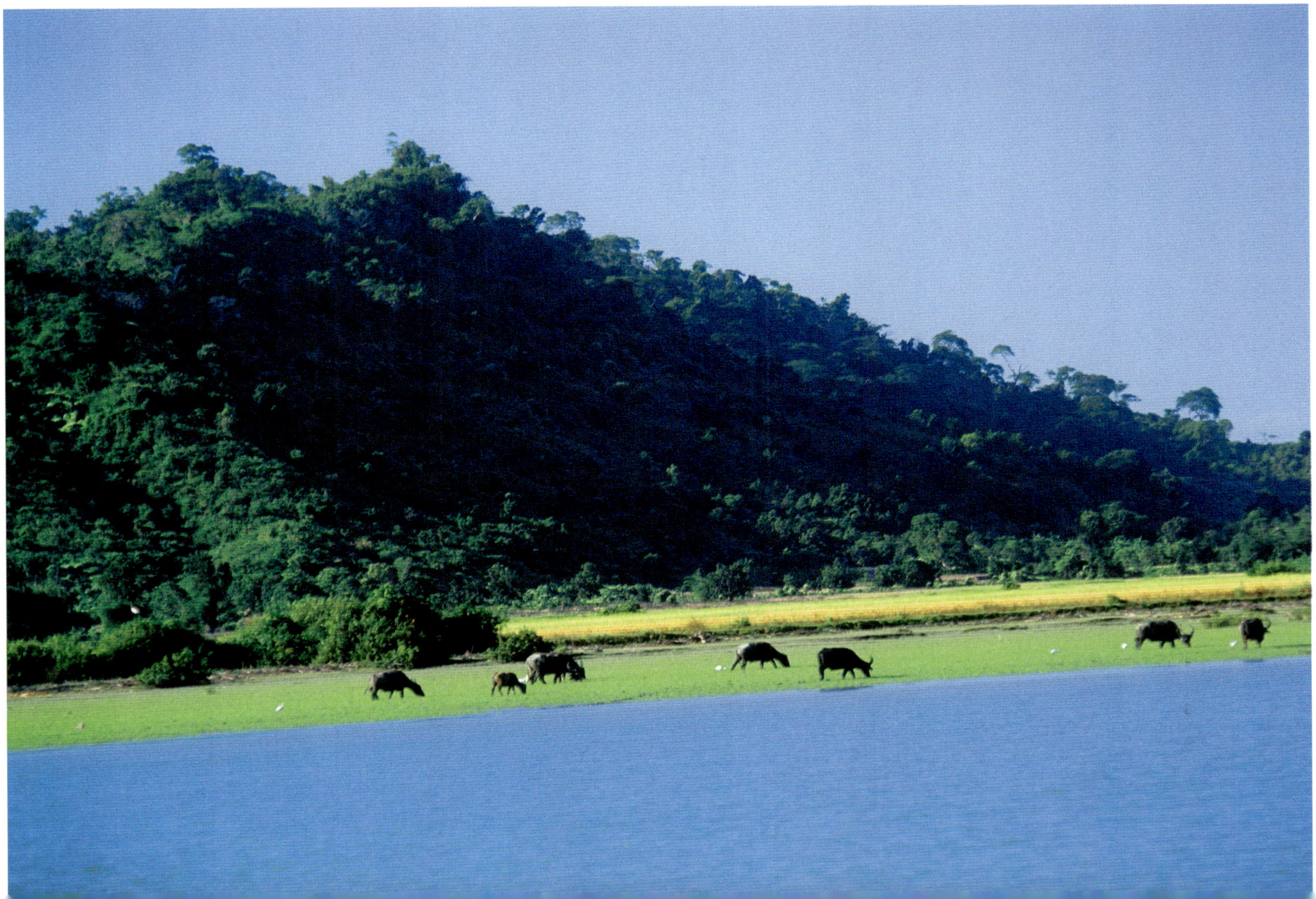

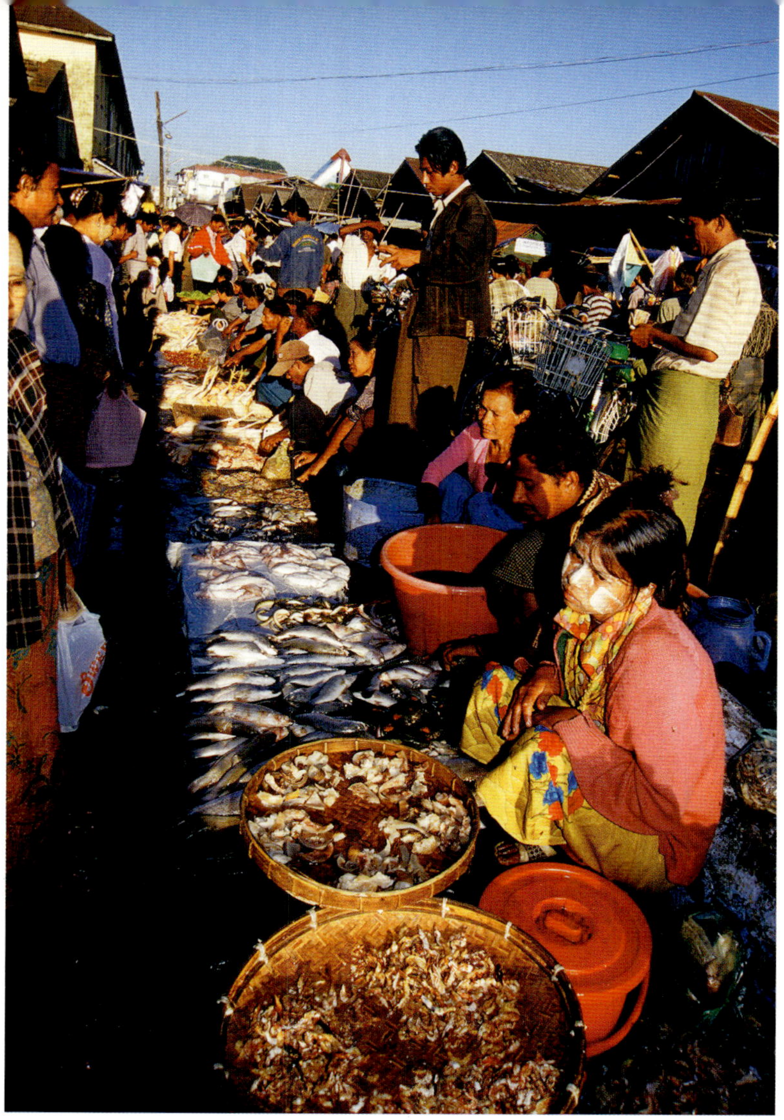

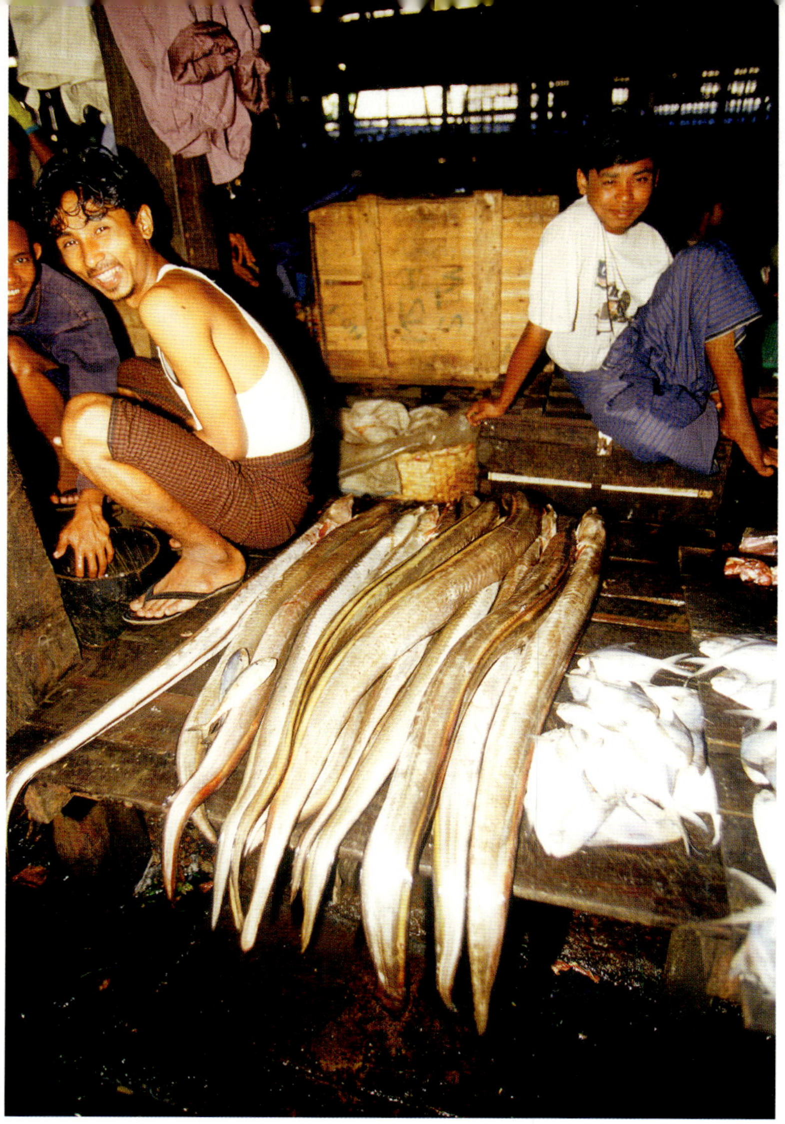

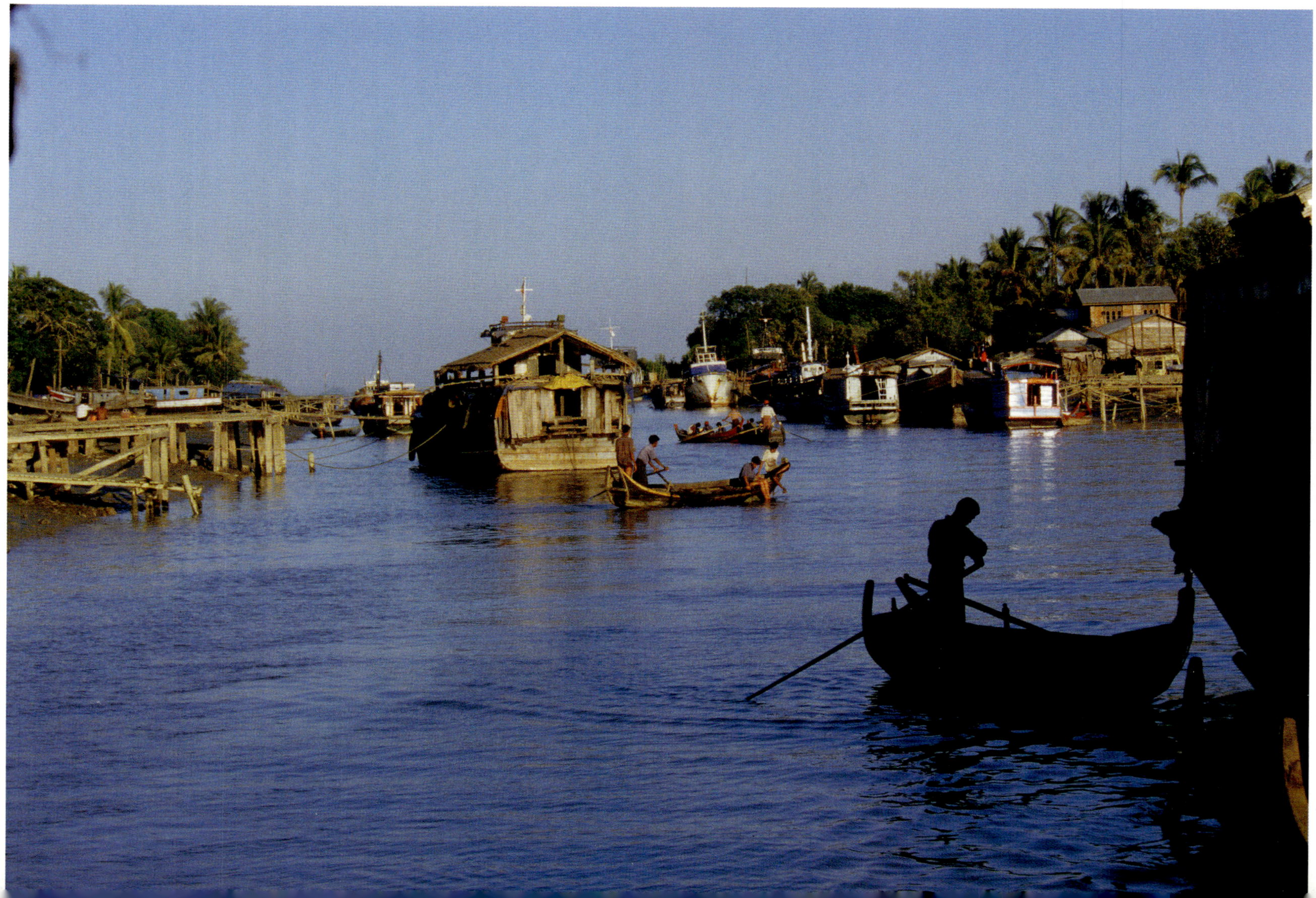

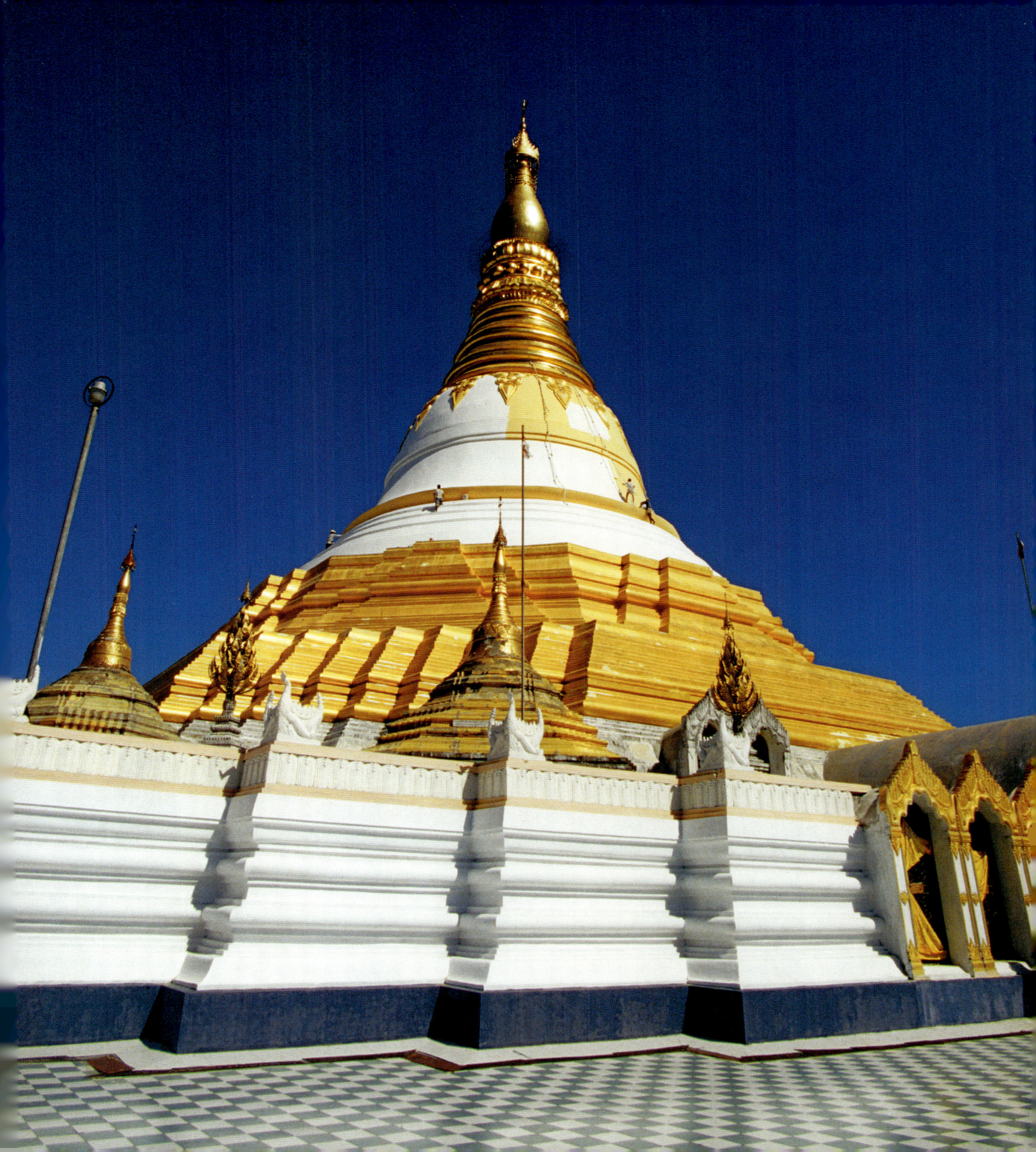

pelanlagen. Allen voran der mächtige Shittaung-Tempel, der wegen seiner zahlreichen Buddhafiguren auch der «Tempel der 80 000 Bildnisse» genannt wird.

Dass die glanzvollen Zeiten, in denen Myohaung eine Weltmetropole war, längst vorbei sind, ist im Städtchen heute unübersehbar. An den vielen Kanälen und am Kaladan-Fluss fließt der Alltag wie das Wasser ruhig dahin. Strom gibt es nur am Abend, das Telefon funktioniert selten, und auch sonst haben sich noch nicht viele Segnungen der modernen Technik durchgesetzt. So macht die Stadt einen beschaulichen, unverfälschten Eindruck. Stress ist ein Fremdwort.

Sonnenuntergang in Sittwe

Auf Ausgrabung wartende Königsstädte

Myohaung ist nicht die einzige Königsstadt des Arakan. Ganz in der Nähe liegen zwei weitere, wesentlich ältere Königsstädte. Von ihnen ist allerdings nicht mehr viel zu sehen. Reste von Gräben und Wallanlagen zeichnen sich in Reisfeldern ab, und kleine, romantisch mit Dschungelgrün überwucherte Hügel lassen darauf schließen, dass unter ihnen zerfallene Pagoden darauf warten, von den Schaufeln der Archäologen aus ihrem jahrhundertelangen Schlaf geweckt zu werden.

Eingebettet in eine liebliche, grüne Landschaft mit zahlreichen Seen, liegt rund 40 Kilometer nördlich von Myohaung der Ort Kyauktaw. Er ist für Burma von besonderer Bedeutung, denn er steht in enger Verbindung mit dem Mahamuni, der wichtigsten Buddhafigur des Landes. Alten Chroniken zufolge reiste Buddha mit 500 Mönchen persönlich in den nördlichen Arakan, um dort die buddhistischen Lehren zu verbreiten. Als ihn König Candrasuriya bat, ein Ebenbild zu hinterlassen, stimmte er zu. Er verbrachte eine zusätzliche Woche meditierend unter einem Bodhi-Baum, und in dieser Zeit konnte Sakka, der König der Götter, sein Ebenbild aus Bronze schaffen. Mit dem Ergebnis war «der Erleuchtete» zufrieden. Er hauchte es an und sagte: «In meinem achtzigsten Lebensjahr werde ich ins Nirwana eingehen, du aber, von meinem Atem berührt, wirst 5000 Jahre existieren, so lange, wie meine Religion andauern wird.»

Das Ebenbild Buddhas fand seinen Platz auf einem diamantbesetzten Thron. Im Laufe der Zeit wurde es für viele Herrscher zum Objekt ihrer Begierde. König Anawrahta hätte es gerne nach Pagan gebracht, er scheiterte aber daran, dass die immerhin 3,80 Meter hohe Figur nicht über den Arakan Yoma zu transportieren war. In den folgenden Jahrhunderten geriet der Mahamuni in Vergessenheit. Die alles verschlingenden Dschungelpflanzen überwucherten die Anlage, in der er aufbewahrt war. Im 15. Jahrhundert wurde der Mahamuni zwar vom Urwaldgestrüpp befreit und restauriert, 1784 aber war sein noch lange nicht 5000-jähriges Leben zu Ende. König Bodawpayas Truppen zersägten ihn in drei Teile und brachten ihn so über die Gebirge nach Amarapura. Der König ließ eine eigene Pagode für den Mahamuni errichten, die durch einen acht Kilometer langen überdachten Weg mit dem Palast verbunden war.

In dieser Pagode im Süden von Mandalay steht der Mahamuni auch heute noch – das Ziel zahlloser Pilgerreisen. Der Arakan aber hat den Burmesen den Raub der Figur bis heute nicht verziehen ...

terra magica

Pegu
Auf dem Weg zum Goldenen Felsen

Üppiges, tropisches Grün, weite Reisfelder und eine schwüle Hitze, die wie eine dicke, alles erstickende Decke über der Landschaft liegt. Sobald auf der Fahrt von Rangun in die nur 100 Kilometer nordöstlich liegende Stadt Pegu (Bago) die endlosen Vororte und Militäreinrichtungen der Hauptstadt zurückbleiben, hat die Landschaft hier kaum Abwechslung zu bieten. Sie liegt flach und grün da, ohne Erhebungen, ohne Sensationen. Entenfarmen und Zigarrenfabriken, in denen völlig ohne technische Hilfsmittel und nur in Handarbeit die dicken Cheroot-Zigarren hergestellt werden, sind die einzigen Unterbrechungen des eintönigen Bildes.

Wer mit dem Auto unterwegs ist, legt kurz vor dem Soldatenfriedhof Htaukkyant, auf dem 27 000 im Zweiten Weltkrieg gefallene alliierte Soldaten liegen, einen kurzen Stopp ein, um den Nat zu besuchen, der für die Autofahrer zuständig ist. Ganz Eilige grüßen den mächtigen Nat mit einem Hupen. Wer mehr Zeit hat, deponiert bei seinem Schrein unter einem großen Banyanbaum ein paar Blumen. Und lässt sich nicht davon irritieren, dass es dort zugeht wie in einem Bienenstock, denn Besitzer neuer Autos fahren vor dem Nat-Schrein dreimal vor- und zurück. Das freut den Nat, und dem Autofahrer gibt es Hoffnung auf eine gute, unfallfreie Fahrt.

Knapp vier Kilometer vor Pegu löst ein merkwürdiges Bauwerk Erstaunen aus. Die Kyaikpun-Pagode aus dem 15. Jahrhundert besteht aus vier Rücken an Rücken sitzenden Buddhas. Gautama Buddha schaut nach Norden, seine drei Vorgänger in jeweils eine andere Himmelsrichtung. Das allein wäre noch nicht erstaunlich, jede der Figuren ist aber 30 Meter hoch, und das macht die Pagode zu einem höchst ungewöhnlichen Monumentalbau.

Pegu selbst wirkt auf den ersten Blick nicht aufregend. Eher wie eine typische Provinzstadt, in deren staubigen Straßen sich Fußgänger, Radfahrer und Pferdewagen drängen. Und auf deren großem Markt es Delikatessen wie geröstete Heuschrecken, Feldmäuse am Spieß und streng riechenden getrockneten Fisch gibt. Von dem märchenhaften Glanz, den europäische Reisende vor 400 Jahren beschrieben, ist nichts mehr zu sehen. Dabei ist Pegu uralter historischer Boden. Eine Legende führt den Ursprung der Stadt in die Zeit zurück, als die Umgebung noch Teil des Meeres war. Aus der Wasserfläche ragte eine Insel heraus, auf der sich ein Vogelpaar niederließ. Die Insel war aber so klein, dass sie nur einem Vogel Platz bot. Also musste sich das Weibchen auf den Rücken seines Partners setzen. Auf diese Legende bezieht sich das Emblem der Stadt, das ein Hintha-Vogelweibchen auf dem Rücken eines Männchens zeigt.

Glaubt man der Sage, dann ist die Spitze dieser legendären Insel der höchste Punkt des Hinthagone-Hügels. Dort geht es schon lange nicht mehr so ruhig zu, dass sich Vögel niederlassen würden. Rund um die gleichnamige Pagode wird tagein, tagaus zu lauter Musik getanzt und gelärmt. Und das zu Ehren des weiblichen Büffel-Nats, der Pegu

Bilder nächste Doppelseite
Pegu (Bago), Hauptstadt der gleichnamigen Provinz: Vier dreißig Meter hohe Buddha-Kolossalfiguren der Kyaikpun-Pagode schauen nach allen vier Himmelsrichtungen

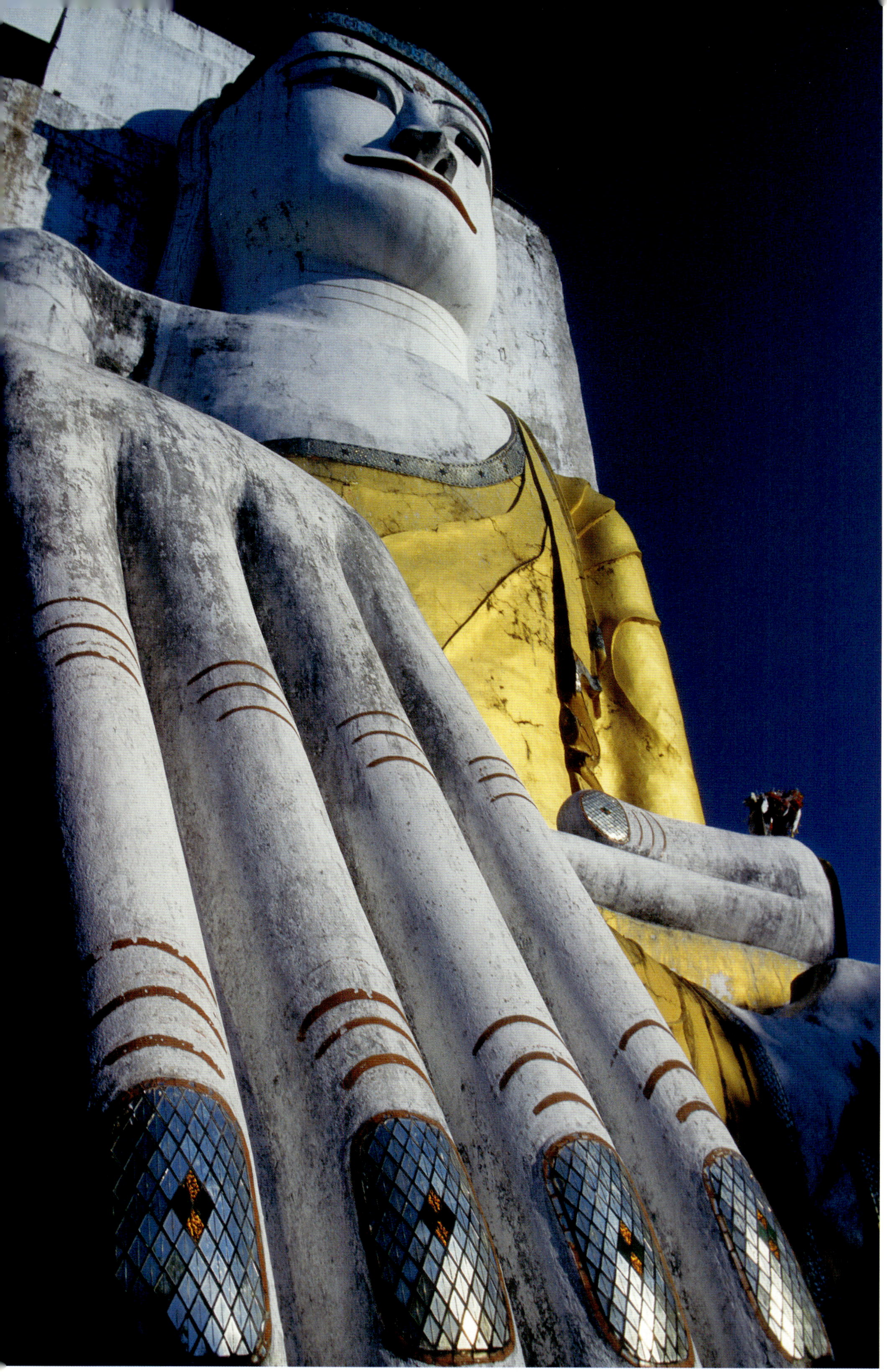

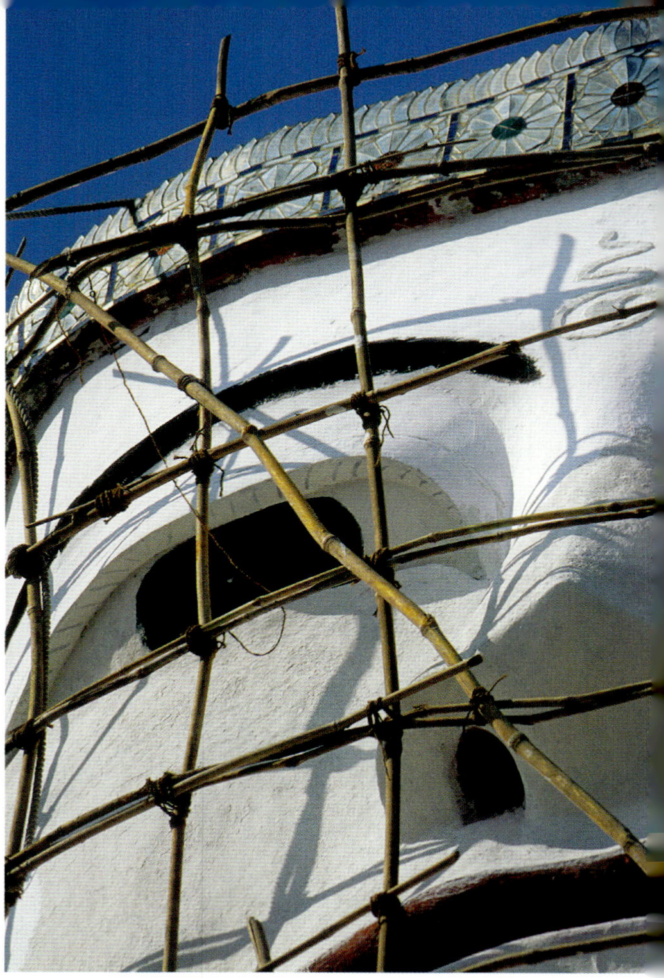

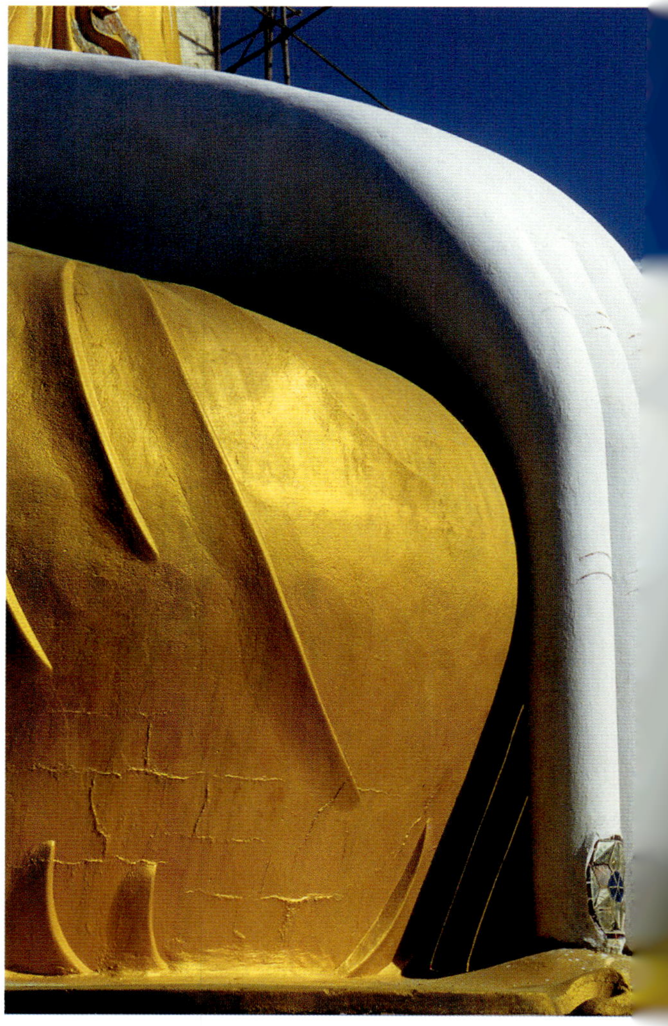

165

Maedaw, die sich als schwarz gekleidete Figur mit dem Schädel eines Wasserbüffels präsentiert. Und die gerade in einem Reisanbaugebiet, in dem Wasserbüffel wichtige Aufgaben zu erfüllen haben, besonders verehrt werden muss. Eine andere Legende führt die Gründung der Stadt Pegu (Bago) im Jahr 825 auf zwei Mon-Prinzen zurück. Tatsächlich entwickelte sich Pegu bis zur Eroberung durch Anawrahta im Jahr 1057 zu einem wichtigen Zentrum des Mon-Reiches. Ihre goldenen Jahre erlebte die Stadt aber erst nach dem Zusammenbruch des Pagan-Reiches Mitte des 14. Jahrhunderts.

Obwohl von den Mon gegründet und die meiste Zeit überwiegend von Mon bewohnt, hatte Pegu häufig burmesische Herrscher. Es wurde mehrmals zerstört und wieder aufgebaut. Einmal, für rund zehn Jahre zu Anfang des 17. Jahrhunderts, etablierte sich sogar ein portugiesischer Abenteurer als König der Region. 1757 kam für die prachtvolle Stadt das Ende. König Alaungpaya, der Begründer der Konbaung-Dynastie, zerstört sie weitgehend. Viele Mon flohen in das benachbarte Siam, in dem entvölkerten Küstenstreifen siedelten sich Burmesen an, und die verbliebenen Mon wurden auf dem Gebiet ihres einstigen großen Reiches zur Minderheit – eine Entwicklung, die sie bis heute nicht verschmerzt haben.

Kleiner Finger misst drei Meter, ein Ohr vier Meter fünfzig

Von den Zeiten des Glanzes und des Ruhmes erzählen trotz allem noch einige Monumente. Die Shwemawdaw-Pagode ist eines davon. Die «Zwillingsschwester» der Shwedagon-Pagode in Rangun ist in ihren Grundmauern rund tausend Jahre alt. Allein im letzten Jahrhundert hat sie drei schwere Erdbeben mitgemacht, die sie in einen Trümmerhaufen verwandelten. Jedes Mal wurde die Pagode aber noch prächtiger wieder aufgebaut. Der heute so herrlich glänzende goldene Stupa stammt aus dem Jahr 1954, er ist mit seinen 114 Metern der höchste Burmas.

Die berühmte liegende Buddhastatue, Shwethalyaung, ist die zweite große Attraktion von Pegu. Auch sie hat ein Pendant in Rangun. Während der liegende Buddha in der Hauptstadt allerdings neueren Datums ist, stammt die 55 Meter lange und 16 Meter hohe Buddhafigur Pegus aus dem Jahr 994. Was für eine Statue dieser Größe unwahrscheinlich klingt, trat ein, nachdem Pegu im Jahr 1757 zerstört worden war: Die Figur ging verloren und wurde vergessen. Und dabei wäre es wohl auch geblieben, hätten nicht die Briten 1881 auf der Suche nach Baumaterial für die Eisenbahnlinie Rangun–Pegu den riesigen Ziegelberg entdeckt. Das hatte zur Folge, dass die Figur rekonstruiert und mit einer Stahlhalle umbaut wurde. Seither erfährt sie laufend Veränderungen und Verschönerungen. Und der Besucherstrom zu dem liegenden Buddha, bei dem ein Ohr gewaltige 4,50 Meter, der kleine Finger drei Meter und der große Zeh 1,8 Meter misst und in dessen Fußsohlen 108 Glückssymbole eingearbeitet sind, reißt nicht ab.

Auf der Fahrt zum Goldenen Felsen im Süden von Pegu wird die Erde immer staubiger und trockener. Gruppen von Mönchen und Novizen marschieren im Gänsemarsch kilometerweit von oder zu ihren Klöstern, das bringt Farbe in die monochrome Landschaft, bis riesige Kautschukplantagen das flache Land in dunkles, schattiges Grün tauchen. Und dann, ungefähr 30 Kilometer vor dem Ziel, ausgedehnte Cashewplantagen. Bei diesen seltsamen Gewächsen befindet sich der Samen übrigens nicht im Inneren der Frucht,

Bilder rechts und nächste Doppelseite
115 Meter hoch und über 1000 Jahre alt ist die goldene Shwemawdaw-Pagode in Pegu. Beachten Sie die Mönchsfigur im Maul des Wächterlöwen!

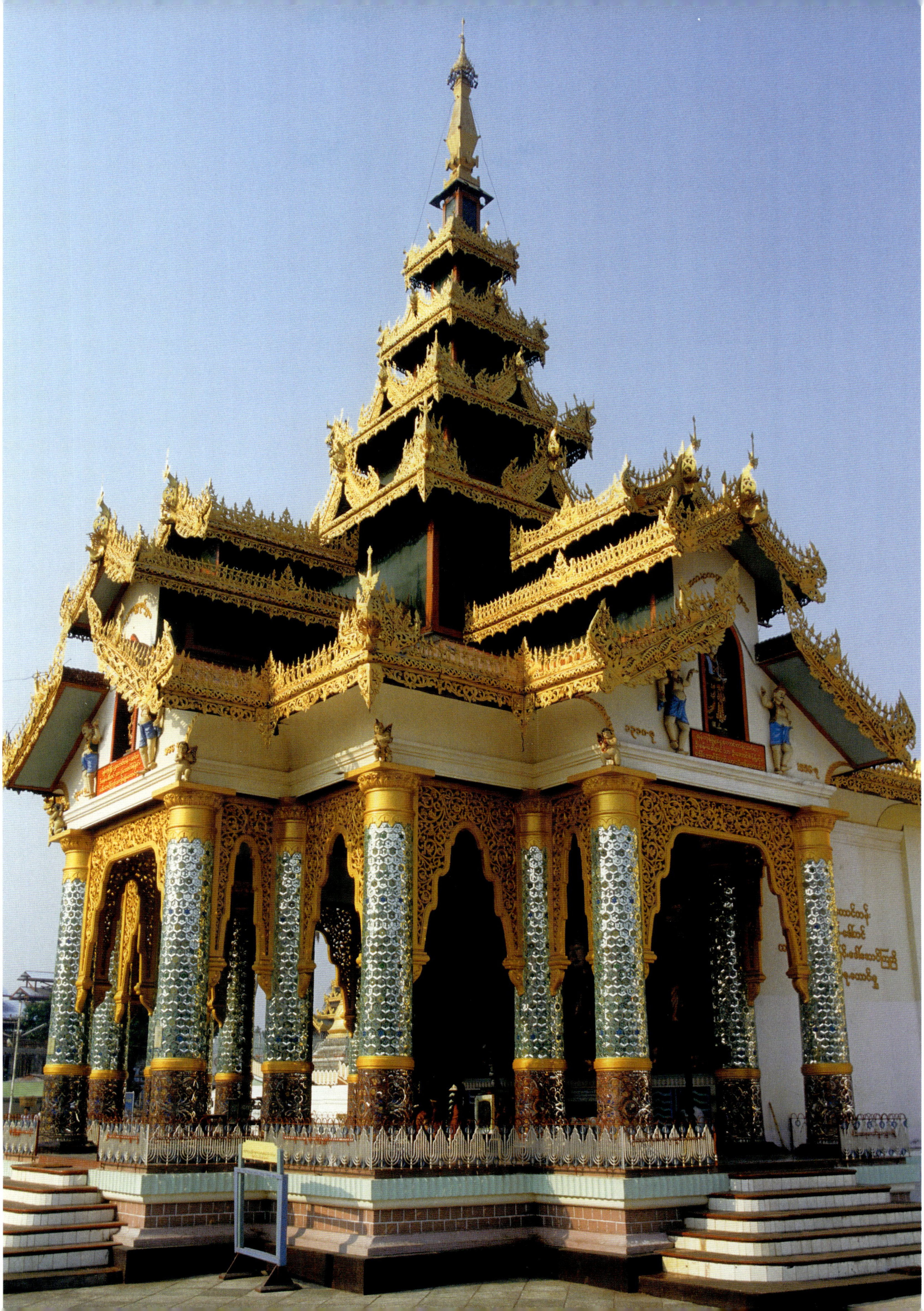

terra magica

terra magica

sondern er hängt wie eine kleine Glocke außerhalb. Diese Samen werden geerntet, geröstet und als Cashewnüsse in die ganze Welt verkauft. Darüber, was aus dem Fruchtfleisch gemacht werden könnte, herrscht noch Unklarheit. Es schmeckt nach wenig und hat auch keinen besonderen Nährwert. Jetzt laufen erste Versuche an, daraus Schnaps zu destillieren.

Ausgangspunkt für die Wallfahrt zum Goldenen Felsen ist Kinpun. Der nette Ort ist von Kopf bis Fuß auf Pilger eingestellt, die in den letzten Jahren in richtigen Scharen kommen, besonders an Feiertagen und zu Vollmondfesten. Die vielen Holzbuden mit frischem Obst, Sonnenhüten und Pilgerstäben und die Imbissläden mit ihren bunten Plastiktischtüchern und kleinen Plastiksesseln prägen das Ortsbild.

Zum Goldenen Felsen nur zu Fuß oder mit der Sänfte

Noch vor wenigen Jahren war es üblich, den zwölf Kilometer langen und recht beschwerlichen Weg zum 1102 Meter hoch gelegenen Goldenen Felsen zu Fuß zurückzulegen. Das hat sich inzwischen geändert. Heute fahren die meisten mit Lastwagen, deren Ladeflächen mit Holzbänken ausgestattet sind, bis zu einem nächsten Pilgerort in 800 Meter Höhe. Die Fahrt dauert eine knappe Dreiviertelstunde, es geht durch schwüles Dschungelgrün steil bergauf, oft mit Steigungen bis zu 45 Grad, dann wieder mit Kurven wie auf einer Achterbahn. Einmal wird angehalten, um den Gegenverkehr vorbeizulassen, denn die Straße ist nur einspurig. Klein leuchtet der Goldene Felsen in weiter Ferne, ein winziger, gelber Punkt, unerreichbar.

Aber auch diese Fahrt geht irgendwann einmal zu Ende. Die Pilger und Pilgerinnen – meist doppelt so viele wie für den Lastwagen zugelassen, klettern vom Wagen und werden sofort von Trägern bestürmt. Von hier aus geht es nur noch zu Fuß weiter, die einzige Alternative sind Sänften. Eine gute Stunde dauert der Aufstieg auf dem steilen, mit Betonplatten befestigten Pfad, auf dem immer Hunderte von Menschen unterwegs sind. Dann ist die weiträumige Plattform erreicht, von der aus der riesige, wie über dem Abgrund schwebende Goldene Felsen, Kyaik-tiyo, zum Angreifen nah ist. Jetzt ist auch sein sieben Meter hoher goldener Stupa gut zu sehen, der an der Spitze mit Edelsteinen geschmückt ist.

Auf der Plattform weht ein frisches Lüftchen. Die besondere Atmosphäre des heiligen Ortes ist nahezu körperlich spürbar. Gruppen von Pilgern sitzen diskutierend nebeneinander, andere ruhen sich aus oder spielen Ball. Viele gehen auch weiter zur Kyauk-thanban-Pagode, der Steinboot-Pagode, die so heißt, weil sie auf einem bootsförmigen Stein steht, oder zu den Restaurants an der Ostseite der Plattform. Das Recht, Goldblättchen auf den Granitblock zu kleben, haben nur Männer. Frauen müssen hinter einer Absperrung bleiben. Die Gefahr, dass der Felsen sonst ins Wackeln kommen könnte, scheint zu groß – schließlich wird er ja nur von fünf Haaren Buddhas gehalten.

Bilder rechts
Sakrale Kunst an der Shwemawdaw-Pagode in Pegu: am Fuß, ganz oben und schwebend

Bilder nächste beiden Doppelseiten
Stadt Pegu, Shwethalyaung: Buddha bei seinem irdischen Tod, vor dem Übertritt ins Nirwana. Die über 1000-jährige Skulptur zeigt auf ihrer Rückseite farbenfrohe Reliefbilder

Bilder Doppelseite 176/177
65 Kilometer westlich der Stadt Pegu steht der sagenhafte Goldene Felsen mit seinem Stupa; beides wirkt im Nachtlicht noch überirdischer

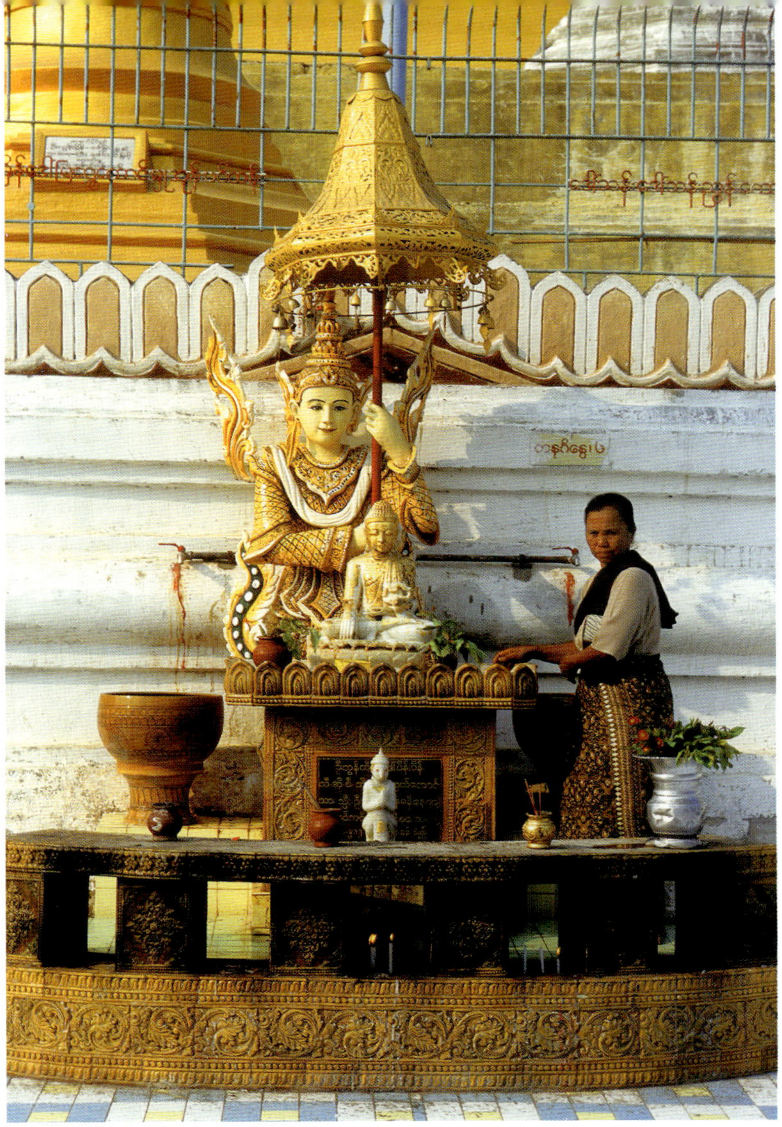

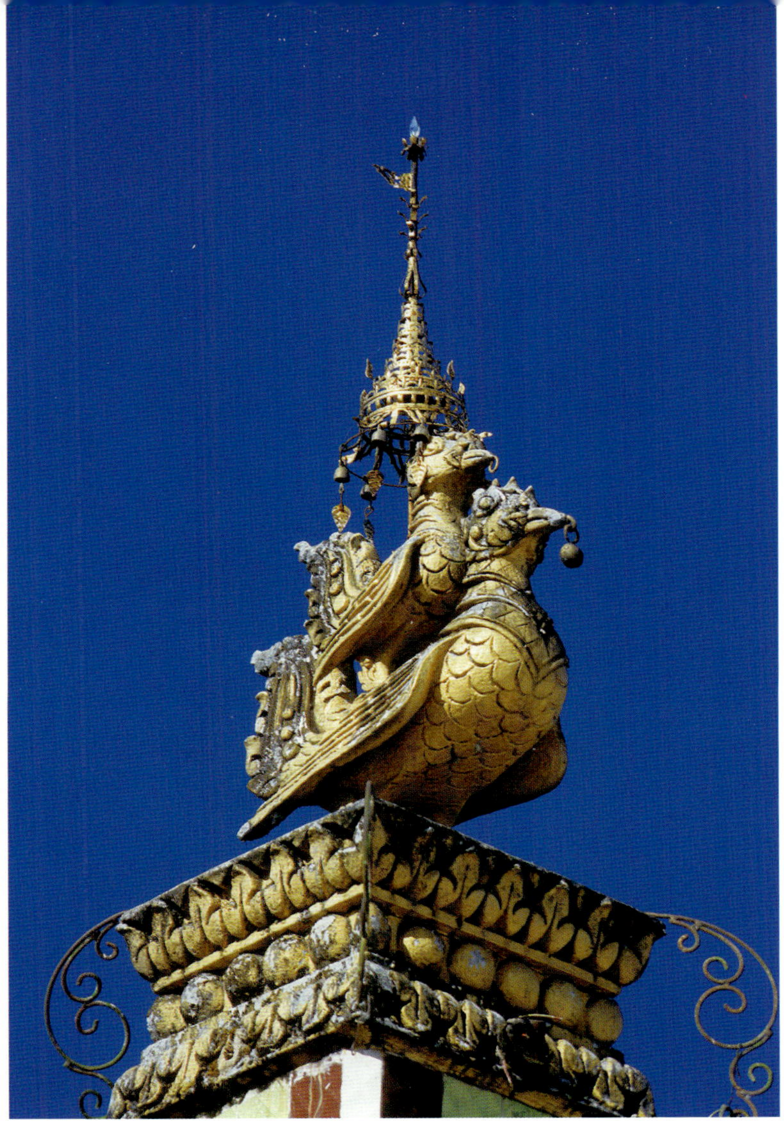

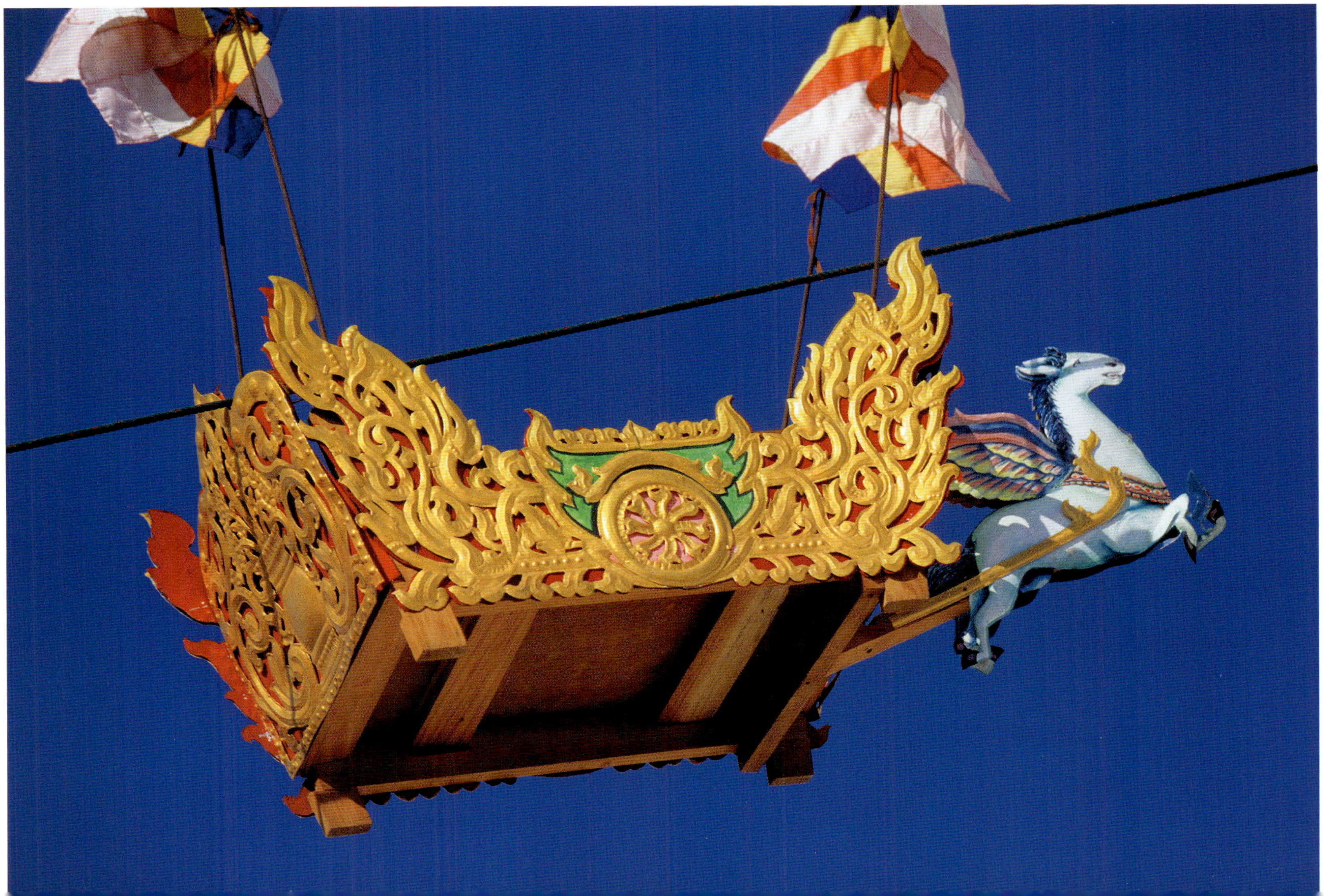

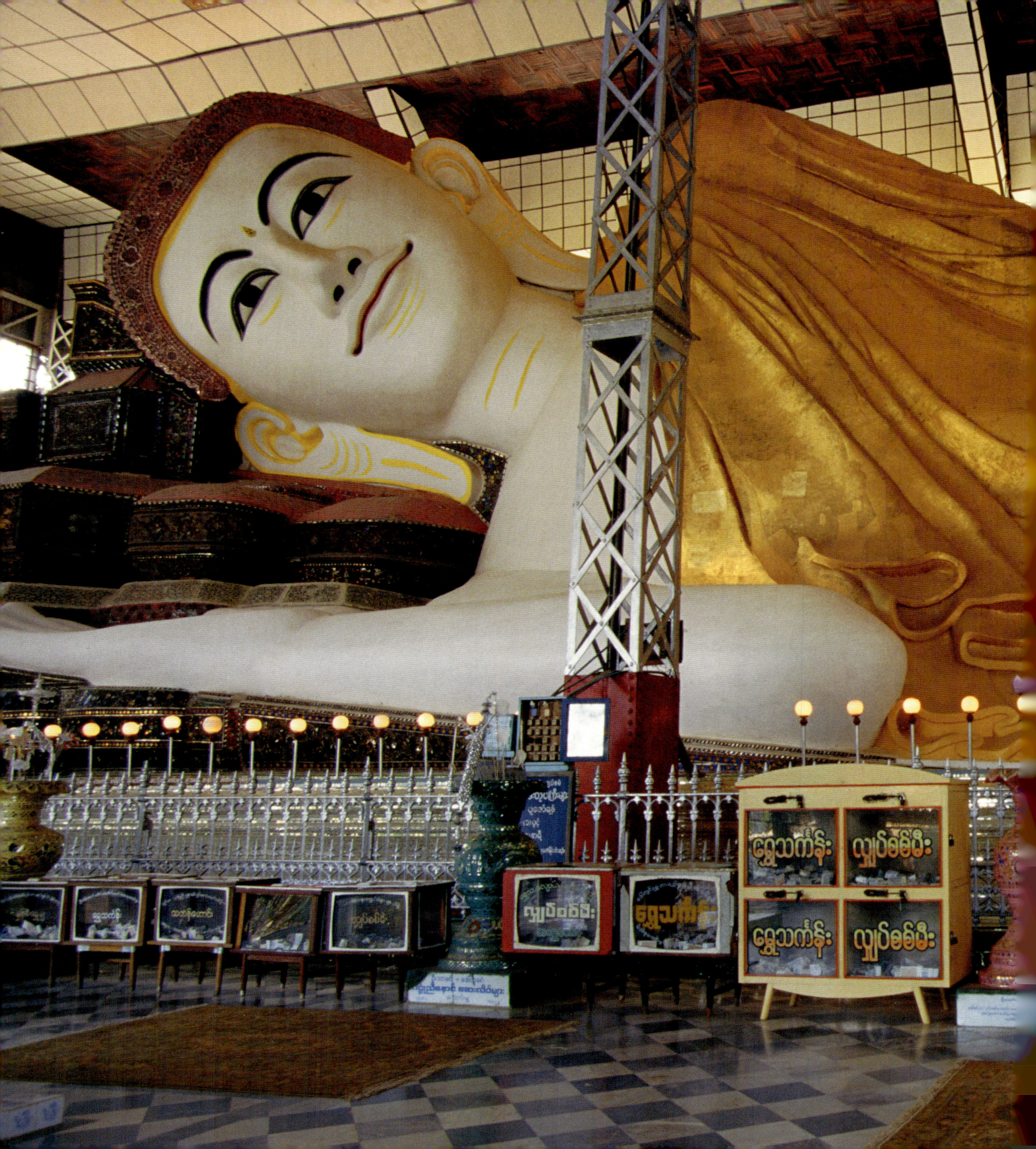

လျှပ်စစ်မီး
ရွှေသင်္ကန်း
ရွှေသင်္ကန်း
လျှပ်စစ်မီး
ရွှေသင်္ကန်း
လျှပ်စစ်မီး

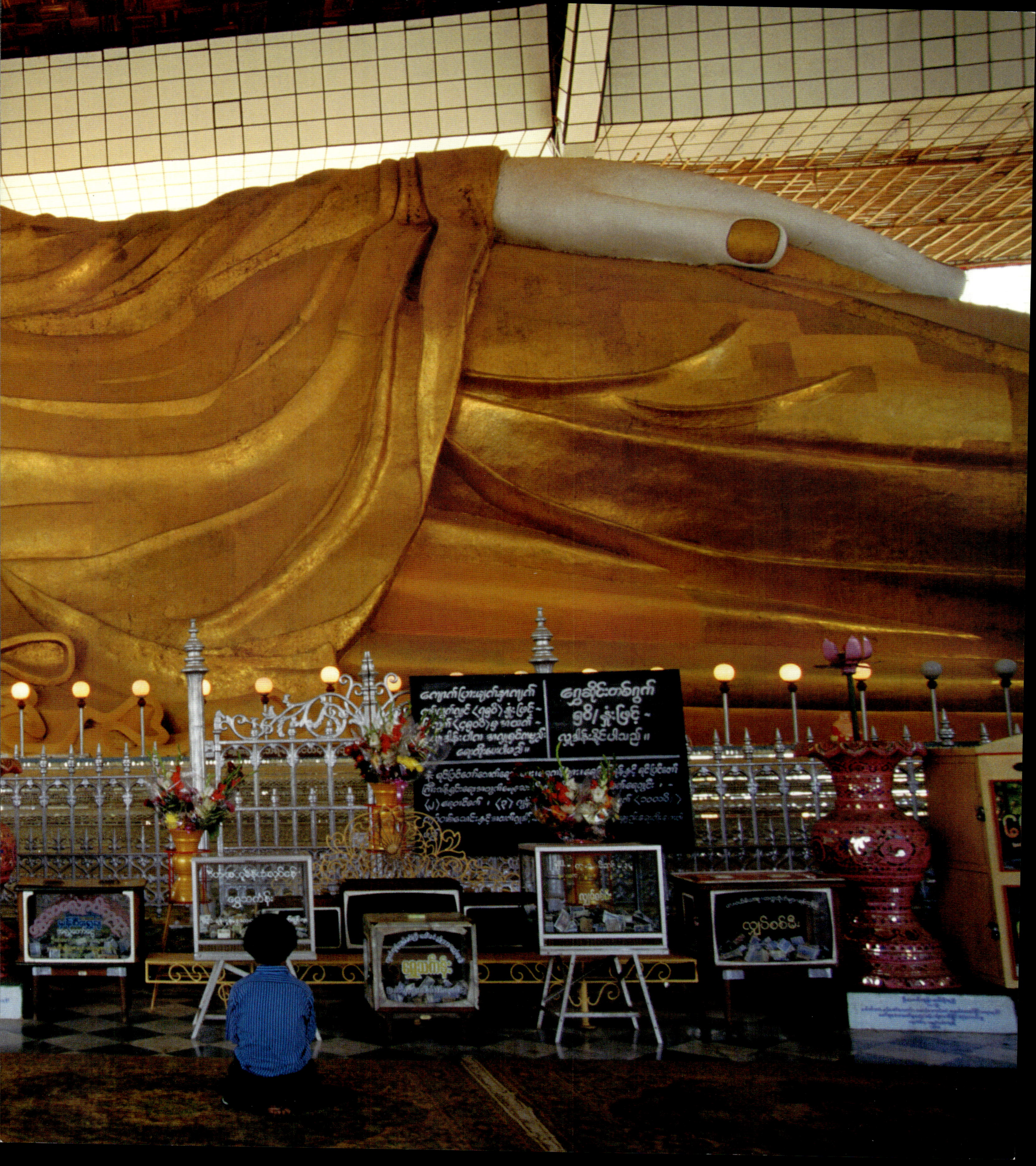

terra magica

terra magica

terra magica

terra magica

Rangun – die goldene Stadt

Bangkok, Singapur, Rangun: Es gibt Städte auf der Welt, die wecken schon allein durch den Klang ihres Namens Assoziationen von goldenen Tempeln, wunderbar morbid verwitternden Kolonialbauten, schwülen Nächten und sirrenden Deckenventilatoren. Wer daher nach Rangun reist, rüstet sich mit festen Vorstellungen. Und wer in Rangun ankommt, wird von den Eindrücken überrollt. Tatsächlich übersteigt die Shwedagon-Pagode alle Erwartungen. Die feuchte Hitze ist im wahrsten Sinne des Wortes umwerfend, und der Verkehr, der noch vor wenigen Jahren gemächlich dahinfloss, ballt sich in der Fünf-Millionen-Metropole besonders nachmittags zu lähmenden Staus.

Auch Rangun blieb vom Bauboom der Moderne nicht verschont. Nach und nach schießen immer mehr Büro- und Hoteltürme aus Stahl und Glas in den Himmel. Sie fressen sich in die großen Parkanlagen und kleben sogar schon am Rand des Singuttara-Hügels, auf dem die Shwedagon-Pagode thront. Die Stadtteile um den Kandawgyi und den Inya-See wachsen schnell, denn auch in Burma ziehen immer mehr Menschen in die Stadt.

Das alte Zentrum von Rangun aber hat seinen Charakter bewahrt. Was den Besucher vollends verwirrt, sind die tausend Gerüche, die auf die Sinne einstürmen. In Downtown schwingt im schwülen Dampf der Garküchen der Geruch von Curry und Fischpaste mit, durch die Tempel und Pagoden zieht sich der betörende Duft der Räucherstäbchen, und auf den Märkten vereinigen sich die dicken Cheroot-Zigarren, die tropischen Früchte und die geheimnisvollen Gewürze zu einer wahren Orgie von Gerüchen. Und das wahrscheinlich schon seit langer Zeit.

Die ersten Menschen, die sich vor wohl 2600 Jahren am Zusammenfluss des Bago- und des Rangun-Flusses ansiedelten, waren wahrscheinlich Mon. Sie gaben dem Ort, der nur rund 30 Kilometer von der Andamanensee entfernt ist, den Namen Dagon. Vom Hafen Syriam am gegenüberliegenden Flussufer aus unterhielten sie rege Handelsbeziehungen zu Sri Lanka und Indien. Das brachte ihnen Wohlstand. Dazu Seelenheil, denn in Indien kamen sie mit dem Buddhismus in Kontakt. Und mit Buddha höchstpersönlich. Zur Zeit von König Okkalapa reisten zwei Kaufleute, Tapussa und Bhallika, per Schiff nach Indien.

Die frommen Männer begegneten Buddha, der gerade in der siebenten Woche nach seiner Erleuchtung unter einem Bodhi-Baum meditierte. Sie boten ihm Reisbrei und Honigkuchen an, wurden seine ersten Laienanhänger und erhielten von dem «Erleuchteten» acht seiner Haare, die sie später nach Dagon brachten. Dort ließ König Okkalapa einen Schacht in den Singuttara-Hügel graben und für Buddhas acht Haare eine mit Perlen und Juwelen ausgeschmückte Reliquienkammer anlegen. Über der Kammer wurden mehrere Stupas errichtet. Das war der Beginn der Shwedagon-Pagode, deren Name sich aus *shwe*, dem burmesischen Wort für Gold, und dem Namen der alten Mon-Stadt, *Dagon* zusammensetzt.

Das «goldene Mysterium», wie Rudyard Kipling die Shwedagon-Pagode nannte, ist nach wie vor überwältigend.

Bilder rechts und nächste Doppelseite
Rangun (Yangon), Burmas Hauptstadt mit ihrem goldenen Mysterium: vier Perspektiven der Shwedagon-Pagode, dieser riesigen Tempelanlage, vergleichbar mit dem Petersdom in Rom, nur viel prächtiger; Erstbau um 600 v. Chr. Die heutige Höhe des mit 60 Tonnen purem Gold belegten Stupas misst 107 Meter

terra magica

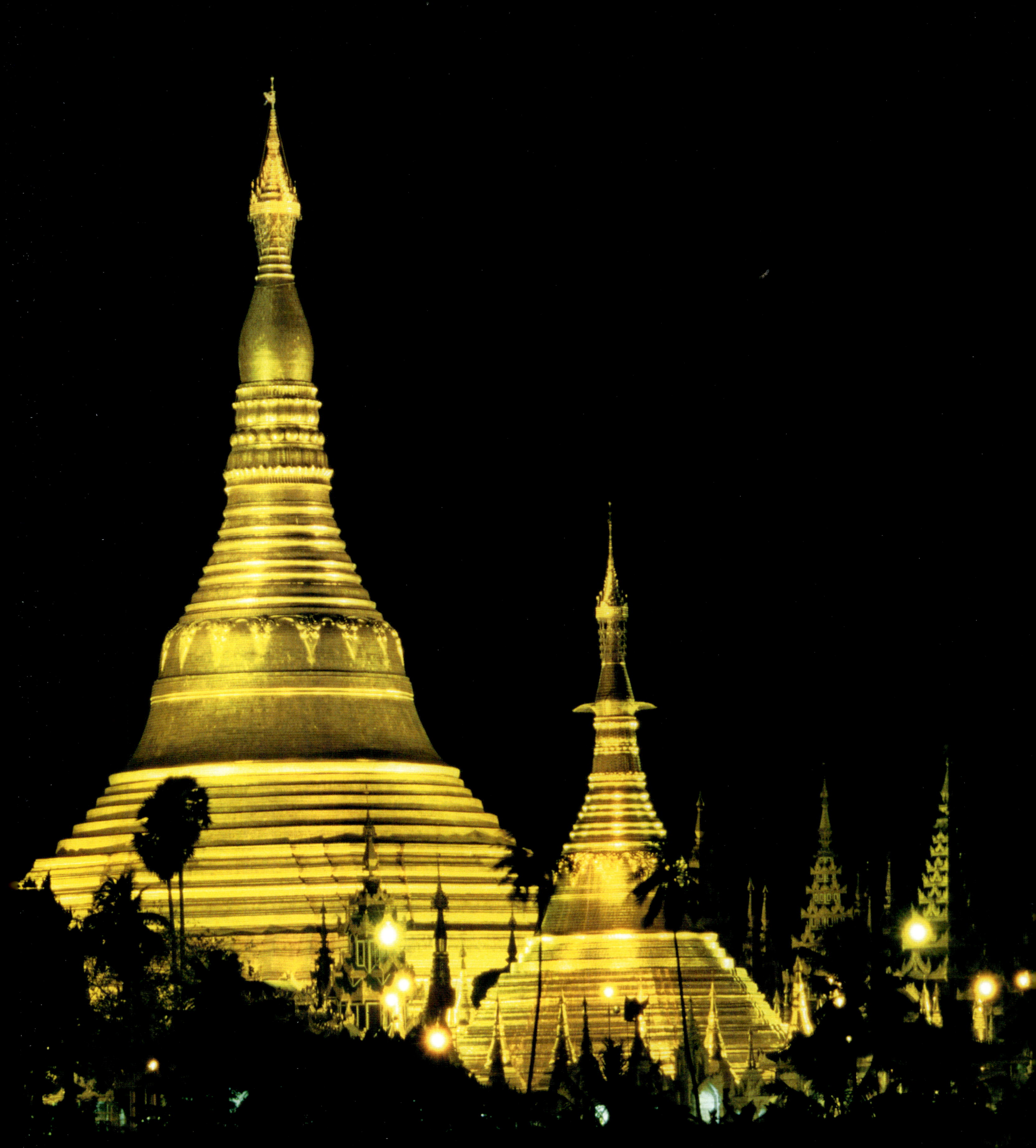

terra magica

terra magica

Ihr Glanz und ihre Pracht kommen unter den langen Strahlen der Nachmittagssonne oder im weichen Licht der Abenddämmerung am stärksten zur Geltung. Dann legt sich ein geheimnisvoller Schimmer über die vier Aufgänge in den vier Himmelsrichtungen, den Marmor der 60 000 Quadratmeter großen Plattform mit ihrem Wald aus Gebetshäusern, Pagoden und Schreinen und über das pure Gold des riesigen Stupa.

Hunderte Menschen umrunden den Stupa ständig im Uhrzeigersinn. Sie beten, meditieren, stiften Blumen und zünden Kerzen und Räucherstäbchen an – in andächtiger Stille, gelegentlich begleitet von Buddha-Anrufungen, die aus den Lautsprechern tönen. Die Schritte der Gläubigen auf den blank polierten Marmorplatten, das Murmeln der Gebete, die Gesichter im flackernden Licht der Kerzen, der Rauch, der sich in feinen Bahnen hinzieht, das alles verleiht diesem Ort eine weltentrückte, irgendwie überirdisch wirkende Atmosphäre.

Der Aufstieg der Stadt Rangun erfolgte in der Vergangenheit weniger rasch als jener der Shwedagon-Pagode. Syriam auf dem gegenüberliegenden Flussufer entwickelte sich zwar relativ bald zu einer wichtigen Hafenstadt, in der sich auch Europäer niederließen, Rangun selbst dämmerte aber lange in einer Art Dornröschenschlaf dahin. Bis sie König Anlaungpaya, der 1755 das Mon-Reich eroberte, wachküsste. Er legte den Grundstein für die künftige Metropole und nannte sie *Yangon*, «Ende des Streites».

Straßen im Schachbrettmuster
und verführerische Wickelröcke

Dieses Yangon wuchs schnell und wurde dank des Hafens Syriam zu einem wichtigen Handelsplatz. Hundert Jahre später aber auch zum «Anfang des Streites», denn 1852 führte ein Konflikt um ein britisches Handelsschiff hier zum Ausbruch des zweiten anglo-burmanischen Krieges. In seinem Verlauf brannten ganze Stadtteile nieder, die erst wenige Jahre zuvor nach einem Großbrand neu aufgebaut worden waren. Die Briten in ihrem Tatendrang bauten die Stadt abermals neu auf – und drückten ihr den klassischen Stempel der Kolonialzeit auf.

Der britische Leutnant A. Fraser ging von der uralten Sule-Pagode, die mit 46 Metern lange Zeit das höchste Bauwerk der Stadt war, als Zentrum der Innenstadt aus und legte fünf Straßen parallel zum Fluss an. Die Querstraßen fügte er im rechten Winkel hinzu, so dass das Schachbrettmuster entstand, das die pedantischen Briten so gern haben. Damit alles seine Ordnung hat, wurden die Straßen auch noch durchnummeriert.

Dass ausgerechnet dieser so penibel geplante Stadtteil einmal der turbulenteste werden würde, konnte Leutnant Fraser freilich nicht ahnen. Heute fließt der Verkehr um die Sule-Pagode so stark, dass es nahezu lebensgefährlich ist, zu ihrem Eingang zu gehen. Um die prachtvollen Relikte aus der Kolonialzeit, das Rathaus, den Obersten Gerichtshof und das Hauptpostamt, an deren Fassaden das tropische Klima und die Jahre unübersehbar genagt haben, pulsiert das Leben quirlig und bunt wie kaum anderswo. Multikulturell, mit Little India und Chinatown, Hindutempeln, Kirchen, Moscheen und einer Synagoge.

Zwischen der Sule-Pagode und dem Aung-San-Markt sind so gut wie alle Straßenzüge Marktbereich. In diesem riesigen Basar gibt es in kleinen Läden oder bei fliegenden

Bilder rechts und nächste Doppelseite
• Rangun: Kathedrale aus der Kolonialzeit –
Moschee – Gerichtsgebäude
• Rangun, auf der 60 000 Quadratmeter großen
Plattform der Shwedagon-Pagode: Devotionalienhandel – Blick auf die Stadt – kleine Tempel
(insgesamt 64 kleine und vier große)

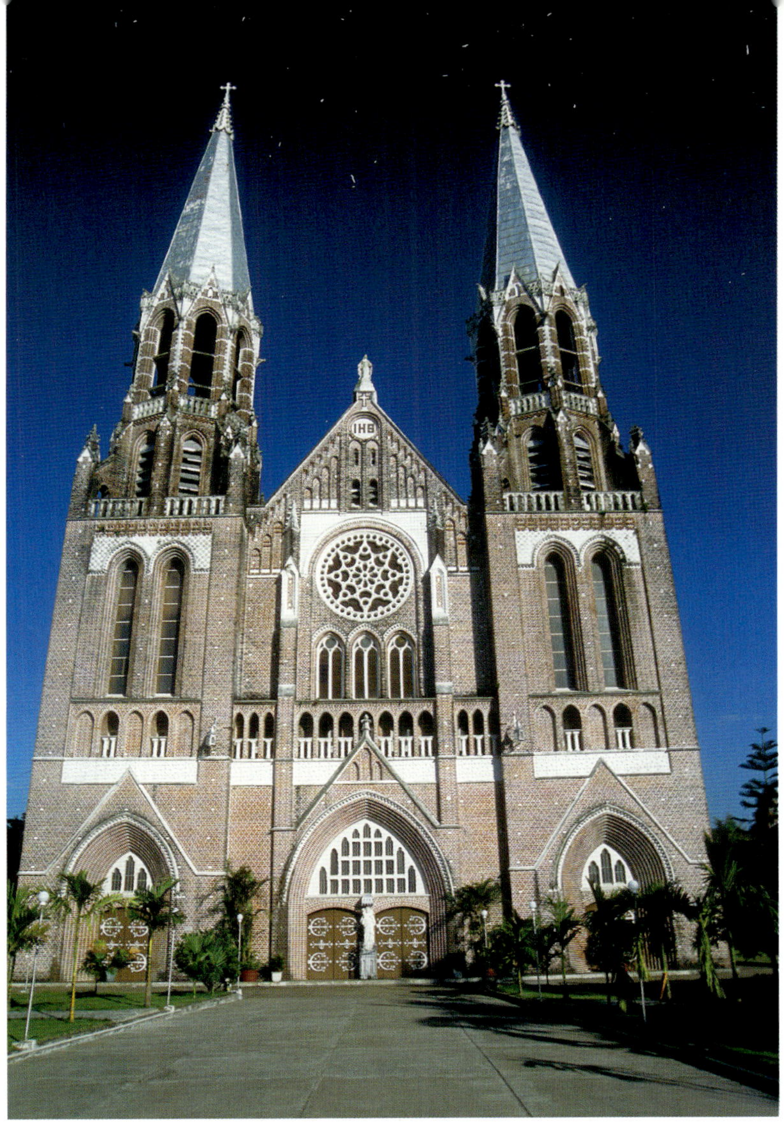

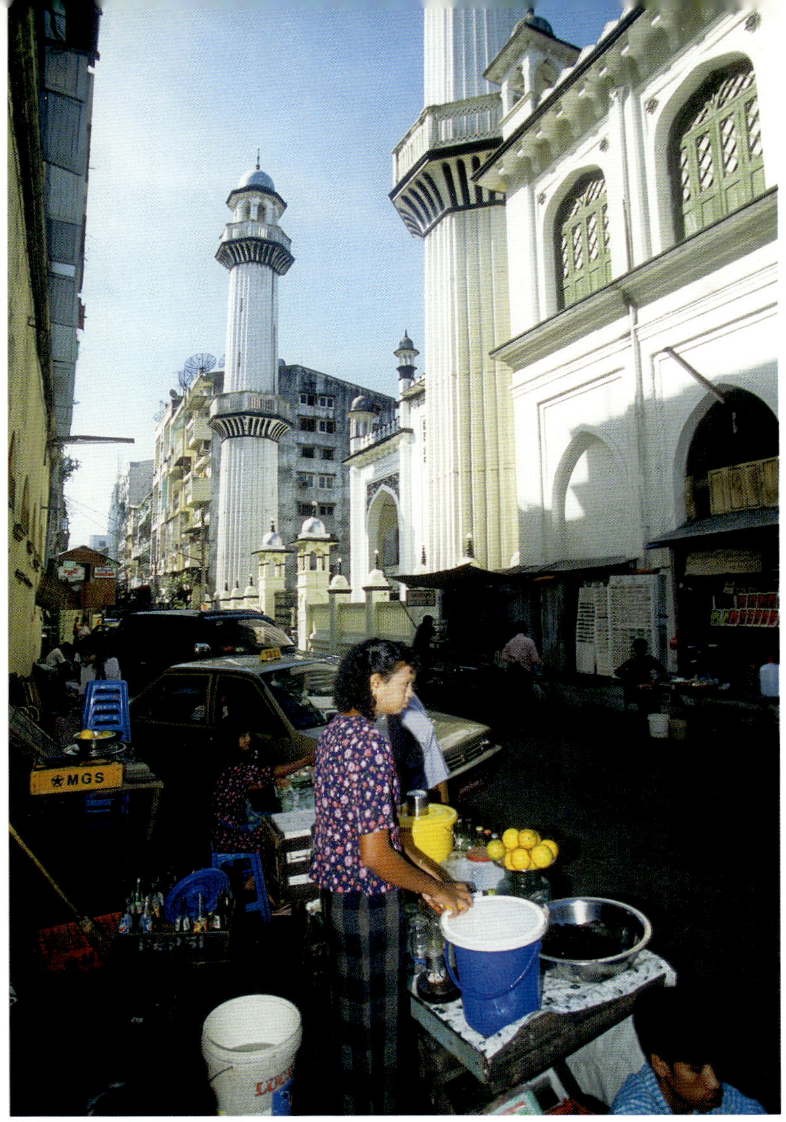
MGS

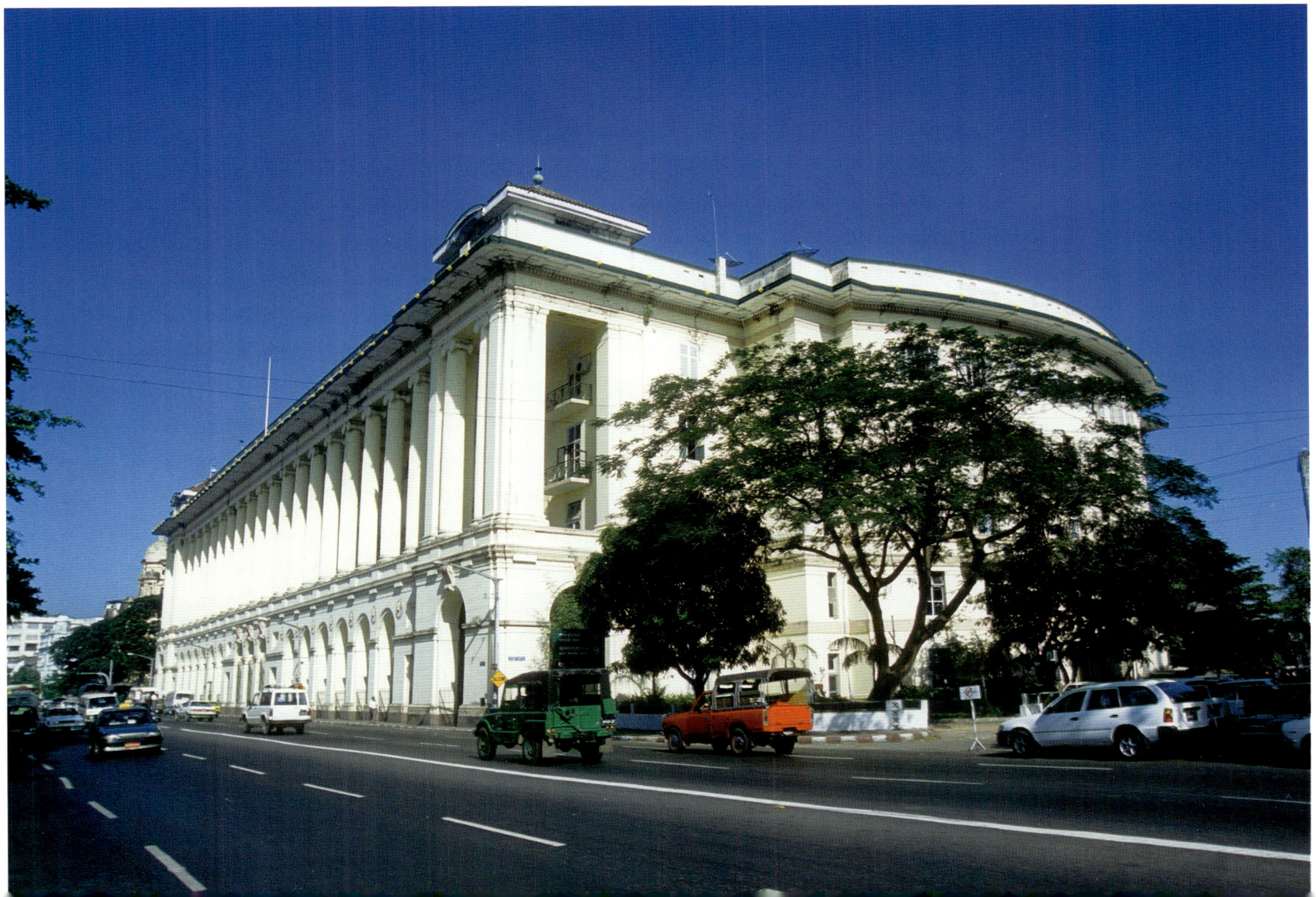

terra magica

terra magica

Händlern alles zu kaufen, was man zum Leben so braucht. Die Wickelröcke *longyis*, die übrigens meist aus Malaysia kommen, ebenso wie Fotoartikel, Lebensmittel, Singvögel oder Gewürze. Buchhändler haben seit den 1990er Jahren wegen der ständig steigenden Preise eine Spartechnik entwickelt: Sie kopieren Bücher und verkaufen diese einfach gebündelten Exemplare zu einem Zehntel des Originalverkaufspreises.

Betelbissen à la carte

Wer beim Einkaufen hungrig wird, kehrt in Garküchen und Imbissläden ein, nimmt auf einem der niedrigen Stühlchen Platz, schlürft eine Mohinga oder isst Reis mit Curry. Betelnusskauer lassen sich an kleinen Ständen ihre ganz persönliche Mischung zusammenstellen: Die mit der Betelschere zerkleinerten Samen der Betelnusspalme werden in ein mit Kalk bestrichenes Betelpfefferblatt gerollt und ganz nach Geschmack mit Zutaten wie Zimt, Kardamom oder Nelken verfeinert. So entstehen etwa drei Zentimeter dicke, mundgerechte Stücke.

Wie eine Insel im Strom liegt das Strandhotel im bunten Treiben von Downtown. Vor wenigen Jahren liebevoll und aufwendig restauriert, spiegelt das Hotel, das einst berühmte Schriftsteller beherbergte, mit seinen Marmorböden, Plüschfauteuils und Tearooms die luxuriöse Seite der Kolonialzeit wider. Vom Strandhotel ist es nur ein kurzer Spaziergang hinunter zum Fluss. Dort liegen der Fährhafen und der Containerhafen. Und vom Pansodan Jetty legen die Schiffe ins Irrawaddy-Delta und nach Mandalay ab.

Bild rechts
Rangun: kein Tempelschiff, sondern das wohl prächtigste Restaurantschiff der Welt mit dem mythologischen Vogel Karaweik als Galionsfigur

terra magica

An der Andamanensee
Im Herzland der Mon

Der lang gestreckte Süden Burmas, das flache Land entlang der Andamanensee, war lange Schauplatz erbitterter Guerillakämpfe zwischen den Mon und den Karen. Aus diesem Grund ist der äußerste Süden (Provinz Tenasserim) auch heute noch Sperrgebiet für Touristen. Der positive Nebeneffekt ist, dass das Herzland der Mon, in dem einige der ältesten Orte Burmas liegen, noch weitgehend unverfälscht ist. Eine feucht-heiße grüne Hölle, voll von Geheimnissen und Überraschungen.

Von der Brücke über den breiten Fluss Sittoung, dessen Wasser ein groß angelegtes Kanalsystem für den Reisanbau speist, südwärts Richtung Thaton dominiert die Landschaft neben der roten, staubigen Erde nur eines: Grün, Grün, Grün. Wo die Reisefelder aufhören, beginnen die Kokospalmenplantagen. Und wo diese aufhören, schließen Gummiplantagen an, kilometerlang zu beiden Seiten der Straße. Es sind halbstaatliche Farmen, oft mit Tausenden von Mitarbeitern, für die es eigene Schulen, Krankenhäuser und Geschäfte gibt. Sobald ein Gummibaum sechs Jahre alt ist, wird sein Stamm vom Boden aufwärts bis in einen Meter Höhe schräg eingeschnitten. Dabei dürfen nur die Rinde und ein feines Häutchen durchtrennt werden, ohne das Holz zu verletzen. Aus diesen Kerben «weint» der Baum. Seine Tränen werden in Bechern aufgefangen und in Kübeln zu Sammelstellen gebracht. Später wird die zähe Flüssigkeit mit Ammoniak versetzt, getrocknet, ausgewalzt und als Rohlatex verkauft.

So gut wie jedes Bauernhaus hat in dieser Gegend neben den schattenspendenden Durian- und Mangobäumen und der obligaten Betelnusspalme für den Eigenbedarf, ein paar eigene Gummibäume. Oft sind es Mitarbeiter der großen Plantagen, die auch zu Hause in kleinem Umfang Gummi produzieren. Das Ergebnis sind große, zähe Gummistücke, die vor den mit Palmblättern gedeckten Stelzenhäusern auf Holzstangen zum Trocknen aushängen. Sie werden später von den Frauen in einer Art Mangel platt gewalzt. «Schwarz» nach Thailand verkauft, bringen sie einen kleinen Nebenverdienst.

Im Alter von 30 Jahren hat ein Gummibaum ausgedient. Jetzt gibt es neue Überlegungen, wie man das Holz der alten Bäume verwerten könnte. In kleinen Fabriken wird es bereits zu Möbeln verarbeitet. An diesen Produkten haben Japaner bereits Interesse gezeigt.

Neue Wege geht Burma in dieser Gegend auch mit Ölpalmen. Aus den pflaumengroßen, roten Trauben der gedrungenen, wuchtigen, ursprünglich aus dem afrikanischen Guinea-Bissau stammenden Ölpalme lässt sich Öl pressen, das als Speiseöl zu verwenden ist. Es schmeckt den Burmesen zwar nicht, da es aber preiswerter ist als das bisher übliche feine Sesam- oder Senföl, findet es immer öfter den Weg

Bilder rechts und nächste beiden Doppelseiten
Im Staat Mon an der Andamanensee:
- **Chinte und Leuchtturm bei Amherst (Kyaikkami). Steinmönche bei Mudon**
- **Die Yaleh-Pagode bei Amherst steht bei Flut wie eine Insel im Meer**
- **Pagodenhügel und Elefantenstupa bei Thaton. Kloster in Moulmein (Mawlamyine). Thagyapaya-Pagode in Thaton. Pagode in Moulmein**

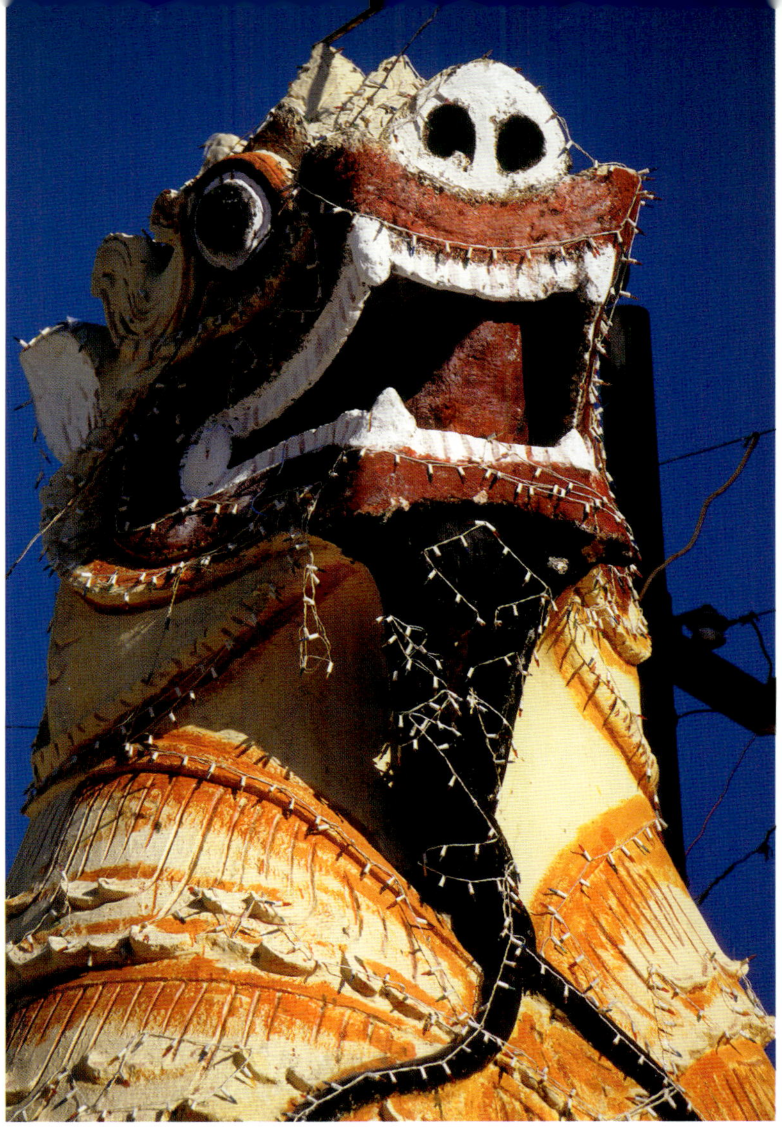
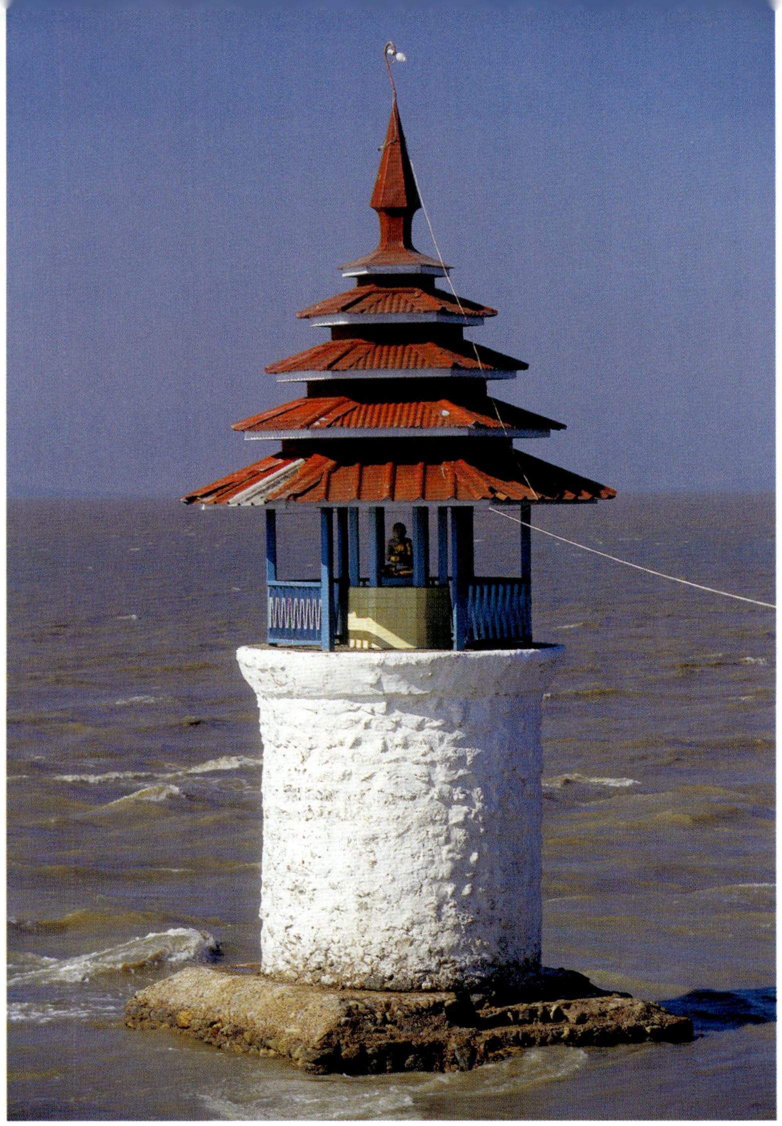
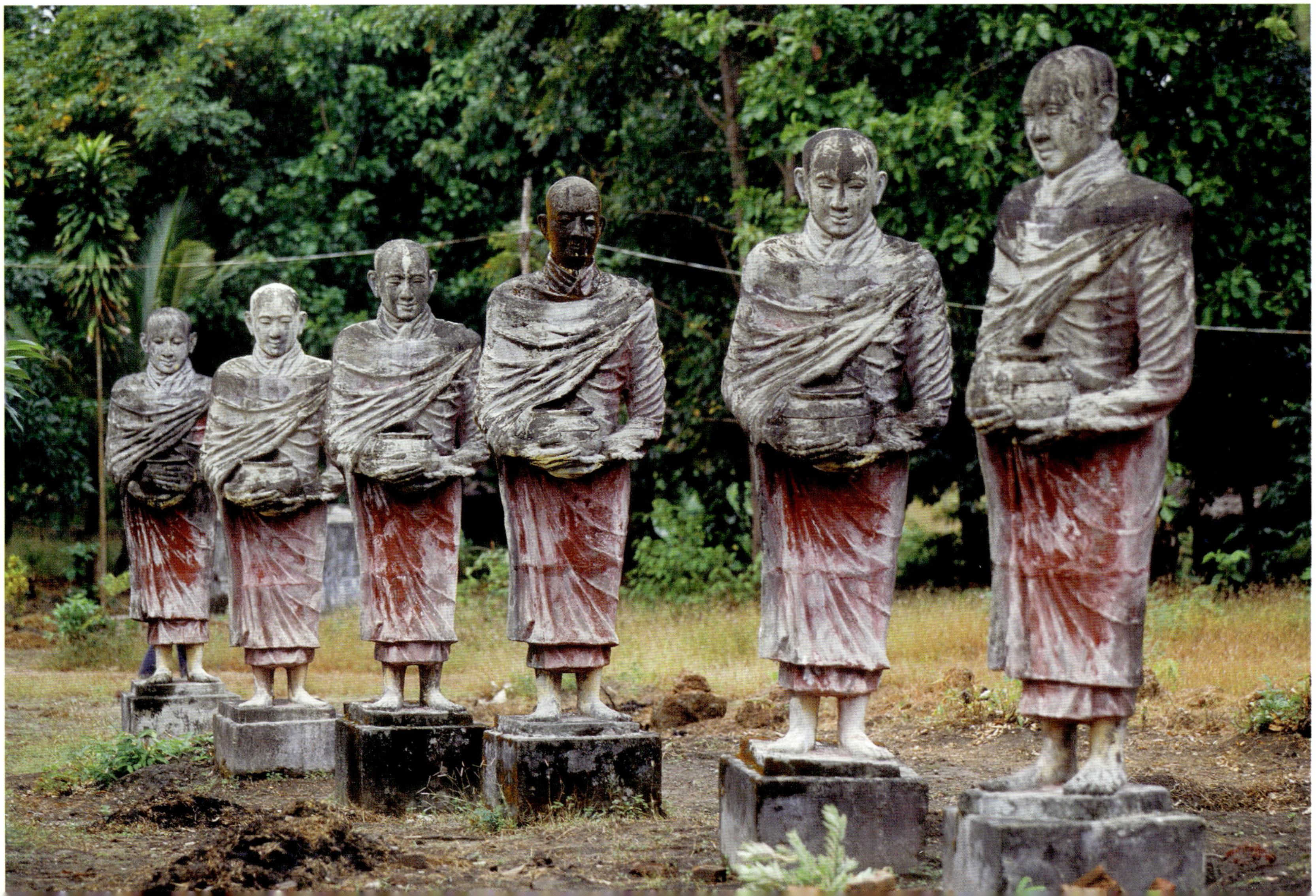

terra magica

terra magica

terra magica

terra magica

in die Kochtöpfe. Sogar für die über alles geliebte Mohinga-Suppe.

Thaton war schon eine große und reiche Stadt, lange bevor Pagan zur Territorialmacht in Südostasien aufstieg. Der Handel mit Indien und Südostasien hatte der Stadt Reichtum gebracht. Die Händler und Kaufleute, hauptsächlich Inder, hatten Thaton künstlerisch und intellektuell geprägt. Es war ein bedeutendes Zentrum buddhistischer Religion und Gelehrsamkeit und der Mittelpunkt eines Reiches, das sich vom Delta des Irrawaddy bis nach Thailand und weiter nach Kambodscha erstreckte. Thaton, das war das «Herz des Goldlandes», das Zentrum des legendären Suvannabhumi.

Und als solches zog es das Interesse des burmesischen Königs Anawrahta auf sich. Er eroberte das Thaton-Reich im Jahr 1057 und verschleppte die gesamte Mon-Oligarchie samt 30 000 Gefangenen nach Pagan. Mit ihnen verbreitete sich auch der Buddhismus in Pagan. Vom einstigen Glanz ist Thaton so gut wie nichts geblieben. Von den alten Befestigungsanlagen, mit denen die Stadt früher vollständig umgeben war, sind nur noch ein paar spärliche Reste erhalten. Die Mauern der schönen alten Bauten der Stadt dienten im Lauf der Jahrhunderte immer als kostenloses Baumaterial für Neubauten. Überlebt hat allerdings die Shwezayan-Pagode. Sie soll aus der Frühzeit der Mon stammen, aus dem 5. Jahrhundert v. Chr., unter ihrem goldenen Stupa sind angeblich vier Zähne Buddhas verborgen.

Nach Moulmein, die mit 300 000 Einwohnern viertgrößte Stadt Burmas, führt die Fähre von Martaban aus. Wo sich der mächtige Fluss Salween in den Golf von Martaban ergießt, tummeln sich chinesische Dschunken, Sampans und alte Dampfer. Und dann taucht Moulmein am Ufer auf, die blau schimmernde «Perle des Kolonialismus».

Seit Rudyard Kiplings «Road to Mandalay» klingt schon der Name dieser Stadt wie ein Gedicht. Tatsächlich war Moulmein, das uralte Zentrum der Mon, von 1827 bis 1852 die Hauptstadt von British Burma. Das Empire hatte in gewohnter Blauäugigkeit gehofft, über den 2816 Kilometer langen Salween einen Zugang zu China zu bekommen. Bald aber musste es erkennen, dass es doch einen gewaltigen Unterschied macht, ob man einen Flusslauf mit dem Finger auf einer Landkarte nach Norden verfolgt oder ob man mit Schiffen versucht, auf einem unberechenbaren Fluss mit Stromschnellen und Untiefen zu navigieren.

Moulmein bauten die Briten trotzdem aus. Dabei hatten sie mehr Glück als mit dem Salween. Es geriet zu einer Kolonialstadt wie aus dem Bilderbuch. Und so schaut es auch heute noch aus. Dass von vielen der alten Kolonialbauten inzwischen der Putz abblättert, verleiht dem Ganzen noch ein gewisses Etwas, eine charmante Noblesse, einen Hauch morbider Eleganz.

Auch die Atmosphäre von Moulmein ist die eines kolonialen Gestern. Die alten Trucks und Busse, die blaue Rauchfahnen hinter sich herziehen, die vielen dunkelhäutigen, indischstämmigen Menschen, das Nebeneinander von Pagoden, Moscheen und Kirchen, all das wirkt kosmopolitisch und weltoffen. Besonders geschäftig präsentiert sich der Hafen. Dort werden tausenderlei Güter auf kleinen Booten und Containerschiffen umgeschlagen, von hier aus werden Reis und Holz in alle Welt exportiert.

160-Meter-Statue im Bau – der längste liegende Buddha der Welt

Zum Landesinneren hin begrenzt eine mit glitzernden Pagoden und Klöstern bebaute Hügelkette den Stadtkern. Die Kyaikthanlan-Pagode bietet bei klarer Sicht beeindruckende Ausblicke auf die ganze Stadt und ihren Hafen, die Tafelberge des Vorlandes und den Salween. Knapp 30 Kilometer südlich von Moulmein, in Mudon, arbeiten die Mon seit den 1990er Jahren an einem für uns Westmen-

Flussinselpagode südlich von Moulmein

schen bizarren Projekt. Dort entsteht die mit 160 Metern längste Buddha-Statue der Welt. Sie wird umgeben sein von Hunderten von bemalten Mönchsfiguren aus Beton – ein buddhistisches Disneyland.

Noch einmal 30 Kilometer weiter südlich liegt ein weitaus traurigerer Ort. In der Nähe von Thanbyuzayat befindet sich der nach Htaukkyant größte Soldatenfriedhof Burmas. Ein Großteil der hier begrabenen Soldaten kam beim Bau der «Todesbahn» ums Leben, die über den Drei-Pagoden-Pass nach Thailand, zum später durch den gleichnamigen Film berühmt gewordenen River Kwai, führen sollte. Die japanische Armee hatte im Jahr 1943 rund 55 000 alliierte Kriegsgefangene und 200 000 asiatische Zwangsarbeiter rekrutiert, um diese Bahnlinie in nur 16 Monaten fertig zu stellen. Sie erreichte ihr Ziel, auch wenn Tausende von Arbeitern die gnadenlosen Bedingungen nicht überlebten. Die Bahnlinie, die so viele Menschenleben gekostet hatte, war aber nur 20 Monate lang in Betrieb. Dann wurde sie 1945 von alliierten Bombern zerstört. Ihre Reste und eine alte japanische Dampflok sind in einem kleinen Museum zu sehen.

Nur wenige Kilometer nordöstlich vom Soldatenfriedhof liegt Kyaikkami. Diesen Ort bauten die Briten einst zum Seebad aus. In dieser Funktion hatte er aber keine glanzvolle Zukunft. Asiaten scheuen die Sonne, sie brauchen weder große Strandhotels noch Liegestühle und Sonnenschirme. Wenn sie überhaupt an den Strand mit dem feinen grauen Sand gehen und ihre Zehen in das lauwarme Wasser halten, dann abends, wenn die Sonne groß und rot im Meer versinkt. Weitaus attraktiver sind die vielen Restaurants, die frische Shrimps und King Prawns anbieten. Ja und weil Pagoden in Burma natürlich nirgends fehlen dürfen, gibt es am Strand von Setse ganz in der Nähe eine Pagode, die im Meer steht. Und ein Stück weiter draußen weist ein Leuchtturm in Pagodenform vorbeifahrenden Schiffen den Weg.

Tenasserim, das Land ganz im Süden Burmas, ist für ausländische Touristen noch schwer erreichbar. Nur wer auf dem Luftweg in den Süden reist oder von Thailand aus mit einer Gruppenreise herkommt, kann die Schönheiten dieser Region erkunden: lebhafte Hafenstädte, endlose Sandstrände, herrliche Tauchgründe und Hunderte Inseln des Mergui-Archipels, die entweder ein unberührtes Paradies für sich darstellen oder von Seezigeunern bewohnt werden.

Burma in der Weltliteratur

George Orwell, geboren 1903 in Bihar, Nordostindien, Verfasser des Horrorszenarios *1984* und Autor der grimmigen Fabel *Farm der Tiere,* begann 1922 beim britischen Kolonialdienst in Burma seine Ausbildung zum Polizeioffizier. 1927, während eines Urlaubs in England, beschloss er, nicht mehr zurückzukehren, quittierte seinen Dienst und zog es vor, als Tellerwäscher und «Obdachloser» nach Paris zu gehen. Seine Begründung, warum er «auf keinen Fall länger einem Imperialismus dienen konnte», war, dass er ihn als «ziemlich großen Volksbetrug durchschaut hatte».

Adolf Bastian, geboren 1826 in Bremen, gilt als «Altmeister der Ethnologie». Er studierte vorerst Medizin und wurde Schiffsarzt. Eine Australienreise weckte 1851 sein Interesse an fremden Völkern und Kulturen so sehr, dass er nach seiner Rückkehr den Arztberuf aufgab und sich ganz seinen Forschungen widmete. Sein 1860 erschienenes Werk *Der Mensch in der Geschichte* gilt als Grundlage der modernen Völkerkunde. Bastians auf acht weiteren Reisen gesammeltes Material – Burma bereiste er zur Zeit König Mindons – bildete den Grundstock des 1868 gegründeten Berliner Museums für Völkerkunde, dessen erster Direktor er wurde. Textzitat aus Adolf Bastians *Reisen in Birma:*

Von der Verehrung der Bücher: Moung-gyi machte mir ständig Vorwürfe wegen der unzeremoniösen Weise, in der ich mit Büchern umging, wenn ich bei meinen Studien zwischen ihnen oder gar auf ihnen saß. Die Birmanen erweisen jedem Buch Verehrung, selbst dem ABC-Buch. Sie halten es für eine große Sünde, wenn man darüber wegsteigt. Sie verehren auch die Schiefertafel. Schüler, die Silben auf sie geschrieben haben, um sie dann zu buchstabieren, bücken sich erst mit gefalteten Händen vor ihr, ehe sie die Tafel aufnehmen und lesen.

Paul Theroux, geboren 1941 in Medford/Massachusetts, lebte fünf Jahre in Afrika und drei Jahre in Singapur. Zu seinen bekanntesten Romanen zählen *Orlando oder die Liebe zur Fotografie* und *Saint Jack.* Im Spätsommer 1973 brach der Reisende aus Leidenschaft, der aber unter Angst vorm Fliegen leidet, von der Londoner Victoria Station aus zu einer europäisch-asiatischen Rundreise per Eisenbahn auf. Er fuhr in Zügen mit weltberühmten Namen ebenso wie in lokalen Bummel- und Postzügen. In Burma reiste er mit dem Schnellzug von Rangun nach Mandalay, dann mit dem Bummelzug von Mandalay nach Maymyo und schließlich mit dem Postzug vom Maymyo nach Lashio.

Marie von Bunsen, geboren 1860 in London, lebte seit der Jahrhundertwende als Schriftstellerin und Malerin im Berliner Tiergartenviertel. Geprägt von ihrem liberalen Elternhaus, wurde sie 1918 Mitglied der Deutschen Demokratischen Partei. Ihre «Sonntagsfrühstücke» wurden zum legendären Treffpunkt der Berliner Gesellschaft. In ihrem ersten Erzählband *Gegen den Strom* verarbeitete sie Eindrücke aus dem Berliner Gesellschaftsleben. Viele ihrer Bücher erschienen mit eigenen Illustrationen. Ausgedehnte Reisen führten sie in verschiedene Länder nach Westeuropa, Nordafrika und Asien. Ihre Reisebeschreibungen finden sich im Band *Im fernen Osten.* Sie starb 1941 in Berlin. Textzitat aus Marie von Bunsens *Im fernen Osten:*

Die drei Tage in Bhamo, in diesem Stapel- und Umschlageort, waren fesselnd. Immer wieder kamen schwer mit Ballen bepackte Karawanen, immer wieder Ochsenkarren, deren mit braunstruppigen Ziegenfellen umschnürte Ladung auf dem Strand aufgestapelt wurde. Neben den farbig gekleideten Birmanen drängten sich in ihren weißen Gewändern die Inder, die halbnackten Kulis, die Chinesen und – am seltsamsten – die Bewohner der verschiedenen, stark von einander abweichenden Bergstämme. Sie wirkten immer abenteuerlich, manchmal barbarisch mit ihren hohen, turbanartigen Kopfbedeckungen, gestickten umgehängten Taschen, in hölzernen Scheiden ein Schwert. Bunt gestickt, bunt gewirkt waren die Kleider ihrer Frauen, die sich mit schwerem, überladenem Silberschmuck bedeckten. Einige umwanden die Hüften und Beine mit massenhaften Reifen aus Messing oder Rohr oder weißen Muscheln.

Max Dauthendey, geboren 1867 in Würzburg als Sohn eines Optikers, Daguerreotypisten und Fotolithografen, ging als Schriftsteller nach München. Gemeinsam mit seiner Frau, einer Schwedin, unternahm er 1897 eine Reise nach Mexiko. Sein Plan war, dort einen Tropengarten zu kaufen und Farmer zu werden. Daraus wurde zwar nichts, Dauthendey fand im Land der Abenteurer aber den Stoff für seinen Roman *Raubmenschen*. 1906 und 1907 ging er allein auf eine Reise um die Welt. Der Zauber Asiens wirkte auf ihn nahezu narkotisch und inspirierte ihn zu seinen besten Arbeiten, den Novellensammlungen *Die acht Gesichter am Biwasee* und *Der Garten ohne Jahreszeiten*. Im Frühling 1914 reiste Dauthendey nach Java. Der Erste Weltkrieg machte ihm eine Rückkehr unmöglich, 1918 starb er in Malang, verzehrt von Tropenkrankheit und Heimweh. Textzitat aus Max Dauthendes *Der Garten ohne Jahreszeiten*:

Der Kuli Kimgun. Er ging zwischen den goldenen Gassen wie betrunken und schlief, aß und trank bei allen hundert goldenen Göttern, und seine Ohren lauschten wollüstig den klingenden Juwelen und Goldblechblättern, die wie künstliche Schlingpflanzen an den Pagodendächern und an den goldenen Speeren der Giebel hängen und im Luftzug beständig musizieren. Das reiche Räucherwerk aus den tausend goldenen Altargehäusen erschien Kimgun wie der süße Atem des goldenen Metalles. Wie ein Goldhaufen, den die Pagode täglich anzieht, sah Kimgun in den drei Tagen die Sonne zum Pagodenhügel kommen, als ob sie Tag um Tag Gold haufenweise auf die Dächer dort herbeischleppte und täglich neues Gold des Himmels dort ablüde. Und nun begriff der arme Kuli erst, warum die Sonne geschaffen war. Sie musste wie ein Kuli der Pagode dienen. So wie Kimgun Reissäcke und Sandelholzhaufen auf die Dampfer am Irrawaddystrom auflud, so musste die Sonne die Pagode mit Gold befrachten, und die Sonne war viel ärmer an Gold als die große goldene Pagode.

Rudyard Kipling, geboren 1865 in Bombay, erlernte das schriftstellerische Handwerk als Journalist in Indien. Er war ein überzeugter Verfechter des Imperialismus und betrachtete die Kolonisation als Kulturtat. Zu seinen berühmtesten Büchern zählen *Das Dschungelbuch* und *Kim*. Im Jahr 1907 wurde er mit dem Nobelpreis ausgezeichnet. Burma besuchte er 1889 im Rahmen einer Weltreise. Er verarbeitete seine Eindrücke in den *Letters from the East* und in dem weltberühmten Gedicht *Road to Mandalay*. Paul Theroux dazu: «Mandalay ist ein Zauberwort, aber mehr auch nicht. Und das Gedicht, das Kipling darüber geschrieben hat? Nun, Tatsache ist, dass Kipling nie in Mandalay gewesen ist und seine Erfahrungen mit Birma sich auf ein paar Tage im Jahr 1889 beschränken, als sein Schiff in Rangun festmachte ...»

William Somerset Maugham wurde 1874 als Sohn eines englischen Diplomaten in Paris geboren. Als er zehn Jahre alt war, starben seine Eltern, und er musste nach England ins Internat. Obwohl er unbedingt Schriftsteller werden wollte, drängte ihn sein Onkel und Vormund dazu, Medizin zu studieren. Maugham wurde Arzt, übte diesen Beruf aber nur kurz als Praktikant aus. Als Schriftsteller war er lange erfolglos, erst 1897 brachte ihm das Theaterstück *Lady Frederick* den Durchbruch. Der Kosmopolit Maugham lebte lange in Paris, verbrachte mit seinem Geliebten Gerald Haxton «Flitterwochen» in der Südsee und heiratete im Ersten Weltkrieg Lady Wellcome, um zu verhindern, dass sie ihn wegen seiner homosexuellen Neigungen verriet. Kurz nach dem Ers-

Hier ist alles Gold, was glänzt: Goldschlägerinnen sortieren ihre hauchdünn geschlagenen Goldblättchen

ten Weltkrieg reiste er mit Haxton ohne Hektik von London über Colombo nach Rangun, dann den Irrawaddy aufwärts bis Mandalay und weiter durch den damals friedlichen Shan-Staat nach Thailand. Bei einem Schiffsunglück kamen beide nur knapp mit dem Leben davon. Nach seiner Scheidung im Jahr 1927 kaufte Maugham für sich und Haxton ein Haus an der französischen Riviera. Zu seinen bekanntesten Werken zählt die Komödie *Der Menschen Hörigkeit* und der Roman *Auf Messers Schneide*. Textzitat aus W. Somerset Maughams *The Gentleman in the Parlour*:

Herrlich erhob sich die Shwe Dagon,
leuchtend in ihrem Gold,
wie eine plötzliche Hoffnung in der Seele dunkler Nacht,
von der uns die Mystiker berichten,
strahlend über dem Rauch und Nebel
der blühenden Stadt.

Cees Nooteboom, geboren 1933 in Den Haag, hat mit dem Unterwegssein früh begonnen. Als 17-Jähriger packte er einen Rucksack, nahm Abschied von der Mutter, stieg in den Zug, stellte sich wenig später an der belgischen Grenze an den Straßenrand und trampte quer durch Europa. Seitdem ist er, wie er selbst behauptet, eigentlich nie mehr angekommen.

Das Reisen wurde zu seiner ureigenen Lebensform – ebenso wie das Schreiben. Anfang der 1990er Jahre schaffte Nooteboom mit den *Berliner Notizen* und der Erzählung *Die folgende Geschichte* den großen Durchbruch. Burma bereiste er im Jahr 1986. Textzitat aus Cees Nootebooms *Im Frühling der Tau, Östliche Reisen*:

Wir bekommen unsere eigene kleine Kanne Tee und deuten auf das, was die anderen in ihren in der Morgenluft dampfenden Schalen haben. «Mohinga», sagen die Münder, Fadennudeln in einem soßenartigen Mischmasch aus Fisch, Eiern, Stücken Kochbananen, Mohrrüben, Zwiebeln und darüber frische Korianderblättchen und rohe frische Perlzwiebeln und dünne Scheiben Paprika ...

terra magica

DIE SAKRALEN BAUWERKE IM BUDDHISMUS

Stupa, Zedi, Pagode, Tempel: Wer durch Burma reist, begegnet diesen Begriffen auf Schritt und Tritt. Was genau bedeuten sie?

Stupa (Zedi)

Der Stupa wird auch Zedi, Cetiya oder Dagoba genannt. Nach religiösen Gesichtspunkten werden vier Gruppen unterschieden:
- Stupas über körperlichen Reliquien Buddhas, *dhatu-zedi*
- Stupas über Gebrauchsgegenständen Buddhas, *pari- bhoga-zedi*
- Stupas über Buddhafiguren, *uddi-saka-zedi*
- Stupas über Büchern der buddhistischen Lehre, *dhamma-zedi*

Im Unterschied zur Halbkugelform des älteren Bautyps in Indien und Sri Lanka zeigt der burmesische Stupa eine Glockenform, daher wird er auch «Glockenstupa» genannt. Die Glockenform soll an den heiligen Berg Meru in Tibet erinnern. In der Mitte der scheibenförmigen Welt aufragend, galt er als Wohnort aller Lebewesen, von Menschen, Geistern, Göttern und Dämonen. Man glaubte, dass die Wesen umso höher am Berg angesiedelt seien, je weiter sie auf dem Weg zur Buddhaschaft fortgeschritten wären. So wünschte sich der Fromme aus den niederen Lebenssphären, in die höheren Regionen der Göttlichen und schließlich der Buddhas aufsteigen zu können. Die Terrassen symbolisieren diese verschiedenen Ebenen.

Pagode

Eine Pagode ist ein Stupa mit einer dazugehörigen Anlage. Über oder unter einem glockenförmigen Aufbau befindet sich eine Reliquienkammer. Zur Anlage gehören Gebets- und Meditationshallen, *tazaung*, Glockenpavillons, meist überdachte Zu- und Aufgänge zu den Terrassen, *saungdans*, und die Terrassen selbst. Sie dienen als Umgang und werden im Uhrzeigersinn abgeschritten. Während die Gläubigen beim Stupa das Kultmal auf offenen Terrassen umschreiten, besitzt der Tempel dafür gedeckte Korridore. Als Baumaterial werden für die Pagoden in Burma im Allgemeinen Ziegel verwendet. Die fertigen Monumente sind entweder nur weiß getüncht oder kostbar mit Stuckarbeiten oder Gold geschmückt.

Tempel (ku)

Tempel nennen die Burmesen *ku*. Das Wort leitet sich vom Pali-Wort *guha* ab, das so viel wie Höhle bedeutet. Alle Tempel sind den Meditationshöhlen der Mönche nachempfunden. Wo es keine natürlichen Höhlen gab, wurden künstliche geschaffen. Die im Mon-Stil erbauten Tempel Pagans weisen als Hauptmerkmal noch Kühle und diffuses Licht auf. Die Tempel im ausgereiften burmesischen Stil hingegen wurden bereits mit großen Eingängen und doppelreihigen Fenstern gebaut, um das Innere hell und luftig zu machen.

Bei den Tempeln werden der Mittelpfeilertyp und der Typ des «hohlen Vierecks» unterschieden. Die Entwicklung des Mittelpfeilertyps lässt sich vom Stupa ableiten An Festtagen wurde vom Stupa zur Umfassungsmauer des Pagodengeländes eine Zeltplane gespannt, die Sonne oder auch Regen abhalten sollte. Dadurch entstand ein überdachter Rundgang um das zentrale Sanktuarium. Dies, mit festem Material nachgebaut, erweckt den Eindruck, als wäre der Stupa auf das Dach des Tempels gebaut. Dies ist auch das Prinzip der mehrgeschossigen Tempel. Der Typ des «hohlen Vierecks» trifft meist auf das Obergeschoss der großen burmesischen Tempel zu. Sie scheinen innen hohl zu sein, haben aber meist einen Stützpfeiler.

Die Eingangsseite ist durch eine Vorhalle betont. Die größten Tempel besitzen Vorhallen an jeder ihrer vier Seiten. Als Bekrönung tragen die Tempel einen Turm in Gestalt eines Stupas oder eines Shikaras, des granatförmigen, quergerippten indischen Tempelturms, auf dem ein kleiner Stupa aufsitzt. Die Spitze – *hti* – besteht meist aus einem mit kostbaren Edelsteinen geschmückten Schirm und aus einer Fahne als Landeplatz für die «Himmelsvögel». Den Abschluss bildet eine reich verzierte Kugel, das Symbol der Erleuchtung.

Eine architektonische Neuschöpfung der Baumeister von Pagan ist die Verbindung von Terrassenstupa und Umgangstempel mit Vorhalle, die es den Gläubigen ermöglicht, beim Umwandeln des Heiligtums schrittweise höher zu steigen.

terra magica

STECKBRIEF

Burma ist das westlichste südostasiatische Land. Es grenzt im Nordwesten an Bangladesch und Indien, im Nordosten an China und im Osten an Laos und Thailand.

Landesfläche: 676 578 Quadratkilometer
Landesgrenzen: 5876 km (Bangladesch 193 km, China 2185 km, Indien 1463 km, Laos 235 km, Thailand 1800 km)
Küste: 1930 km

Gliederung:
7 Staaten: Chin, Kachin, Karen, Kayah, Mon, Arakan, Shan
7 Provinzen: Irrawaddy, Pegu, Magwe, Mandalay, Sagaing, Tenasserim, Rangun

Hauptstadt: Rangun
Landessprachen: Die Hauptsprache ist Burmesisch, daneben gibt es Minoritätensprachen wie Shan, Kachin, Arakanesisch, Chin, Mon und Karen
Bevölkerung: ca. 50 Millionen (2004)
Bevölkerungsdichte: 74 Menschen je km2
Ethnien: Burmesen 69%, Shan 8,5%, Karen 6,2%, Arakan 4,5%, Mon 2,4%, Chin 2,2%, Kachin 1,4%, andere 5,8%
Religion: Buddhisten 89%, Christen 5%, Muslime 4%, andere 2%

Die Schrift

Die burmesische Schrift setzt sich aus Kreisen, Kreissegmenten und Rundungen zusammen. Das Alphabet der «Kugelschrift» besteht aus zwölf Vokalen und 32 Konsonanten. Geschrieben wird von links nach rechts. Die Zahlen sind auf dem Zehnersystem aufgebaut. Hier sehen Sie ein paar Kostproben:

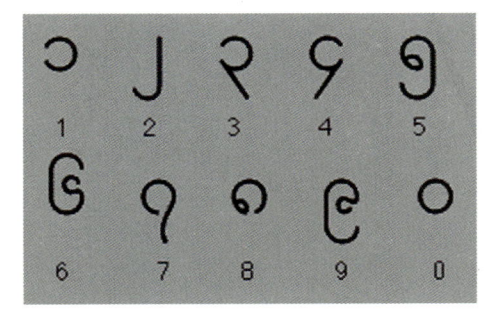

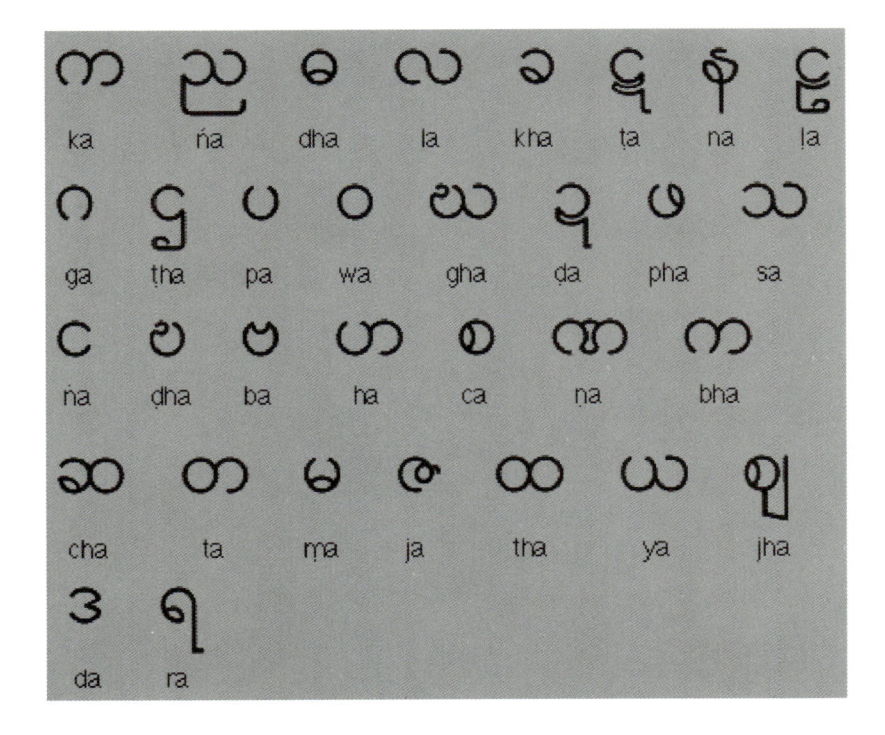

Einige burmesische Wörter und ihre Bedeutung

aung – erfolgreich
aye – kühl
chit – Liebe
cho – süß
hla – schön
hlaing – viel
htay – reich
htet – scharf
htin – erscheinen
htut – Spitze, Gipfel
htway, htwe – jüngste
khin – freundlich
khine – beständig
kyaw – berühmt
kyi – klar
kywe – reich
lwin – außergewöhnlich
maung – Bruder, Herr
moe – Regen
mya – Smaragd
myaing, myine – Wald
myat – besser
myint – hoch
myo – Verwandter
naing – gewinnen
nanda – Fluss
nyein – ruhig
nyunt – Blüte
ohnmar – verrückt
phyu – weiß
sanda, sandi – Mond
sein – Diamant
shein – Spiegelung
shway, thiri, shwe, theingi – Gold
soe – dominieren
than – Million
thant – sauber
thaung – zehntausend
thein – hunderttausend
thet – ruhig, gelassen
thida – Wasser
thura, thurein, thuya – Sonne
thuza – Engel
tun – erfolgreich
win – hell, glänzend
ye – tapfer
zaw – außergewöhnlich
zeya, zeyar – Erfolg

GESCHICHTE IM ÜBERBLICK

Die frühe Geschichte

Ab dem 5. Jh. v. Chr: Volksstämme der Mon siedeln sich im Süden und Südwesten Burmas an

3. Jh. v. Chr: Indische Missionare sorgen für erste Kontakte der Mon mit dem Buddhismus

2. Jh. n. Chr: Aus dem Norden wandert der tibeto–burmesische Stamm der Pyu ein und lässt sich am Oberlauf des Irrawaddy nieder. Gründung der ersten bedeutenden Niederlassung Sri Ksetra

Ab dem 7. Jh.: Einwanderung der Burmesen (Bamar) aus dem zentralchinesischen Raum. Sie gründen in der Nähe von Kyaukse ihr erstes Reich. Die Volksgruppen der Shan, Kachin und Chin folgen

830: Das Tai-Königreich Nan Chao im heutigen Yünnan unterwirft die Pyu. Die Burmesen können sich daher weiter ausbreiten

849: Pagan wird die neue Hauptstadt der Burmesen

Die Pagan-Zeit (1044–1287)

König Anawrahta (1044–1077) erobert 1057 das Mon-Königreich. Als erster König Burmas regiert er in Pagan und dehnt das Reich bis in den Arakan aus. Von den besiegten Gegnern übernimmt er deren Schrift und Religion. In den folgenden 240 Jahren entstehen nahe der Hauptstadt Pagan an die 13 000 Klöster und Pagoden

1287: Pagan wird von den Mongolen zerstört. Mon und Arakanesen gründen wieder neue eigene Staaten. Im Norden etablieren sich die Shan, ein Thai-Volk

Die Ära der verschiedenen Königreiche (13.–18. Jahrhundert)

1287–1531: Shan-Reich mit der Hauptstadt Inwa

1287–1539: Mon-Reich mit den Hauptstädten Martaban und Pegu

1430: Myohaung ist das neue Zentrum des Arakan und bleibt es 350 Jahre lang

1531–1752: Burmesen besiegen die Shan in Inwa und die Mon in Pegu.

Die zweite burmesische Dynastie entsteht mit den Hauptstädten Pegu und Taunggyi. Zweimal zerstören starke burmesische Truppen im 16. Jh. die thailändische Hauptstadt Ayutthaya

Die Konbaung-Dynastie (1752–1885)

1752: König Alaungpaya vertreibt die wiedererstarkten Mon endgültig und begründet die dritte burmesische Dynastie. Die erste Hauptstadt ist Shwebo, es folgen Inwa, Amarapura und Mandalay

1757: Gründung von Rangun

1767: Erneute Zerstörung Ayutthayas unter König Hsinbyushin (1763–1776)

1784: Unterwerfung des Arakan unter König Bodawpaya (1782–1819)

1824–1826: Erster anglo-burmesischer Krieg. Der Arakan und Tenasserim müssen an die Briten abgetreten werden

1852: Zweiter anglo-burmesischer Krieg. Die Briten besetzen Süd- und Zentralburma bis zur Höhe von Taunggyi

1857: Mandalay wird unter König Mindon (1853–1878) zur neuen Königsstadt

1871: Fünfte Buddhistische Synode in Mandalay

1885: Dritter anglo-burmesischer Krieg. Das Land wird unterworfen. Der letzte König, Thibaw, wird nach Indien in die Verbannung geschickt

Kolonialzeit (1886–1947) – Demokratie – Militärregime

1886: Burma wird eine Provinz Britisch-Indiens

1930: Gründung der Thakin-Bewegung. Sie kämpft für die Unabhängigkeit Burmas

1.4.1937: Burma bekommt eine neue Verfassung und wird eine selbständige britische Kolonie.

1938: Aung San tritt der Thakin-Bewegung bei

1942–1945: Die japanische Armee besetzt Burma

1945: Rückeroberung Burmas durch die Alliierten

1947: Aung San und Clement Attlee, der neue Premierminister von Großbritannien, erarbeiten das Panglong-Abkommen: Auch die nicht burmesischen Völker sollen zur Gründung der «Union of Burma» beitragen

19.7.1947: Aung San und sechs seiner Minister fallen einem Attentat zum Opfer

4.1.1948: Burma erreicht die Unabhängigkeit. Die Union of Burma konstituiert sich. U Nu ist ihr erster Premierminister. Ne Win ist einer der starken Männer des Landes

1948: Beginn der Bürgerkriege mit den Karen und den Anhängern der kommunistischen Partei Burmas

1951 und 1956: Wahlen in Burma

1958–1960: Nach einer Regierungskrise übernimmt Ne Win provisorisch die Führung des Landes

6.2.1960: U Nu wird erneut zum Premierminister gewählt

2.3.1962: General Ne Win stürzt die Regierung. Er löst das Parlament auf und bildet eine Militärregierung. Hausarrest für U Nu bis 1967. Alle Kontakte mit dem Ausland werden abgebrochen. Banken und Betriebe werden verstaatlicht. Das Regime zwingt Burma auf einen eigenständigen Weg zum Sozialismus

1969: U Nu geht ins Exil und kann erst nach einer Generalamnestie 1980 zurückkehren

1974: Das Regime verfügt eine neue Verfassung und nennt das Land jetzt Sozialistische Republik der Union von Burma

1987: Die wirtschaftliche Situation verschlechtert sich dramatisch. Das Land wird von der Uno in die Liste der am wenigsten entwickelten Länder aufgenommen (LDC – Least Developed Countries)

1988: Ne Win tritt zurück. Sein Nachfolger wird Sein Lwin, der schon seit dem Putsch von 1962 für die rücksichtslose Unterdrückung jeglichen Widerstandes verantwortlich war. Demonstrationen gegen die Gewaltherrschaft und die Lebensmittelknappheit. Sein Lwin tritt zurück. Das Militär übernimmt die Macht

1989: Burma wird von der Generalsclique in «Union of Myanmar» umbenannt

Die Demokratiebewegung

1988: Führende Oppositionelle, darunter Aung San Suu Kyi, die Tochter des legendären Aung San, gründen die «Nationale Liga für Demokratie» (NLD). Burma gerät zunehmend in eine Isolierung von der Außenwelt. Die Wirtschaftslage verschlechtert sich weiter

1989: Aung San Suu Kyi wird unter Hausarrest gestellt. Ein Jahr später erlangt die NLD bei nicht anerkannten Wahlen 82 Prozent der Parlamentssitze. Aung San Suu Kyi wird 1991 mit dem Friedensnobelpreis ausgezeichnet

1995: Der Hausarrest von Aung San Suu Kyi wird aufgehoben. Sie beginnt sofort mit dem Wiederaufbau ihrer Partei, der NLD

2002: Ne Win stirbt

2003: Viele Oppositionelle sitzen nach wie vor in Haft. Die Öffnung des Landes aus der Isolation verläuft in kleinen Schritten. Der Dialog der Militärs mit dem Ausland und der Opposition kommt nur zögernd in Gang

NAMENSÄNDERUNGEN

Im Juni 1989 erhielten die Vereinten Nationen die offizielle Mitteilung, dass Burma ab sofort «Union of Myanmar» heiße. Zugleich teilte die Militärregierung eine Reihe weiterer Namensänderungen mit:

Staaten:
Karen State – Kayin State
Arakan State – Rakhine

Provinzen:
Irrawaddy – Ayeyarwady
Tenasserim – Tanintharyi
Rangun – Yangon

Flüsse:
Chindwin – Chindwinn
Irrawaddy – Ayeyarwady
Salween – Thanlwin

Sittang – Sittoung

Städte:
Bassein – Pathein
Magwe – Magway
Maymyo – Pyin U Lwin
Moulmein – Mawlamyine
Pagan – Bagan
Pegu – Bago
Prome – Pyay
Rangun – Yangon
Sandoway – Thandwe
Tavoy – Dawei

Dieses Buch verwendet die alten Bezeichnungen, die nach einer Rückkehr der vollen Demokratie wohl wieder gültig werden.

terra magica – DIE SCHÖNSTEN SEITEN DER WELT

Elke und Dieter Losskarn
NAMIBIA
216 Seiten mit 191 Farbfotos, davon 66 doppelseitige Farbtafeln, farbige Karte
Spektrumformat
ISBN 3-7243-0337-8

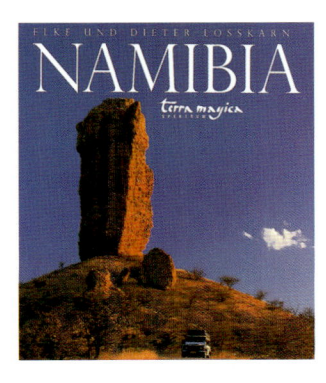

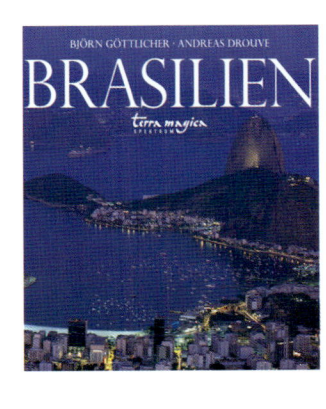

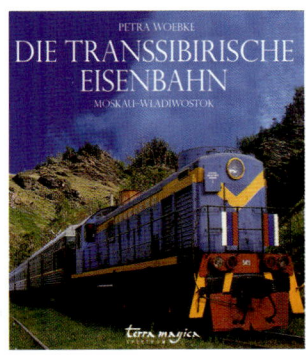

Petra Woebke
DIE TRANSSIBIRISCHE EISENBAHN MOSKAU – WLADIWOSTOK
208 Seiten mit 236 Farbfotos, 59 doppelseitige Farbtafeln, farbige Karte
Spektrumformat
ISBN 3-7243-0383-1

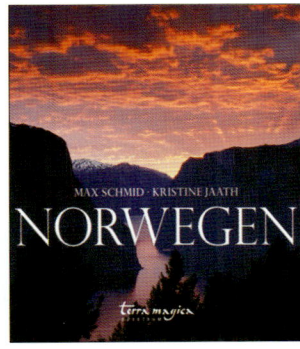

Wolfram Müller / Katrin Pieringer / Kurt Stüwe
TIBET
208 Seiten mit 225 Farbfotos, 57 doppelseitige Farbtafeln, farbige Karte, **Spektrumformat**
ISBN 3-7243-0382-3

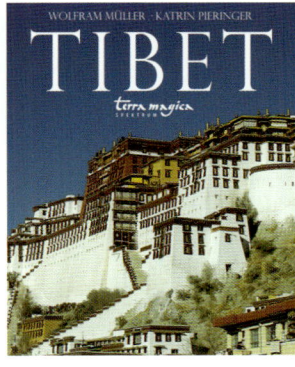

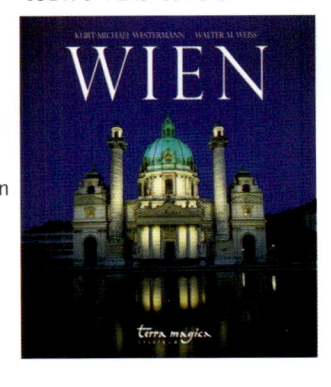

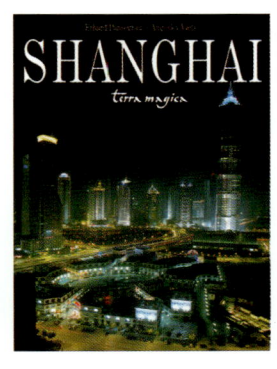

Erhard Pansegrau / Angelika Viets
SHANGHAI
180 Seiten mit 148 Farbfotos, farbiger Stadtplan,
ISBN 3-7243-0368-8

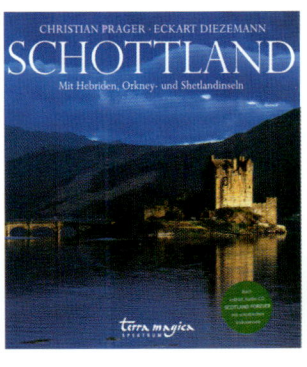

Max Schmid / Gunter Mühl
NEUSEELAND
208 Seiten mit 190 Farbfotos, farbige Karte
Spektrumformat
ISBN 3-7243-0371-8

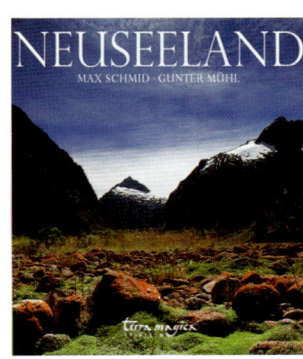

Heinz Knapp / Kristine Jaath
ÄGYPTEN
208 Seiten mit 192 Farbfotos, farbige Karte
Spektrumformat
ISBN 3-7243-0370-X

Oliver Bolch
CHINA
208 Seiten mit 210 Farbfotos, farbige Karte
Spektrumformat
ISBN 3-7243-0369-6

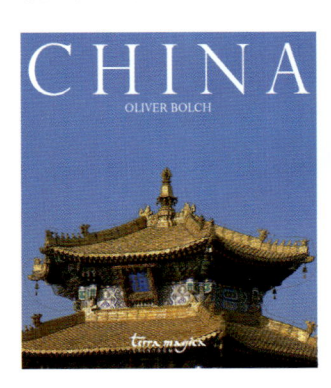

Max Schmid / Kristine Jaath
NORWEGEN
208 Seiten mit 200 Farbfotos, 68 doppelseitige Farbtafeln, farbige Karte
Spektrumformat
ISBN 3-7243-0372-6

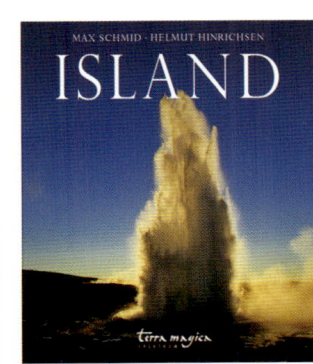

Oliver Bolch / Kristine Jaath
GRIECHENLAND Festland und Inseln
208 Seiten mit 200 Farbfotos, davon 60 doppelseitige Farbtafeln, farbige Karte
Spektrumformat
ISBN 3-7243-0388-2

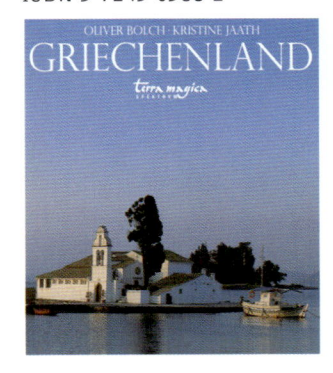

C. Prager / E. Diezemann
SCHOTTLAND mit HEBRIDEN ORKNEY und SHETLAND
200 Seiten mit 175 Farbfotos, davon 61 doppelseitige Farbtafeln, farbige Karte und Dudelsack-CD
Spektrumformat
ISBN 3-7243-0366-1

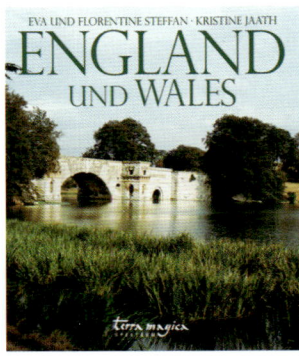

Elke und Dieter Losskarn
SÜDAFRIKA
208 Seiten mit 195 Farbfotos, über 60 doppelseitige Farbtafeln, farbige Karte
Spektrumformat
ISBN 3-7243-0359-0

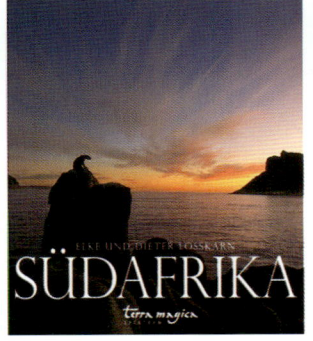

Björn Göttlicher / Andreas Drouve
PORTUGAL
208 Seiten mit 200 Farbfotos, davon 65 doppelseitige Farbtafeln, farbige Karte
Spektrumformat
ISBN 3-7243-0379-3

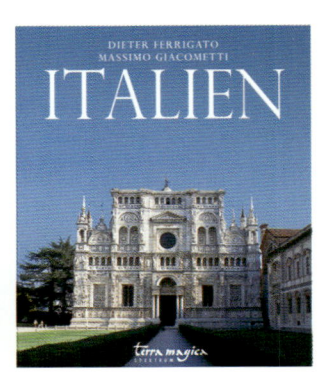

Björn Göttlicher / Andreas Drouve
BRASILIEN
208 Seiten mit 225 Farbfotos, davon 61 doppelseitige Farbtafeln, farbige Karte
Spektrumformat
ISBN 3-7243-0385-8

Max Schmid / Helmut Hinrichsen
ISLAND
208 Seiten mit 203 Farbfotos, 67 doppelseitige Farbtafeln, farbige Karte
Spektrumformat
ISBN 3-7243-0375-0

K.-M. Westermann / W. M. Weiss
WIEN
200 Seiten mit 241 Farbfotos, 54 doppelseitige Farbtafeln, farbiger Stadtplan und Audio-CD von Anton Karas mit Filmmelodie „Der dritte Mann"
Spektrumformat
ISBN 3-7243-0378-5

Eva und Florentine Steffan / Kristine Jaath
ENGLAND UND WALES
208 Seiten mit über 230 Farbfotos, davon 57 doppelseitige Farbtafeln, farbige Karte
Spektrumformat
ISBN 3-7243-0381-5

Max Schmid / Beate Gorman
AUSTRALIEN
208 Seiten mit über 160 Farbfotos, davon 64 doppelseitige Farbtafeln, farbige Karte
Spektrumformat
ISBN 3-7243-0360-2

Dieter Ferrigato / Massimo Giacometti
ITALIEN
208 Seiten mit über 220 Farbfotos, davon 50 doppelseitige Farbtafeln, farbige Karte
Spektrumformat
ISBN 3-7243-0376-9

Verlangen Sie ausdrücklich terra magica! In jeder Buchhandlung.

Golf von Bengalen
Andamanen (Indien)
Andamanensee
Große Kokos-Insel
Kap Negrais
Irrawaddy-Mündungen
Cheduba
Taungup
Sandoway (Thandwe)
(Pyay)
Padaung
Paungde
PEGU (BAGO)
Zigon
Pyu
Kyangin
Myanaung
Irrawaddy
Gyobingank
Minhla
Mezaligon
Letpadan
Pyuntaza
Kalabyn
Tharrawaddy
Waw
Pegu (Bago)
Henzada (Hinthada)
Gwa
Okkan
Zalun
Ngathaingchaung
Taikkyi
Kawa
Onhne
Thetkala
Athok
Hmawbi
Kyaunggon
Yandoon
Insein
RANGUN (YANGON)
IRRAWADDY (AYEYARWADY)
Bassein (Pathein)
Syriam (Tanyin)
Ma-u-bin
Rangun (Yangon)
Myaungmya
Wakema
Bogale (Bogalay)
Phapon (Pyapon)
Labutta
Kyonkadun
Kadônkani
Basseín (Pathen)
Pyamalaw
Myitmaka
Pegu
Sittang (Sittoung)
Donyon
Goldener Felsen
Papun
Lawabauk
Bilin
KAREN (KAYIN)
Naunggala
Hpa-an
Thaton
Naunglon
Zingyaik
Martaban (Mottama)
Mutkyi
Kawkareik
Moulmein (Mawlamyine)
Bilu
MON
Kada
Mudon
Amherst
Kya-in-hseip-kyi
Thanbyuzayat
Zami
Wekame
Anin
Koma
Yay (Ye)
Manaung
Natkyizin
Zadi
Tokkya Chaung
Myitta
Tenassererimgebirge
Tavoy (Dawei)
Launglon
Chaungwahyin
2072 m
Zalut
Myinmoletkat Tang
TENASSERIM (THANINTHARYI)
Palauk
Mali
Palaw
Bilauktaungkette
Kawasaing
Kadan
Mergui (Myeik)
Don
Sellore
Tenasserim (Thanintharyi)
Ketthayin
Letsok-Aw
Lenya
Mergui-Archipel (Myeik-A.)
Boukpyin
Karat-huri
Lanbi
Khao Namnoi
755 m
Nangin
Maliwun
Kawthoung
Zadetkyi
THAILAND
Bangkok
Golf von Thailand
0
100
200
300 km

Himalaja
BHUTAN
INDIEN
CHINA
BANGLADESCH
BURMA
(MYANMAR)
LAOS
Naga Hills
Sangpanggebirge
Kumokenkette
Shan-ngaw-Kette
Gaoligonggebirge
Hengduan Shan
Zibyuberge
Manginkette
Gangawkette
Loi-Lun-Kette
Sangma Shan
Chin-Hills
Arakan
Pegugebir
Shanplateau
KACHIN
SAGAING
CHIN
MANDALAY
MAGWAY
ARAKAN
(RAKHINE)
SHAN
KAYAH
Gauhāti
Shillong
Imphāl
Sylhet
Silchar
Chittagong
Kunming
Panzhihua
Baoshan
Luang Prabang
Chiang Rai
Chiang Mai
Hkakabo Razi 5881 m
Gawai 5191 m
Naung-Mon
Khaw-bu-de
Fort Hertz (Putao)
2565 m Kindang Bum
3357 m
Bumba Bum 3410 m
3719 m
3204 m Nanggun Bum
Sawt-Law
Shingbwiyang
Makaw
Tanai
2637 m
Lahe
Khamti
Shaduzup
Lauhkaung
1474 m
Chebwe
Nsopzup
3825 m Saramati
Layshi
Lonkin
Hpakant
Mogaung
Mân Ming
Myitkyna
2212 m
Talawgyi
Tamanthi
Lonton
Hopin
Taunghthonlon 1708 m
Mohnyin
Hommalinn
Mawhun
Nalong
Bhamo (Banmo)
Myintha
Thaungdut
Paungbyin
Banmauk
Kathar
Shwegu
2147 m
Nashu Bum
Mân Wein
Mân Tha
Mông Yu
Mu-se
Maingnyaung
1672 m
Wuntho
Kawlinn
728 m
Sikaw
Nmahkan
Kutkai
Kalay (Mawlaik)
Molo
Loi-Lun-Kette
Pang Long
Kyunhia
Kalewa
Namtu
Lashio
2490 m
Tiddim
Kalaymyo
Mogok
Maukkadaw
Kyaukme
Mông Yai
Tangyan
Falam
Mingin
Singu
Shwebo
Hakha
2224 m
Kani
Mandalay
Maymyo (Pyin Oo Lwin)
Mông Hsu
Mông Yang
Gangaw
Mingun
Sagaing
Amarapura
Ava (Inwa)
Monywa
Chaung-U
2607 m
Mông Yawng
Kengtung (Kyaing Tong)
Indaw
Hti lin
Yesago
Kyaukse
Pauk
Pakokku
Myingyan
Yaksauk (Lawksauk)
Ywa Ngan
3200 m
Mount Victoria
Sami
Saw
Mahlaing
Wun-dwin
Pindaya
Pagan (Bagan)
Popa 1518 m
Meiktila
Taunggyi
Mông Pawn
Mông Nai
Tachilek
Kyindwe
Chauk
Maungdaw
Myohaung (Mrauk U)
Rathedaung
Minbya
1989 m Sun Taung
Salin
Yenan-gyaung
Yamethin
Myohla
Hsi-hseng
Mawkmai
Magyichaung
Akyab (Sittwe)
Minbu
Magwe (Magway)
Tatkon
Paukşa Taung
1708 m
Minhla
Taungdwingyi
Kyindaunggan
Pyinmana
Loikaw
Yenanma
Ela
Combermerebucht
Kyaukpyu
Kywegwe
Allanmyo
Thayetmyo
611 m
Shwebandaw
Brahmaputra
Lancang Jiang
Nu Jiang
Jinsha
Mali Hka
Nmai Hka
Chindwin (Chindwinn)
Uyi
Indawgyisee
Irrawaddy
Taping
Shweli
Salween (Thanlwin)
Nam Hka
Mekong
Tyao
Myittha
Bornu
Mon
Inlesee
Pawn
Teng